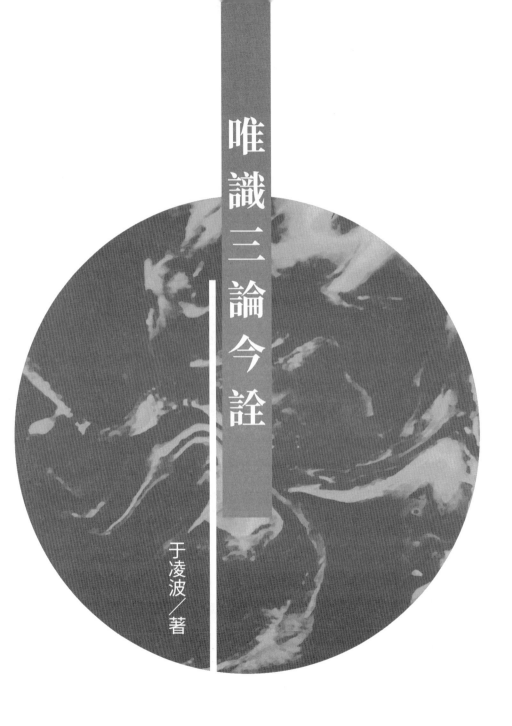

唯識三論今詮

于凌波／著

東大圖書公司

增訂二版序

　　《唯識三論今詮》這本書,是我民國八十二年撰寫的舊作,書成後由東大圖書公司出版,十年來已歷三刷。現在要重新製版付印,寄書給我,要我看看有沒有修訂或補充的地方,並且希望我寫一篇再版序文。在我核閱、修訂過全書後,於此聊贅數言,一述修訂此書的感想。

　　所謂唯識三論,是唯識學入門的三本論典,就是《百法明門論》、《大乘五蘊論》和《唯識三十論》。唯識宗所依的經論,由印度梵典譯出者,有「六經十一論」、「一本十支」之學,及糅集十大論師釋論譯出的《成唯識論》;而中土祖師的著述,有窺基撰述的《成唯識論述記》,和註釋《識論》及《述記》的「唯識三疏」,以及註釋三疏的多種著作,和歷代古德的著述。面對著這汗牛充棟的經、論、註疏,往往使一個初學唯識的人茫然不知所措,有無從下手之感。所以要學唯識,如何跨入唯識之門,是一個重要的關鍵。

　　筆者早年,曾隨先師李炳南雪廬夫子,學習唯識大意,唯以個人鈍根劣智,領會不多。且以當時俗務繁雜,亦未能深入。近二十年來,自醫師工作崗位退休,鑽入故紙堆中研究佛學。特別對於唯識法相一門的典籍,用力獨多。繼而在多處佛學社團開設唯識講座;及在南北佛學院所講授唯識課程,以多年探索的經驗,略窺進入唯識之門的途徑。欲入唯識之門,必先由

三本基本論典讀起，那就是《百法明門論》、《大乘五蘊論》和《唯識三十論》。茲簡介此三書的內容如下：

一、《大乘百法明門論》：這是印度世親菩薩造論，唐代玄奘三藏翻譯，全一卷，為「一本十支」之學中的略陳名數支。此論摘自《瑜伽師地論‧本地分》中的百法名數，而為唯識學入門的基礎。本書自《瑜伽師地論‧本地分》的六百六十法略為百法，並束之以為五位，即：一、心法，立眼識等八種。二、心所有法，立遍行等五十一位心所，而分為六類，即：遍行心所五種、別境心所五種、善心所十一種、煩惱心所六種、隨煩惱心所二十種、不定心所四種。三、色法，有眼等十一種。四、心不相應行法，有得等二十四種。五、無為法，有虛空無為等六種。本論卷首曰：「如世尊言，一切法無我」之語，乃說明一切法即五位百法，次列舉補特伽羅無我及法無我，而闡述一切法無我之理，以為本論的主要旨趣。

二、《大乘五蘊論》：略稱《五蘊論》，印度世親菩薩造，唐代玄奘三藏譯，全一卷，為「一本十支」之學中的麤釋體義論支。小乘佛教以蘊、處、界等三科分類諸法，本書著重於闡明大乘五蘊法，並兼說大乘十二處、十八界等法，屬於唯識宗瑜伽十支論之一。小乘說一切有部將諸法分為五位七十五法，而以五蘊總攝其中七十二有為法。對此，大乘則分為五位百法，其中之九十四有為法總攝於五蘊，即：色蘊有五根、五境、無表色；受蘊有受心所；想蘊有想心所；行蘊有除受、想心所外

之一切心法及不相應行法等六十七法；識蘊攝阿賴耶等八識。大乘經典中，以本論對五蘊法之說明最為簡要。

　　三、《唯識三十論》：又作《唯識三十頌》，世親菩薩造，唐代玄奘三藏譯，全一卷，為「一本十支」之學中的高建法幢支。本論以五言四句的三十首偈頌詮釋唯識教義，其中前二十四行頌明唯識之相，第二十五頌明唯識之性，最後五頌明唯識之行位。此乃唯識宗瑜伽十支論之一。世親菩薩晚年，以《三十頌》六百言闡述大乘唯識之妙旨，長行未作而示寂。其後，護法、安慧等諸論師各為《三十頌》作釋論，並加序分、流通二頌。高宗顯慶四年（西元六五九年），玄奘以護法學說為主，合糅諸論師之作，而譯出《成唯識論》十卷。全書主旨為立萬法乃唯識所變現，分能變之識為第八異熟識、第七思量識、前六了別境識三種；次辨唯識之理，最後揭示唯識三性及修行階位。

　　三論內容，略如上述。近數週來，在我修訂全書的過程中，在基本理論方面，並沒有任何變動──唯識哲理亙古如一，豈可輕易修改？我所修訂的，只是行文方面的修飾，使文字讀來更為流暢而已。唯在附錄〈近代唯識學的復興與發展〉一文中，在唯識宗傳承部分，過去寫得太簡略，所以補充了一千多字。修訂經過，如上所述，是為序。

于凌波

於臺中雪廬紀念講堂

唯識三論今詮

目次

緒論　唯識學的源流與研究方法

一　印度佛教的演變

唯識學，是大乘佛教唯識宗的宗義。

唯識宗亦名法相宗，又稱慈恩宗。由其判決諸法的體性相狀而言，稱為法相宗；由其闡明萬法唯識的妙理而言，稱為唯識宗；以其係大唐慈恩寺玄奘、窺基二師所建立弘傳故，又稱為慈恩宗。此宗的學派源流，是源自印度的瑜伽行學派而建立的。

要探討印度瑜伽行學派的興起，必須追溯到原始佛教，自釋迦牟尼住世時代，來探索其演變的軌跡。

釋迦牟尼六年苦行，在菩提樹下證悟的正法，只是「緣起」，以及以「緣起論」作為立論基礎的「三法印」，和「緣起論」具體表達的「四聖諦」。《雜阿含經》卷十二稱：

> 緣起法者，非我所作，亦非餘人作，然彼如來出世及未出世，法界常住，彼如來自覺此法成等正覺，為諸眾生，分別、演說、開發、顯示。

所謂「緣起」，即「此有故彼有，此生故彼生，此無故彼無，此滅故彼滅。」宇宙萬法，都是在眾多因素條件下，互相支持對待而生起存在的。既然是眾緣和合之法，它本身沒有實

體，沒有自性，不能常住不變。因此說：「諸行無常」，「諸法無我」。但在無常無我的事相之後，有其不生不滅、真實常住的理性存在，那就是「真如實相」。因此，這「緣起」、「無常」、「無我」，是原始佛教與其他外道所不共的理論，而此理論的「體性」，則是真如。

釋迦牟尼涅槃後，百年之間，法水一味。但由於「十事非法諍」肇其端，「大天五事諍」繼於後，這就使佛教分裂，形成「上座部」與「大眾部」兩部。這兩部以後又各自繼續分裂，形成二十個部派，此即後世所稱的「部派佛教」。部派佛教持續達四百年之久，到西元一世紀間，大乘思想興起，佛教進入大乘時代。

部派佛教時代的法義，以上座部的「說一切有部」為代表。但有部建立極微，主張一切法法體恆有，三世實有（《異部宗輪論》謂：「一切有部本宗同義者……過去未來，體亦實有。」），以此建立「我空法有」之說，這就與釋尊諸法無我之教有所違背了。後來有部又分裂出了「犢子部」，建立「非即蘊非離蘊」之我，承認有一個輪迴的主體（補特伽羅），這就與釋尊的正法距離愈遠了。

二　大乘中觀學派的建立

西元第一世紀間，大乘思想興起，大乘經典漸次出世。後來首揭「諸法性空」理論，破邪顯正者，是龍樹菩薩。

　　龍樹住世時代的印度思想界，凡夫外道，認為我法實有，小乘有部，認為「我空法有」。外道又有種種邪執，或計邪因邪果，或計無因有果，或計有因無果，或計無因無果，或執常執斷，或計一計異，是一個邪說充斥的時代，龍樹造諸論典，揭示「諸法性空」之義，破諸邪執，大成大乘佛教空宗。空宗，是依龍樹《中觀論》而建立的，這在後來被稱做「中觀學派」。

　　龍樹住世年代，約在西元一五○～二五○年之間，他是南印度人，婆羅門種姓，自幼學習婆羅門教典，後來皈依佛教，學習大乘經典。當時南印度亦有大乘經典流行，他讀之不以為足，乃周遊五印度，廣覓大乘經典，研究大乘理論。他後來回到南印度，以《大般若經》為所依，造諸論典，提倡諸法性空之說，開創了印度的「中觀學派」。

　　《中觀論》一書，在大乘佛學上涵蓋的領域很廣，但最主要的基本思想有兩點：一是「空性」與「緣起」；二是「世俗諦」與「勝義諦」。在此論卷首有一首皈敬偈說：

　　　不生亦不滅，不常亦不斷，不一亦不異，不來亦不出。
　　　能說是因緣，善滅諸戲論，我稽首禮佛，諸說中第一。

　　這就是有名的「八不偈」。但要了解八不偈，必要先從「四不生偈」說起。這四不生偈是：「諸法不自生，亦不從他生，不共不無因，是故知無生。」這是指諸法的「體性」而說的。

　　諸法不「自生」，亦非「他生」。「自有」不得謂之「生」，

「生」不得謂之「自」。自既不生，他更不能生。既無自他之因素，當然不會有共生。這諸法「不自生」，「非他生」，「不共生」，但又不是「無因生」。由此四個否定，可知諸法本來不生，既然不生，又何來的滅？《十二門論》亦曰：「先有則不生，先無亦不生，有無亦不生，誰當有生者。」世間萬有，究其終極，並沒有生相。

　　世間萬有，唯是仗因托緣而生起的假法，無一是有「實體」、有「自性」的實法，所以說它不生，不生自然無滅，這不生不滅就是緣起性空的根本。明乎不生不滅，也就明白了其他的「六不」。蓋世相流傳故不斷，諸行相續故不常；諸法森羅萬象故非一，諸法無定相可得故非異。諸法三世不可得，故說不來不出。《中觀論‧觀去來品》：「已去無有去，未去亦無去，離已去未去，去時亦無去。」去與來，全是動相，動相須以時間與空間來顯示，而萬法——包括色法的本質究竟皆不可得，時間空間也就歸於幻有了。

　　「八不」，其實就是全盤否定——自諸法空性上，否定小乘外道的「實在觀」——生滅、常斷、一異、來出。不與空是同一意義。一切諸法，不外緣起相依，一時現起的假法，假法體性本空，而非實有。但說空說有都是偏執，遠離空有兩邊，始是中道。故《中觀論》三是偈曰：

　　　眾因緣生法，我說即是空，亦為是假名，亦是中道義。

　　《中觀論》的三是偈，也是破斥小乘理論而說的。小乘有部建立極微，立六因四緣，把因緣所生法說成實有，故三是偈首說「眾因緣生法」，因緣所生法，緣起性空，同於八不之說。而此空存在於認識之中，故曰「我說」。第二句的空，也同於八不之說，然而空亦復空，空不過是假名施設。但滯空與滯有，同是偏執，如果只說空，何來千差萬別的事相呢？所以繼之說：「亦為是假名」——即名言施設。故緣起之法，無自性故空；而假為施設故有（假有）。以此性空相有，不著（虛無的）空與（實）有，此即非空非有。非空非有，是為中道。

　　其次是世俗諦與勝義諦。《中觀論・觀四諦品》有偈曰：

　　　諸佛依二諦，為眾生說法，一以世俗諦，二第一義諦。
　　　若不依俗諦，不得第一義，不得第一義，則不得涅槃。

　　釋迦牟尼世尊導化眾生，就是以二諦法門為立教的根本——釋尊自眾生所能理解的，從相對的立場開示真理，藉此使眾生了知諸法的實相。這從相對立場開示真理，就是世俗諦。這就是若不依俗諦，不得第一義，不得第一義，就得不到——不能了知諸法實相。

　　宇宙萬法，自世俗諦來看，一切法是假名有；但自勝義諦來看，一切法是自性空。這理空事有，性空相有，就是即二諦而見的中道。

　　繼承龍樹學說的，是他的弟子提婆。提婆也是南印度人，

他師事龍樹，著有《百論》、《四百論》、《百字論》諸論，以破邪為主，破斥當時的數論派和勝論派等外道的邪說。提婆傳弟子羅睺羅跋陀羅，終於形成中觀學派。

在印度的第三、四世紀間，中觀學派的學說，是大乘佛教的主流。但龍樹、提婆的空觀，是以「緣起性空」，諸法無自性立論，並非徒持空見，妄計一切皆空。唯傳至後世，則流為「惡取空」——學者執一切皆空。於俗諦中，不施設有；於真諦中，真理亦無。此謂惡取空，亦稱沉空。

三　大乘瑜伽行學派的興起

佛滅後九百年頃——西元第四、五世紀間，無著、世親兩大論師出世。當時印度思想界，一方面是中觀學派的空——一切皆空的惡取空；一方面是外道小乘的有——「我法實有」或「我空法有」。說空說有，皆是邪執，因此無著、世親二論師，資於小乘之實有，鑑於大乘之沉空，揭示大乘有義。此有，破我法二執，故不同於小乘之有；遮惡取空見，矯治大乘沉空，亦不同於大乘之空。此是真空妙有，唯識中道。此真空妙有、唯識中道的理論，是瑜伽行者在修持禪定工夫中所體驗出來，故此一學派後世稱之為「瑜伽行學派」。

唐代義淨西行求法，於《南海寄歸內法傳》中稱：

所云大乘，無過二種，一則中觀，二乃瑜伽。中觀則俗有真

空，體虛如幻；瑜伽則外無內有，事皆唯識。

「瑜伽」義為相應，《成唯識論述記》（以下略稱《述記》）卷二稱相應有五義，即與境相應、與行相應、與理相應、與果相應、與機相應。其中與行相應者，即集中心意的修習，謂與定慧相應。修此行者，稱瑜伽師。唯識中道的理論，是一批早期的瑜伽師所體驗建立的。

一般的傳說，謂佛滅後九百年頃，在兜率天宮的彌勒菩薩，應無著論師之請，在中印度阿瑜遮那國的瑜遮那講堂，為無著講五部大論：《瑜伽師地論》（以下略稱《瑜伽論》）、《分別瑜伽論》、《大乘莊嚴論》、《辯中邊論》、《金剛般若論》。無著承彌勒之說，建立此瑜伽行學派。

但彌勒菩薩並不是歷史上實有的人物。也許，世間另有一個名叫彌勒的人——印度人名字相同是十分普遍的事情。日人宇井伯壽就主張此說，甚至於，有人以為五部大論是無著所造，而假托彌勒之名行世的。更可靠的推論，就是無著、世親之前，早有一批瑜伽師的存在，無著、世親是繼承了這些瑜伽師的理論系統，而建立瑜伽行派的。

無著的生卒年代，約在西元三九五～四七〇年之間，他是北印度犍陀羅國富婁沙富羅城人，出身於婆羅門種姓的家庭，成長後捨棄婆羅門教，入佛教化地部出家，修習小乘。後來讀誦大乘經典，大有心得，就矢志弘揚大乘。他的著作，主要者

有《顯揚聖教論》（以下略稱《顯揚論》）、《攝大乘論》、《大乘阿毘達磨集論》（以下略稱《集論》），以及《順中論》、《金剛經論》等。

世親是無著的異母弟，他的生卒年代約在西元四二○～五○○年之間，他也是先自小乘的說一切有部出家，博通小乘經典。他曾匿名到迦濕彌羅城學習阿毘達磨一系哲學，回鄉後為人講說，隨講隨寫，著成一部《阿毘達磨俱舍論》（以下略稱《俱舍論》），在當時稱為「聰明論」，後來成為中國俱舍宗所依據的論典。

世親原在北印度弘揚小乘，後來無著把他召到阿瑜陀國，對他示以大乘經典。世親讀誦之後，深悔從前弘揚小乘的錯誤，要割舌以謝誹謗大乘的罪過，無著對他說：「你先前既然用舌頭誹謗大乘，現在何不用舌頭來讚揚大乘？」這樣世親乃捨小入大，廣造論典，以宣揚大乘。世親著作很多，古來有千部論主之稱。其中關於唯識學說方面的有《唯識二十論》、《唯識三十論》、《百法明門論》（以下略稱《百法論》）、《大乘五蘊論》（以下略稱《五蘊論》），以及《攝大乘論釋》等。

瑜伽行派是由無著和世親兩兄弟建立的，他們把彌勒的五部大論，做了一番綜合性的整理，歸納及組織成嚴密的體系，並以「唯識說」而使之統一──本來，唯識之說，是散在於彌勒的論著中，經過兩人的整理，使之有系統的成為法相唯識學說。這其中，世親之力尤多，他的《唯識三十論》，為集唯識義

理的大成，故此派又稱唯識宗。

世親晚年造《三十頌》，釋論未寫而示寂，後來，十大論師相繼出世，各造《三十頌》的釋論，闡揚此派學說。十大論師者，親勝、火辨、德慧、安慧、難陀、淨月、護法、勝友、最勝子、智月。其中親勝、火辨與世親同時。唯自親勝、火辨之後，此學亦分為二派，發揮親勝學說的，稱前期瑜伽行派，或無相唯識派。這一系的代表人物為德慧、安慧，及後來在中土譯經的真諦；發揮火辨學說的，稱後期瑜伽行派，或有相唯識派。這一系的代表人物，為陳那、護法，及護法的弟子戒賢。

陳那、護法這一系的特點，是十分重視因明學和認識論，把瑜伽派學說和小乘經量派學說結合起來。西元五世紀初，印度的笈多王朝支持佛教建立了那爛陀寺僧院（在王舍城與華氏城之中途，為現在的比哈爾州，巴特那附近）。後來護法的弟子戒賢，即以此僧院為講學活動的中心。

四　中國唯識宗的傳承

最早把無著、世親的法相唯識學說傳譯到中土的，是真諦三藏。真諦於南北朝的梁武帝大同元年，攜經論梵本二百四十篋來華，時已年垂五十，以後在華二十餘年，譯經說法。他譯出了無著的《攝大乘論》三卷，世親的《攝大乘論釋》十五卷，同時講述，並成義疏八卷，由其弟子慧愷筆受。唯譯出後五年，慧愷早逝，越年真諦亦圓寂，以後弘傳「攝論」的，是真諦的

另二弟子道尼和法泰。道尼這一系的傳承，以後有道岳、智光、慧休；法泰一系的傳承，以後有智凝、道基、道因、法護等。這在當時被稱為攝論宗。此宗的宗義，是主張無相唯識義，兼立九識，倡對治阿賴耶識，以證入阿摩羅無垢識。此宗數傳之後，逐漸衰微，及至玄奘、窺基一派的法相宗興起，《攝大乘論》為該宗所依的六經十一論中之一論，又為一本十支中的廣苞大義支，以後就沒有再別立攝論宗的人了。

　　玄奘（西元六〇〇～六六四年）是河南偃師人，生於隋文帝開皇二十年，俗姓陳名褘，有兄長捷先出家，師年十三歲時亦在洛陽淨土寺出家。唐高祖武德元年，與兄共入長安，並赴成都參訪。武德五年，受具足戒，再入長安，時有法常、僧辯二大德講《攝大乘論》，師就聽之，以諸師各異宗途，聖典亦有隱晦，不知適從，乃欲西行天竺以明之。表請不許，師不為屈，乃就蕃人學書語，貞觀三年，私發長安，赴天竺求法。其間於貞觀八～十二年（西元六三四～六三八年）中，即在那爛陀寺從護法的弟子戒賢論師（時已年逾百歲），聽講《瑜伽論》及十支論的奧義，以後並從杖林山勝軍論師學「唯識抉擇」，及瑜伽、因明等學。

　　玄奘由天竺歸國時，攜回梵典六百五十餘部，歸國後廣譯經論，先後譯出經典七十五部，一千三百餘卷。在中國的佛教譯經史上，譯經界先後有兩位大師，在前者為鳩摩羅什，後為玄奘三藏。言舊譯者，必稱羅什；言新譯者，必推玄奘。印度

大乘佛教的空、有二宗，羅什所傳譯弘揚者，為中觀學派之經論；玄奘所傳譯弘揚者，為瑜伽行派──法相唯識一系的典籍。如《解深密經》、《瑜伽論》、《攝大乘論》、《唯識二十論》、《唯識三十論》等。

以上所譯的經論中，特別值得一提的是《成唯識論》（以下略稱《識論》）、《唯識三十論》。世親晚年作《三十頌》，釋文未竟而入寂。這以後十大論師繼起，各造釋論以註釋《三十頌》。玄奘大師譯《三十頌》時，本主張十家釋論各別全譯，後以弟子窺基之請，特糅集十家之義成為一部。其間異議紛紜之處，悉折中於護法之說。故《識論》十卷，雖說是糅集十師之作，而實以護法一家為宗。故《識論》十卷，名為傳譯，不啻新造。

基師亦嘗述其傳譯摻糅之績云：十家別譯之初，神昉、嘉尚、普光、窺基四人同受師命，共同翻譯。數日之後，基請退出，奘師固問其故。基對曰：「群聖製作，各馳響於五天，雖文具傳於貝葉，而義不備於一本。情見各異，稟者無依。請錯綜群言，以為一本，楷定真謬，權衡盛則。」久之奘師乃許，這是《識論》傳譯的經過。

基師既成《識論》，並作《述記》六十卷，凡《識論》中不盡之意，悉於《述記》中發抒，唯《述記》是隨時筆錄，未經整理。且卷帙浩繁，學者非專於其業者，實難讀竟。除《述記》外，基師尚著有《成唯識論掌中樞要》、《瑜伽論略纂》、《雜集論述記》、《大乘法苑義林章》、《法華經玄贊》等多種，時有「百

部疏主」之稱。窺基於唐高宗永淳元年入寂，世壽五十一歲，而中土的法相唯識一宗，由奘師肇始，及窺基的弘揚而大行於世。

　　奘師門下濟濟多士，通達法相唯識之學者有二十餘人。就中以窺基、神昉、嘉尚、普光四人最著，有奘門四哲之稱。神昉是新羅人，他通達三藏、精於大乘，有大乘昉之稱。他嘗列玄奘譯場，擔任筆受。著有《成唯識論要集》、《地藏十論經疏》、《種性差別章》等，今皆失傳。嘉尚，在奘師門下深得《瑜伽論》、《佛地經論》、《識論》之義旨。玄奘譯《大般若經》時，尚充證義綴文，並於武則天朝，與薄塵、靈辯等參預日照的譯場譯經。普光，又稱大乘光。他師事玄奘，精苦恪勤，侍玄奘直至終老。玄奘所譯經論，多半由普光充筆受。他著有《大乘百法明門疏》、《俱舍論法源章》、《俱舍論記》等。他的《俱舍論記》，與法寶、神泰二人之《俱舍論疏》，合稱俱舍三大疏。

　　上述四人之外，圓測、道證、勝莊、太賢等也各通唯識奧旨。其中尤以圓測，於唯識之造詣，不在窺基之下。然圓測在師事玄奘之前，先受學於道岳門下的法常和僧辯，這是真諦一系的傳承。而窺基受學於玄奘，玄奘受學於戒賢，這是護法一系的傳承。兩者傳承不同，其理論觀點自亦有異。而窺基自以為奘師嫡系，他門下弟子不免排斥圓測，在《宋高僧傳》中，圓測被醜化，謂其在玉華宮竊聽玄奘講《識論》，致圓測形象受到扭曲千年之久，這是十分不公平的。

　　窺基生前居慈恩寺，故世稱慈恩大師，法相宗亦稱慈恩宗。窺基慈恩宗這一系，由慧沼繼承法脈。慧沼親炙過玄奘的講席，後來就學於窺基，並弘宣師說，他著有《成唯識論了義燈》、《因明纂要》、《金剛般若經疏》等。他在《成唯識論了義燈》中，破遣圓測的異義，門戶之見頗深。

　　慧沼的弟子智周，著有《成唯識論演秘》、《因明疏前記》及《後記》、《大乘入道次第章》等多種。《成唯識論演秘》一書，與窺基的《成唯識論掌中樞要》，及慧沼的《成唯識論了義燈》，合稱唯識三疏，為研究《識論》及《述記》必讀之書。智周的弟子如理，著有《成唯識論疏義演》、《成唯識論演秘釋》，內容則流於瑣細。

　　此宗興起，在當時宗風甚盛，後來禪及華嚴諸宗興起，而此宗於智周、如理之後，後繼無人，宗風漸衰。到唐武宗會昌法難興起，此宗一脈相傳的論疏，多遭焚燬。迨唐代末年，藩鎮割據，戰亂頻仍，五代十國，王朝交迭。斯時也，寺院荒廢，經籍散佚，隋唐時代鼎盛近三百年之佛教，至此零落不堪。盛唐之際完成或興起的各宗，除禪、淨二宗之外，亦莫不衰微，尤以法相唯識之學，殆成絕響。其間歷經宋、元，直至明代末葉，有緇素大德如智旭、明昱、德清、普泰、王肯堂等，曾掀起一陣研究唯識的熱潮。唯以唐代唯識重要註疏——如窺基的《述記》及「三疏」均告失傳，致研究的成果有限。

　　遜清末年，楊仁山居士創設金陵刻經處，在日本搜集得唯

識散佚經疏，由刻經處刊行流通。且設置祇洹精舍，培育人才。故於人民國後，在歐陽漸、梅光羲、韓清淨、朱芾煌等居士的倡導下，研究唯識的風氣頗盛，此千年絕學乃重告復興。

五　唯識學的要義

唯識的要義，有萬法唯識、五位百法、蘊處界三科、種子現行，以及阿賴耶緣起、三境三性等，茲略述概要如下：

一、萬法唯識：本宗依《解深密經・一切法相品》，明宇宙萬有的體性相狀，謂宇宙萬法，皆悉心識上映現之影像，內界外界，物質非物質，無一非識所變。而能變之識，則為眼、耳、鼻、舌、身、意、末那、阿賴耶八識，此又名八識心王。所變之法，即宇宙萬有。故《解深密經》謂：「識所緣，唯識所變」，此即萬法唯識。

二、五位百法：宇宙萬有，其數無量無邊，在佛經上稱為「萬法」。世親造《百法論》，歸納萬法為百法，更束之以五位，這五位是心王法為八，心所有法五十一，色法十一，心不相應行法二十四，無為法六。這五位百法，即是宇宙萬有的總分類。

三、蘊、處、界三科：世親造《五蘊論》，建立五蘊、十二處、十八界三科，此三科可歸納為色、心二法，可開展為宇宙萬有。宇宙萬有，即以此三科而統攝之。

四、種子現行：在百法之中，除六種無為法外，其餘九十四法，皆是因緣所生的有為法，而心王法、心所有法、色法，

又皆是從種子生起。所謂種子者，是阿賴耶識中，有親生色心萬差諸法自果的功能，這種功能，即名種子。阿賴耶識，執持此種子，不令失壞，遇緣則生起現行——即從色法種子生起色法，從心法種子生起心法，從各自種子生各自果。

五、阿賴耶緣起：宇宙萬有，皆八識種子之所變現，如青黃赤白之色境，為眼識種子所變現，高下曲折之聲境為耳識種子所變現，香境味境觸境，為鼻、舌、身識種子所變現，法境為意識之所緣慮。以至於末那識，恆緣阿賴耶識之見分誤以為我之影像；而阿賴耶識，恆緣根身、器界、種子，變現宇宙萬法。是以宇宙萬有，唯識所變。

然識變有因能變與果能變。八識種子在阿賴耶識中，種子生種子，念念相續之前因後果的轉變，及八識種子各生八識現行的轉變，謂之因能變；自種子所生之八識，各從其自體分變現見、相二分，就是果能變。而因能變唯在第八識，故第八識為能變中的能變，七轉識是所變中的能變，故就第八識立阿賴耶緣起之名。

六、四分：四分者，是把能變的心識及心所的認識作用，分為相分、見分、自證分、證自證分。相是萬物的相狀，此相狀與見分相對，投射反映到心識上，再由見分去見照、認識。所以相分是客觀的被認識的對象，見分是主觀的認識的主體。而自證分，是證知見分的認識作用是否正確，證自證分是再度的證知。

七、三類境：三類境是心、心所所緣的塵境，可別為三類，是性境、獨影境、帶質境。

性境的性是「實」義，性境就是真實之境界，色是真色，心是真心，都是從實種子而生，即自有能生的種子，有實體實用者。亦即能緣心對所緣境時，唯以現量，任運量知彼境之自相，故名性境，這即是實覺。獨影境，謂唯能緣之心，以強分別力所變之境界。亦即此境並非真實存在之影像，它無能生的種子，亦無所托的本質，係有情心識想像而有者，它只是一種幻覺，此即第六意識之作用。帶質境，謂其境相雖有所托的本質，而心識緣此境時，不按其本質而被覺知。例如第七識緣第八識之見分為自我，第八識見分雖有其本質，但並不是自我，這是一種錯覺。

八、三自性：三自性，總括一切法的體性。而諸法的體性，依其原始性質，分為遍計所執性、依他起性、圓成實性。遍計所執性者，是我人以妄情計度，對於因緣假合而生起的事物，執著於其名相，妄認為實我實法。例如我人暗中見繩，誤以為蛇，此為迷情所現「情有理無」的假法。依他起性中之他，指的是生起諸法的因緣，這是說諸法不能自主，皆是仗因托緣，而後生起的假相，似有非有，故名依他起。例如暗中見繩，誤以為蛇，後了知為繩，遣去蛇覺，更分析此繩，了知為麻，繩覺亦滅，此繩即喻依他起，知其為麻即是圓成實。圓成實性，即是諸法的法性，也就是真如實性——無為法中的真如無為。

真如，是二空所顯一切諸法的真實體性，具有圓滿、成就、真實三義，故名圓成實性。

　　九、三無性：與三自性相對的，是三無性，即是相無性、生無性、勝義無性。三自性，是以「有」的觀點而立的，三無性，是以「非有」的觀點而立的，亦即依遍計所執性而立相無性。遍計所執者，是沒有這個東西，而謬執為有。暗中見繩，誤以為蛇，蛇本非有，即是遍計所執，到後來知是誤認，則蛇相便不可得，所以是相無性——即相無自性性，略稱為相無性。凡是誤無為有，誤有為無，執此為彼，執彼為此，皆屬此類。依依他起性而立生無性，因為諸法由因緣生起，因緣不具足即不能生起，既然諸法之生，須依賴於因緣，由此可知此生就沒有不變的自性——沒有生無自性性，略稱生無性。如繩子是麻所編成的，麻是由種子、水土、日光、空氣等因緣生起的，若無諸緣，則不能生，故曰生無性。最後依圓成實性立勝義無性，圓成實性是殊勝的根本無分別智之對境，是遠離前遍計所執之我法所顯，遠離眾相，無我法執，於此說它有性無性，皆是戲論，為隨順世俗故，稱之為勝義無自性性，略稱勝義無性。

　　十、唯識觀：以上遍依圓三性，遍計所執者，心外之法，遮遣為非有，依他起與圓成實二者，皆不離心，觀照為非空，這就是唯識三性觀。而修此唯識三性觀，由淺至深，有五重，稱為五重唯識——即遣虛存誠識、捨濫留純識、攝末歸本識、隱劣顯勝識、遣相證性識。修此五重唯識觀，簡擇一切萬法，

悟唯識理。其能觀之體,即是別境中的慧心所。其所觀之體,即是一切法——即是遍計所執、依他起、圓成實三性真妄之境。以上五重觀法,最初一重是總觀,後面四重是別觀。再者,前四重是觀現象識的相唯識,是見道以前的修法。第五重是觀真如唯識的性唯識,為見道以後的修法,這是唯識三性觀實踐的概要。

六　如何跨入唯識之門

唯識宗所依的經論,總取六經十一論為所依。在六經中,以《解深密經》為本經,在十一論中,以《瑜伽師地論》為本論,列舉如下:

六經:

一、《大方廣佛華嚴經》

二、《解深密經》

三、《如來出現功德莊嚴經》(中土未譯)

四、《阿毘達磨經》(中土未譯)

五、《楞伽經》

六、《厚嚴經》

十一論:

一、《瑜伽師地論》

二、《顯揚聖教論》

三、《大乘莊嚴論》

　　四、《集量論》

　　五、《攝大乘論》

　　六、《十地經論》

　　七、《分別瑜伽論》（中土未譯）

　　八、《辯中邊論》

　　九、《唯識二十論》

　　十、《觀所緣緣論》

　　十一、《阿毘達磨雜集論》

　　除此以外，尚有所謂「一本十支」之學——以《瑜伽師地論》為本論，以五蘊百法等，對本論而言，稱十支論，列舉如下：

　　一、略陳名數支——《百法明門論》

　　二、麤釋體義支——《大乘五蘊論》

　　三、總苞眾義支——《顯揚聖教論》

　　四、廣苞大義支——《攝大乘論》

　　五、分別名數支——《雜集論》

　　六、離僻彰中支——《辯中邊論》

　　七、摧破邪山支——《唯識二十論》

　　八、高建法幢支——《唯識三十論》

　　九、莊嚴體義支——《大乘莊嚴論》

　　十、攝散歸觀支——《分別瑜伽論》

　　本文上節所述的唯識要義，即散在於這六經十一論，及一

本十支之學中,這是為研究唯識者所必讀。但這尚只是梵文傳譯的經論,如果研究唯識學,中土的著述亦不能不讀。中土的著述,最重要的當然是《識論》,但是圍繞著《識論》,解釋《識論》的著作如《述記》、《成唯識論掌中樞要》、《成唯識論演秘》、《成唯識論了義燈》等等一系列註疏,也是不能不讀的書籍。這一來,研究唯識的經典註疏,加起來就不下數十部之多。這就使一個初學唯識的人,誠有不知從何下手之苦。

尤有甚者,唯識典籍,辭意艱深,它文如鉤鎖,義若連環,字包千訓,言含萬象,決不是現代工商業社會一般人士所能讀得通達的。即以窺基大師的《識論》和《述記》來說,這兩部巨著,洋洋數十卷雄文,它一方面字字珠璣,是發掘唯識學的寶藏。但另一方面,它的內容卻是繁瑣萬端,行文有如枝上岔枝,葉旁長葉,使人初讀之下,有如進入迷宮。傳說清末狀元夏同龢,初讀《識論》,自謂有如月下看花,再讀《述記》,他說如墮入五里霧中。由此可見唯識之學,實在是一門「甚深最甚深,微細最微細,難通達極難通達」的理論。

如何才能跨入唯識之門呢?以筆者讀唯識的經驗,認為不能逕讀《識論》,要先由《百法論》和《五蘊論》讀起,先麤解唯識的名相和體義,進一步讀《三十頌》。因為頌文是《識論》的指標,讀熟頌文,再以頌文對照《識論》,這樣就有脈絡線索可尋了。本來《識論》是詮釋本頌的,但初讀《識論》,很難摸出頭緒,如今顛倒過來,以本頌為指標來讀《識論》,可得事半

功倍的效果。

　　但是《百法論》、《五蘊論》、《三十頌》，也不是一般人士初讀就能通達的，也必須由詮釋註解讀起，才能了解各種佛學名相，進而才讀得通論文，但是市面坊間，尚沒有合解這三論的書籍出現。筆者不揣簡陋，想完成這一件工作，作為初學唯識朋友們的參考。

　　這《唯識三論今詮》，與筆者所著的《唯識學綱要》（東大圖書公司出版）是姊妹之作，《綱要》之作，範圍較廣而扼要；《今詮》內容，範圍較狹而深入，兩者對照閱讀，可得到更深一層的領會。

　　當你跨入唯識之門以後，要進一步作深入的探討時，則六經十一論、一本十支、《識論》、《述記》，以及唯識三疏等，都是研究的範圍了。

上篇

百法明門論今詮

第一章　泛說五位百法

在佛學領域中，佛教學者著書立論，應有其所淵源的教典，以為立論的憑信。那麼，唯識宗所淵源的教典是什麼呢？這在解釋《成唯識論》——窺基大師所著的《成唯識論述記》中，列舉出六經十一論，為唯識學立論依據。這其中，又以《解深密經》及《瑜伽論》為主依。

此外，治唯識者，又有所謂一本十支之學。以《瑜伽論》為本論，以《百法論》、《五蘊論》為支論，關於六經十一論、一本十支，見本書緒論，不再贅述。

一般說來，研究唯識學，首先要通達《百法論》，先了解諸法名相，才算是進入唯識之門。而《百法論》，就是「一本十支」之學中的「略陳名數支」——概略的陳述諸法的名數。

所謂「諸法」，就是宇宙間的一切法。一切法無以一一說明，《瑜伽論》將之歸納為六百六十法。世親依據《瑜伽論·本地分》，造《百法論》，更約之為百法，束之以五位，這就叫做「五位百法」。

《百法論》全文五百餘字，錄之如下，以窺全貌：

百法明門論　　世親菩薩造　　唐三藏法師玄奘譯

如世尊言：一切法無我，何等一切法？云何為無我？

一切法者，略有五種：一者心法，二者心所有法，三者色

法，四者心不相應行法，五者無為法。

一切最勝故，與此相應故，二者現影故，三位差別故，四所顯示故，如是次第。

第一心法，略有八種：一、眼識，二、耳識，三、鼻識，四、舌識，五、身識，六、意識，七、末那識，八、阿賴耶識。

第二心所有法，略有五十一種，分為六位：一、遍行有五，二、別境有五，三、善有十一，四、煩惱有六，五、隨煩惱有二十，六、不定有四。

一、遍行五者：一、作意，二、觸，三、受，四、想，五、思。

二、別境五者：一、欲，二、勝解，三、念，四、定，五、慧。

三、善十一者：一、信，二、精進，三、慚，四、愧，五、無貪，六、無瞋，七、無癡，八、輕安，九、不放逸，十、行捨，十一、不害。

四、煩惱六者：一、貪，二、瞋，三、慢，四、無明，五、疑，六、不正見。

五、隨煩惱二十者，一、忿，二、恨，三、惱，四、覆，五、誑，六、諂，七、憍，八、害，九、嫉，十、慳，十一、無慚，十二、無愧，十三、不信，十四、懈怠，十五、放逸，十六、惛沉，十七、掉舉，十八、失念，十九、不正

知，二十、散亂。

六、不定四者：一、睡眠，二、惡作，三、尋，四、伺。

第三色法，略有十一種：一、眼，二、耳，三、鼻，四、舌，五、身，六、色，七、聲，八、香，九、味，十、觸，十一、法處所攝色。

第四心不相應行法，略有二十四種：一、得，二、命根，三、眾同分，四、異生性，五、無想定，六、滅盡定，七、無想報，八、名身，九、句身，十、文身，十一、生，十二、住，十三、老，十四、無常，十五、流轉，十六、定異，十七、相應，十八、勢速，十九、次第，二十、時，二十一、方，二十二、數，二十三、和合性，二十四、不和合性。

第五無為法，略有六種：一、虛空無為，二、擇滅無為，三、非擇滅無為，四、不動無為，五、想受滅無為，六、真如無為。

言無我者，略有二種：一、補特伽羅無我，二、法無我。

如論文所言：「一切法者，略有五種。」是哪五種呢？是心法、心所有法、色法、心不相應行法、無為法。不過這五種法，又分為兩類：那就是第五種是「無為法」，前四種法與無為法相對而言，就稱為「有為法」了，這二類五種，如下表所示：

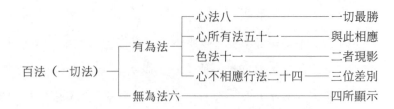

於此或者有人要問：百法束為五位，五位之中，又分為「有
為法」和「無為法」。這有為無為，又作何解釋呢？原來有為無
為的為字，是造作之義。宇宙間的事事物物，凡有所造作者，
都稱為有為法。換句話說，凡是因緣和合所生之法，沒有實體，
沒有自性，就是有為法。能生之因緣，造作所生之事物；所生
之事物，必由因緣和合之造作而有者，就是有為法。《俱舍論
記》卷五曰：「因緣造作名為，色心等法，從因緣生，有彼為
故，名曰有為。」

　　無為法，是離因緣造作之法，無生住異滅四相之法。換句
話說，無為法是一切現象的本體，也就是諸法的實性，實性不
待因緣造作而有，故名無為。本體、實性，也就是真如──真
者真實，如者如常，本體實性有真實如常之相，故名真如。

　　有為法亦即世俗諦之法，就是世俗的道理，用以說明世俗
間的事相；無為法即是勝義諦之法，是聖者所見的真實理性。
也可以說，無為法是性、是體；有為法是相、是用。舉一譬喻，
如波與水，水是體性，波是相用。就相用來說，波不是水；就
體性來說，波又不離水。體用非一非異，一切法有用者必有體。

　　還有「一切法」中這個「法」字，於此也有詮釋的必要。法字梵語達磨，有狹義和廣義兩種解釋。自狹義方面說，法是「軌持」的意思。《述記》卷一稱：「法謂軌持，軌者軌範，可生物解；持謂任持，不捨自相。」此中所謂自體任持者，如松有松之自體，柏有柏之自體。有形者，有有形之自體；無形者，有無形之自體，各保任維持其自體。所謂軌生物解者，謂如是既各有自體，皆為自體任持之狀，然此狀只限於自體，不能容無體，但是法也兼攝無體，賅括一切，此即廣義的解釋。

　　廣義的法，是通於一切的意思。舉凡世間一切——小的、大的、有形的、無形的、真實的、虛妄的、事物其物的、道理其實的，全稱之為法。通俗一點說，廣義的法字，相當於中文的「物」字。在中國語文裡，一切物質現象通稱為物，一切事情也可稱物，甚至於心中想像的意境也稱物。所以在文字中常有「物事」或「事物」這一辭彙。

　　不止世間的物質現象稱物，精神現象稱物，甚至於「形而上」的「道」亦可稱物。如老子云：「道之為物」，由此看來，廣義的法字，就是包括了宇宙間物質的、精神的、有形的、無形的、林林總總的一切。

　　在此重回到五位百法的本文上，五位百法，分有為法和無為法兩類，其內容如下：

甲、有為法：

　　一、心法：八種，即眼識、耳識、鼻識、舌識、身識、

意識、末那識、阿賴耶識。

二、心所有法：五十一種，又分為六位，即：

　1.遍行：五種，即觸、作意、受、想、思。

　2.別境：五種，即欲、勝解、念、定、慧。

　3.善：十一種，即信、慚、愧、無貪、無瞋、無痴、
　　精進、輕安、不放逸、行捨、不害。

　4.根本煩惱：六種，即貪、瞋、痴、慢、疑、惡見。

　5.隨煩惱：有二十種，即忿、恨、覆、惱、嫉、慳、
　　誑、諂、害、憍、無慚、無愧、掉舉、惛沉、不信、
　　懈怠、放逸、失念、散亂、不正知。

　6.不定：有四，即悔、眠、尋、伺。

三、色法：十一種，即眼根、耳根、鼻根、舌根、身根、
　　色塵、聲塵、香塵、味塵、觸塵、法塵。

四、心不相應行法：二十四種，即得、命根、眾同分、
　　異生性、無想定、滅盡定、無想報、名身、句身、
　　文身、生、住、老、無常、流轉、定異、相應、勢
　　速、次第、方、時、數、和合性、不和合性。

乙、**無為法**：六種，即虛空無為、擇滅無為、非擇滅無為、
　　不動滅無為、想受滅無為、真如無為。

第二章　心王法

在「五位百法」中，第一位——即第一類法，是心法，又稱心王法。

按，《百法論》，是法相唯識之學中的一支——即「略陳名數支」，既是唯識學的一部分，此處何以不說識法而說心法呢？原來識者心之異名，識即是心，心即是識。故所謂心法，即是心識之法，後文當再詳釋。

五位百法中，何以把心法放在第一位？因為心法「一切最勝故」。心法何以最為殊勝？因為心法是精神作用的主體，是萬法的根本，所以心法又稱心王法。

照唯識家立論，一切諸法，唯識所變。而識有八種，即眼識、耳識、鼻識、舌識、身識、意識、末那識、阿賴耶識。這稱之為八識，在百法中稱之為「八識心王」。

在整個佛學範圍中，「心識」是最難了解的東西。本來，宇宙萬有，歸納到最後，只不過「色」、「心」二法。心者，是主觀的能認識的主體；色者，是客觀的所認識的對象。主、客相對，而有根身器界，宇宙萬有。但照唯識家立論，宇宙萬有，唯識所現——是識中種子變現的假相，攝色入心，最後只有一個心法，此即所以成其「唯識」，即唯心識之法。所以，如果能洞澈的了解心識，豈不是通達了唯識學，也貫通了佛學大意？

不過，在此末法時代，我輩鈍根劣智，要說能洞悉全部心

法，談何容易？我們只能就心法最麤淺的部分，來試作探討。

「識者心之異名」，所以探討心法，也就是探討心識。心以了別為義，了者了解，別者分別。了解分別，即是認識作用，故心又名識。《識論》卷一曰：「識謂了別。」《摩訶止觀》卷二曰：「對境覺智，異乎木石名為心。次心籌量，名為意，了了別知名為識。」

以上二說，都著重了別二字。即心識對於外境——色聲香味觸法諸外境，所發生的認識作用。這種認識作用，約相當於現代心理學上「心理活動統一狀態」下所發生的作用，不過這只是概略的說法。若進一步探討，識尚有多種，作用各不相同。如《阿毘達磨雜集論》（以下略稱《雜集論》）卷二稱：

> 識者，謂六識身，眼識乃至意識。眼識者，謂依眼緣色了別為性。耳識者，謂依耳緣聲了別為性。鼻識者，謂依鼻緣香了別為性。舌識者，謂依舌緣味了別為性。身識者，謂依身緣觸了別為性。意識者，謂依意緣法了別為性。當知此中由所依故，所緣故，自性故，建立於識。

識有八種，這裡只說了六種——眼、耳、鼻、舌、身、意六種。不過八識中，這前六識以了別認識的作用為主。第七、八識不以了別認識作用為主。若以八識來說，其作用如下：

一、眼識：是依於眼根，緣色塵所生起的了別認識作用。

二、耳識：是依於耳根，緣聲塵所生起的了別認識作用。

三、鼻識：是依於鼻根，緣香塵所生起的了別認識作用。

四、舌識：是依於舌根，緣味塵所生起的了別認識作用。

五、身識：是依於身根，緣觸塵所生起的了別認識作用。

六、意識：是依於意根，緣法塵所生起的了別認識作用。

七、末那識：是依於阿賴耶識的識體，而緣阿賴耶識的「見分」，所生起的「恆審、思量」的作用。

八、阿賴耶識：是依於末那識，攝持萬法種子，緣「根身、器界、種子」，生起宇宙萬法——此識是宇宙萬有的本源。

　　以上八識，又稱做「八識心王」——即心之主要作用，對於心所之伴作用而言，稱為心王。這八個識，前六識是「依根識」，第七、八識是「俱有依」。俱有依，是同時有相依之義，也就是兩識互相為依。又，前五識是依「色法」為根，第六識是依「心法」為根，就是依第七末那識為根。

　　再者，前五識——眼、耳、鼻、舌、身五識，尚有五種名稱，即：

一、依根之識：此識依何根得何名。

二、發根之識：此識因根而發生。

三、屬根之識：此識是屬於其根之識。

四、助根之識：此識是助根分別。

五、如根之識：此識與其根相同。

前五識是身體的感覺器官，作用比較單純，我人比較容易

了解。第六識的意識，它是心理活動綜合統一狀態下的作用，它的作用就比較複雜得多。第一，前五識所緣的是「色塵」，而第六識所緣的是「法塵」。第二，前五識只能緣它界內色法的自相，第六識則能了別全部色法的自相與共相。即物質現象單獨自體之形象，及與其他形體比較的差別相。第三，第六識不只了別現在之事、之理，且能了別過去、未來之事、之理。第四，第六識不僅是剎那了別，還能相續不斷的了別。第五，第六識的作用能造成業界。

原來眼、耳、鼻、舌、身的前五識，只能了別自己界限以內的東西。如眼識只能緣色、耳識只能緣聲，以至於身識只能緣觸。而第六識的意識，則是前五識任何一識發生作用，意識與之同時俱起，生起其了解分別的作用，這叫做「五俱意識」。

再者，意識與前五識任何一識共同發生作用時，要有五種作用與前五識同緣外境，意識才能發生其了別作用。這五種作用叫做「五心」，其名稱作用如下：

一、率爾心：這是前五識中任何一識觸對外境，在剎那間的了別。

二、尋求心：這是前五識中任何一識生起時，意識與之同時生起，而起尋求作用。

三、決定心：是意識尋到目標而決心了別。

四、染淨心：是意識於了別外境後，而生起的善惡之心。

五、等流心：這是由意識的善惡染淨，前五識與意識在流

轉中造成善惡之業。

於上述種種作用，意識有下列四種的不同作用：

一、五俱意識：意識與五識同時而起時，曰五俱意識，但
　　不是同時五俱，而是或一俱、或二俱、或三俱、或五
　　俱，視俱緣不俱緣而定。即：

　　1.意識與眼識同起，稱眼俱意識。

　　2.意識與耳識同起，稱耳俱意識。

　　3.意識與鼻識同起，稱鼻俱意識。

　　4.意識與舌識同起，稱舌俱意識。

　　5.意識與身識同起，稱身俱意識。

五俱意識，通於現、比、非三量。

二、獨頭意識：意識與前五識緣外境俱起時，總稱五俱意
　　識。而不與他識俱起，單獨生起泛緣十八界時，稱為
　　獨頭意識。這又有四種情況：

　　1.夢中獨頭意識：這是睡覺時做夢，意識緣夢中境界的
　　　作用。

　　2.定中獨頭意識：這是在禪定時，意識緣定中境界的作
　　　用。

　　3.散位獨頭意識：這是既不在夢中，也不在定中，也不
　　　緣外境，散亂心起，在意念遊走中，意識所緣的境界，
　　　這叫瞑想，就是胡思亂想。

　　4.狂亂獨頭意識：這是人在顛狂──神經錯亂時意識所

緣的境界。你看他自言自語，語無倫次；而他自言自語，也有他意識所緣的境界。

獨頭意識，於三量中是比量、非量。

三、五同緣意識：這是意識與他五識同時而起，與彼共緣其境明了依之意識，這是心之現量。

四、五後意識：這是生於五俱意識之後念，緣前念五境之境，及緣其他一切法之意識，這與獨頭意識相同。唯獨頭意識的解釋，乃是建立六識的小乘之說。若就大乘的八識而言，意識之後尚有末那識與之俱起，並非意識獨頭現行也。

《瑜伽論》稱：「六識取境，由四因故，能令作意，警覺趣境。」這四種原因是：

一、欲力：欲是希望，如果心於彼境，生起愛著，則於彼處就生起「作意力」。

二、念力：念是記憶，如果識於彼境，生起記憶，則於彼處就生起「作意力」。

三、境界力：謂識所緣的境界，或極可意，或極特殊，則於彼處生起「作意力」。

四、數習力：就是習慣力，如識於某種境界已極諳悉，則於彼處生起「作意力」，如穿越馬路時，聽到汽車聲，自然提高警覺。

小乘法義，唯建立六識。大乘法義，於意識之後建立末那

識、阿賴耶識，成為八識。小乘法義雖未立七、八識之名稱，但也有七、八識的思想，如小乘論典《順正理論》稱：

> 心、意、識三體雖是一，而訓詞等義類有異，謂集起故名心，思量故名意，了別故名識。

上文中，所謂集起之心，約為第八識；思量之意，有似第七識；了別之識，相當前六識。前六識，已如上文所述，茲為述第七識——即末那識。

末那是梵音，譯曰意，為恐與第六意識混淆，保留末那原音，以其恆審思量，故又名思量識。《識論》曰：「次初異熟能變識後，應辯思量能變識相，是識聖教別名末那，恆審思量，勝餘識故。」

《瑜伽論》卷六十三云：「準諸識各名心意識，隨義勝說，第八名心，第七名意，餘識名識。」第七識何以名意？有下列二義：一、審思量義，它是任運審慮思量，行相深細。二、恆義，此識恆行，無間斷故。

事實上，八個識皆有思量，何以特別凸顯第七識的思量呢？那是因為前五識是非「恆」非「審」的思量，第六識是「審」而非「恆」的思量。而第八識是「恆」而非「審」的思量。惟有第七識才是亦「恆」亦「審」的思量。所以叫做「恆審思量」。如下表所示：

這第七識恆審思量些什麼呢？原來它是我人妄起我執的根本。它緣第八阿賴耶識的「見分」為自我，緣阿賴耶識的「相分」為我所，固執這個自我，片刻不斷──第七識是潛意識，也就是我人自私自利的根源。它處處執著自我，維護自我，就使我人以自我為中心，起惑造業，損人利己。

　　──關於相分、見分、我、我所等，後文再解釋。

　　八識中最後一個識，是第八阿賴耶識。

　　阿賴耶三字，是梵語的音譯，義為無沒，我國譯為藏識。稱為無沒者，是說它保存一切事物種子，不令失壞；亦因它歷劫生死流轉，永不壞滅。譯為藏識者，是說它含藏萬法種子，由此種子而生起宇宙萬有。

　　藏識有能藏、所藏、執藏三種意義。能藏者，是含藏之義。是說有漏無漏一切諸法的善惡種子，都含藏在此識之中；所藏者，是覆蓋隱沒之義。此識為前七識現行雜染法所熏染，前七識為能熏，此識為所熏，熏染的新種子仍藏於此識中，故曰所藏。執藏又名「我愛執藏」，以末那識緣此識「見分」，以其為「常」，為「遍」，為「一」，為「主宰」的真實之「自我」，對此阿賴耶識妄生貪愛。於此，第七識是「能執」，阿賴耶識是

「所執」，故名曰「我愛執藏」，《識論》卷二曰：

> 初能變識，大小乘教，名阿賴耶。此識具有能藏、所藏、執
> 藏義故，謂於雜染，互為緣故，有情執為自內我故。此即示
> 初能變識所有自相，攝持因果為自相故。此識自相，分位雖
> 多，藏識過重，是故偏說。

《識論》卷三曰：「此第八識，或名阿賴耶，攝藏一切雜染
品法，令不失故。我見愛等，執藏以為自內我故。此名唯在異
生有學，非無學位不退菩薩有雜染法執藏義故。」

——論文中的「異生有學」四字，異生就是凡夫，有學是
小乘四果——須陀洹、斯陀含、阿那含、阿羅漢——前三果謂
之有學，第四果謂之無學。阿賴耶識，在凡夫位和有學位，是
攝藏一切雜染品法。到了無學位及不退菩薩之位，識中的種子
轉染成淨，為無漏法所依止，此時即名無垢識，就不叫阿賴耶
識了。

此外，阿賴耶識有許多異名，初讀經典的人往往為這些異
名混淆不清。在《識論》中列有七種名稱，在《唯識秘要》中
列舉出十八種名稱。現在摘錄出一部分加以詮釋，「顧名思義」，
由這些名稱中來認識它的作用：

一、阿賴耶識：譯曰藏識，意義有如上述。

二、種子識：此識含藏萬法種子，能生起一切法，故稱為
　　種子識。

三、本識：此識是萬法的根本，故稱本識。

四、阿陀那識：梵語阿陀那，義譯執持，謂能執持種子，及執持根身等，故名阿陀那識。

五、第一識：八識順序，由本向末數，此為第一識。

六、宅識：是藏識的別義，謂此識是種子的房宅。

七、現識：謂萬法由本識所現起，故稱現識。

八、所知依：世親《攝大乘論釋》謂：「所應可知，故云所知。」依者，指一切染淨法。此識為一切染淨法之所依，故名所知依。

九、神識：佛法上本無「神我」的名稱。而此識含藏萬法，功能殊勝，故名曰神識。

十、異熟識：此識能引生善不善的異熟果報，故名異熟識。

十一、轉識：轉有漏之八識而得無漏之四智，故謂轉識。

十二、無垢識：此識有染淨二分，從有漏種而生者，是染第八識，即阿賴耶識；從無漏種而生者，即淨第八識，又名無垢識。阿賴耶識捨染得淨，體性無垢，鏡智相應，故立此名。

第三章　心所有法

　　心所有法，是「心王」所有之法的意思，簡稱心所，舊譯心數——以其為心法，法數最多，故曰心數。《秘藏寶鑰》曰：「心王自在，得本性之水，心數客塵，息動濁之波。」故心數，是從屬於心王，與心王相應的精神的作用。《識論》曰：「恆依心起，與心相應，繫屬於心，故名心所。」又，《大毘婆沙論》曰：「問：何故名心所？答：是心所有故。」再，《顯揚論》稱：「心所有法者，謂若法從阿賴耶識種子所生，依心所起，與心俱轉相應。」

　　心所與心王的關係，以下三義而建立：一、恆依於心王，依八識心王而起。二、與心王相應。三、繫屬於心王。具此三義，具稱為心王所有之法。而心所與心王所不同的，即心王是總體作用，總緣所緣境的體相。心所是別體作用，和總體作用於同時中起別體作用，因為這所緣之境有總相與別相二種意義。雖然，心王取總相，心所取別相，但此別相是總相上的別相，故心所之能取於總相，也自所不免。而心王之所取則唯有總相，而無別相。如下表所示：

$$
能緣之心 \left\{ \begin{array}{l} 心王 —— 總相（體相）\\ 心所 —— 別相（義相） \end{array} \right\} 所緣境
$$

　　心所恆依心王而起，與心王相應，故又稱「心相應行」。與

心王相應之心所共有五十一個，又分為六類，即：遍行、別境、善、根本煩惱、隨煩惱、不定。

八識心王各有其相應的心所，八識心王好比是八個國王，各有各的臣屬，協助國王辦事。王的地位雖高，但是如果沒有臣屬輔佐，王就不能成就事業，由此可見心所的重要。這六位五十一種心所，如下表所示：

心所有法 ─── 一、遍行五　二、別境五　三、善十一　四、根本煩惱六　五、隨煩惱二十　六、不定四 ─── 與八識心王相應

一　遍行心所

遍行心所，是指觸、作意、受、想、思五心所而言。這五個心所，各有各的體性，各有各的業用。遍是周遍的意思，行是遊履的意思。《大乘義章》卷三曰：「內心涉境，說名為行。」而此處的遍行，意謂此行，遍及於一切心──八識心王；一切性──善惡無記；一切地──三界九地；一切時──過去現在未來。遍行法為五種，分述如下：

1.觸：觸是接觸，是根、境、識三者的接觸。故又稱「三和」。《識論》曰：「觸謂三和，分別變異，令心心所，觸

境為性；受想思等，所依為業。謂根境識，更相隨順，故名三和。」

上面這一段話，意思是說：觸，就是根、境、識三和合的「分別」和「變異」，而使心王心所和境界相接觸，這就是其體性。而受、想、思等種種心所，亦依之後而生起，這就是其業用。

三和，是根、境、識三法互相交涉，根境起時，識必俱起，根為識之所依，境為識之所取，這就是三和。變異，是根、境、識三和合的時候，有順生其餘一切心所的勢用。分別者，是說觸心所，有似前根、境、識三和合的功用和能力。例如眼識依眼根而對外境，首先是接觸的作用，故觸有似根、境、識的功用和能力。

2. 作意：作意就是注意，根、境、識有了接觸，就引起注意。語云：心不在焉，視而不見，聽而不聞，食而不知其味，那就是沒有注意。《識論》云：「作意，為能警心為性，於所緣境引心為業。謂此警覺，應起心種，引令趣境，故名作意。」

作意的體性，就是警心──警動心王和心所的種子生起。作意的業用，就是引導心王和心所，到所緣的境界上面。《識論》前文中只說警心，未說心所。但在唯識學上，凡說到心，就包括心所在內。至於「種子」，在後文《識論》中再為詮解。

3. 受：受是領納，是感受。《識論》云：「受，謂領納順違俱非境相為性，起愛為業，能起合離非二欲故。」這就是說，領納順境的受是樂受，希望合而不離；領納違境的受是苦受，希望離而不合，至於不順不違的境是中容受。

受是由觸而生的，由所觸對的境界而生受，而境界有合意的、有不合意的、有無所謂合不合意的。合意的產生快樂，不合意的產生苦惱，無所謂的既不快樂也不苦惱。《俱舍論》卷十曰：「順樂受觸，順苦受觸，順不苦不樂受觸。」

4. 想：想是想像，是能緣的心，對所緣之境時，想心所發生作用，心識上浮起那對象的形像。換句話說，想是我人的認識作用。《識論》曰：「謂於境取像為性，施設種種名言為業。謂要安立，境分齊相，方能隨起，種種名言。」

如眼識緣到紅色，想心所計度此是紅而非黃非藍。作此分齊，而取共相——紅非黃非藍是其分齊，而紅望紅衣紅花等是其共相。由此取像，便起名言。想之自性只是取像，但這取像就是施設名言。謂此是紅、黃，此是方、圓等，這是一種未出口的名言。

5. 思：思是造作的意思，為我人的意志作用。《識論》曰：「謂令心造作為性；於善品等，役心為業。」這是說，

思之自性，只是造作。故能以其造作的力用，與心相應，驅使心識同起善惡等之造作。此處所說的心識，即第六識意識，同時亦包括與意識相應的心所。此種善惡等造作，即是所謂意業。

思心所，即五蘊中行蘊的別名。《雜阿含經》卷二稱：「云何行如實知，謂六思身，眼觸生思，耳、鼻、舌、身、意觸生思，是名為行，如是行如實知。」我人的心理活動要素雖多，而實以此思——意志活動為中心。

二　別境心所

別境，是指欲、勝解、念、定、慧五個心所。遍行心所，是任何一個心王生起作用時，五個遍行心所必然與之相應俱起。而別境心所則不然，它唯有在特別的差別不同的境界上生起，而不是普遍的於一切時相應一切心識的活動。例如第七末那識，只有慧心所與之相應，其餘四心所不與之相應。而第八阿賴耶識，完全沒有別境心所與之相應。

同時，這五個心所所緣的境事，也全不相同。欲緣的是所樂境，勝解緣的是決定境，念緣的是曾習境，定緣的是專注境，慧緣的是觀察境，這與五遍行心所同緣一境是不相同的。

再者，此五心所，雖不通於一切識、一切時，但卻通於一切地及一切性。茲分述五別境如下：

1.欲：欲是於境希求的意思，也就是欲望或希望。《識論》

曰：「於所樂境，希望為性，勤依為業。」小乘《入阿毘達磨論》亦說：「欲謂希求所作事業，隨順精進，謂我當作如是事業。」此言欲之自性，即是希望。它恆對於所樂之境而起，但對於不樂之境，必不希望。對所樂之境，以有希望故，因而努力勤劬，精進不懈。但欲通於善惡，對善而言，勤劬精進，對不善來說，就不能稱為精進了。俗語謂：「人是生活於希望之中」，一個人如果沒有一個希望的目標，他就沒有活下去的勇氣了。但希聖希賢，希求成佛作祖固然是希望；希權希勢，希求財色名利也是希望，這就有了善惡高下的差別了。

2. 勝解：勝解是於境印可的意思。勝是殊勝，解是見解，合言為殊勝的見解。《識論》曰：「於決定境印持為性，不可引轉為業。」所謂決定境，是或所緣實境，或所緣義理——第六識獨起思構的義理也是境。於所緣之境，毫無猶豫，印持決定，不可引轉，就是勝解。自實境說，看到桌子就決定此是桌子，不是椅子。自義理說，讀了佛經，於其義理承受無疑。即此義理，於心中成決定境，就是勝解。至於未決定之前，或已決定後終又懷疑者，那是另一問題，與其印持決定時無關。所以在猶豫心中，沒有勝解的存在。

3. 念：念是令心明記不忘，是我人的記憶作用。《識論》曰：「於曾習境令心明記不忘為性，定依為業。謂數憶持

曾所受境，令不忘失，能引定故。」所謂曾習境，就是過去感官接觸過的實境，或意識所思維的義理之境，都謂之曾習境，換句話說，也就是過去的經驗，對過去經驗的記憶作用，就是念。

在唯識學上，說念是由過去心、心所取境，熏習種子，潛藏於第八阿賴耶識中，由憶念之力，使種子重起現行。但對於過去未曾經驗過的事，或經驗過而遺忘了的事，念心所就不會生起。故《識論》曰：「於未曾受體類境中全不起念，設曾所受不能明記念亦不生。」再者，念能引定，定依為業。定是專注的意思，由於憶念所知的正理，不生邪念，遂生正定。在散亂心中，或不正的憶念中，是不會生定的。

4.定：定又稱三摩地，也就是心注一境，高度的精神集中統一狀態。《識論》曰：「於所觀境令心專注不散為性，智依為業。謂觀得失俱非境中，由定令心專注不散，依斯便有執擇智生。」論中所稱的專注，是指心力恆時凝聚，不使心隨所緣流散。雖然所緣之境，剎那萬端，而心恆寂照，不隨境遷移。由於專注之力，令心及心所，深取所緣，恆寂然住，這就是定之自性。由於心定故，明智即生，而散亂之心，是不能生智的。

論中稱智依為業者，以智慧是在於心住禪定之後而得的。「由戒資定，由定發慧」，就是這個意思。

5.慧：慧是智慧，是佛教最重要的修行德目。《識論》曰：
「於所觀境簡擇為性，斷疑為業，謂觀得失俱非境中，
由慧推求得決定故。」所以慧的作用，是簡擇是非，分
別善惡。所謂簡擇，即是比量智，由推度而抉擇，何者
為是、何者為非，何者為善、何者為惡，由斯抉擇，而
決定不疑。

不過必須是於諸法性相，如實了知，方名勝慧。不然的
話，邪師外道，亦非無慧。窺基大師曰：「邪見者流，痴
增上故，即無簡擇，故慧非遍行。」因此，所謂慧者，
是貴在簡擇。

三　善心所

善心所，是指信、慚、愧、無貪、無瞋、無痴、精進、輕
安、不放逸、行捨、不害十一個心所而言。《唯識三十論》第十
一頌曰：「善謂信慚愧，無貪等三根，勤安不放逸，行捨及不
害。」《識論》曰：「唯善心具，名善心所。」這十一個心所說
名為善，是因為它們的自體，遠離一切過愆穢惡，能聚集一切
功德。

這十一個善心所，包括了世出世間一切善法。我人果能依
此實踐，不特能隨順諸法正理，且能使自他於今生來世獲得法
益。

善心所不通於一切識、一切性、一切時，但通於三界九地

的一切地。

1. 信：信者，是信解，是信仰，也是信任。唯在此處說，是於諸法之實體，與三寶之淨德，及世出世之善根，深為信樂，使心澄淨，是名為信。《識論》曰：「云何為信？於實德能，深忍樂欲，心淨為性。對治不信，樂善為業。然信差別，略有三種：一信實有，謂於諸法實事理中，深信忍故；二信有德，謂於三寶真淨德中，深信樂故；三信有能，謂於一切世出世善，深信有力，能得能成，起希望故。」

   論中之一信實有，蓋於真諦中，有其實理。於俗諦中，亦施設有事有理，故於此諸法之實事理，起忍（認）可之信。二信有德，於三寶淨德，深為信樂。三信有能，謂於一切善法，深信能得成就。

2. 慚：做了壞事，自己心中羞惡，曰慚。《識論》曰：「云何為慚？依自法力，崇重賢善為性。對治無慚，止息惡行為業。」

   按，依自法力四字，《顯揚論》謂是依自增上、法增上。依自力而增上者，是謂自助；依法力而增上者，是聞正法而得助。崇重賢善者，賢謂賢德之人，善謂一切善法。無慚之人，難聞善法，不自尊重，亦不知尊重賢善。

3. 愧：做了壞事、無顏見人叫做愧。《識論》曰：「云何為愧？依世間力，輕拒暴惡為性。對治無愧，止息惡行為

業。」

論中依世間力四字，是指因世間眾人的輿論或批評，而
不為惡。暴惡，有惡者名暴，不善法名惡。輕有惡者而
不親，拒不善法而不作，是畏懼世間輿論指責，這就是
愧。在世俗間，慚愧二字是連用的。而在唯識學上，慚
著重於崇重善法，愧著重於輕拒惡法，這是二者的差別。

4. 無貪：對於財色名利不貪求的，曰無貪。《識論》曰：
「云何無貪？於有有具，無著為性。對治貪著，作善為
業。」

按，論中於有有具四字，第一個有，指的是「三有」，三
有即是三界，也就是欲界、色界、無色界，為眾生之所
依止者。有具者，謂能生三有之因，也就是起惑造業。
故惑與業為三有之因，而眾生貪愛繫著世間五欲六塵，
是為著有。於諸惑業，愛染固縛，不能自釋，就是著有
具。無貪，就是於有（三有，即三界）有具（五欲六塵，
即惑業）無所貪著，而以作善為業。

5. 無瞋：無瞋是心不起恚、慈愍以待人。《識論》曰：「云
何無瞋？於苦苦具，無恚為性。對治瞋恚，作善為業。」
按，於苦苦具四字，第一個苦，指的是三苦——行苦、
苦苦、壞苦，苦具，即生苦之因。而無瞋者，不起瞋恚
之心，於諸有情，常存慈愍，雖遇逆拂，亦不失其柔和，
是為無瞋。

6. 無痴：無痴，是於一切事理真實了知，不為迷惑。《識論》曰：「云何無痴？於諸事理明解為性。對治愚痴，作善為業。」

所謂明解，是一種睿智作用，不同於別境中的慧心所。因為慧心所是通於善、惡、無記三性，而無痴是善淨慧，不含諸惡見，是純善的，無痴由其明解力，於真諦理，遠離一切虛妄分別，於俗諦中，若事若理，稱境而知，不以情見顛倒，遠離迷謬，就是無痴。

7. 精進：對於善事勤劬不懈而為之，就是精進。《識論》曰：「勤謂精進，於善惡品，修斷事中，勇悍為性。對治懈怠，滿善為業。」

於善惡品，修斷事中，是說於善品法能修，於惡品法能斷。勇悍為性者，勇表勝進，悍表精純。窺基大師釋勇悍曰：「勇而無惰，自策發也。悍而無懼，耐勞倦也。」精進是修善斷惡。勤於作惡者，正是顛倒，不名精進。

8. 輕安：身心安舒輕快，謂之輕安。《識論》曰：「安謂輕安，遠離麤重，調暢身心，堪任為性。對治惛沉，轉依為業。」

麤重，指的是一切染污法。染污法能令人身心麤重，以輕安之力，遠離麤重，麤重不復現起。所以遠離麤重，就是修行者調伏煩惱。煩惱遠離，自然輕安，輕安以堪任為性，堪者，有所堪能，任者，有所任受。輕安是由

修定而來，身心輕安，可對治惛沉。而所謂轉依，即是
轉去麤重，依於輕安。

9.不放逸：對於五欲六塵，心不希求，就是不放逸。《識
論》曰：「精進三根，依所斷修，防修為性。對治放逸，
成滿一切世出世間善事為業。」

不放逸者，是依精進及無貪、無瞋、無痴三善根所假立，
於所應斷的惡法，防令不起，於所應修的善法，修令增
長，所以說是防修為性，以其防治放逸，能夠成就圓滿
一切世間善事及出世間善事，為其業用。

不放逸是以精進、無貪、無瞋、無痴四法假立之法，沒
有獨立的自體，所以不是實有的心所。如《瑜伽論》卷
五十五云：「不放逸是無貪、無瞋、無痴、精進分位
故……治雜染義，立不放逸。」

10.行捨：行捨，是對五欲六塵之法能明了領解，而不為所
動，令心平等正直。《識論》曰：「云何行捨，精進三根，
令心平等、正直，無功用住為性。對治掉舉，靜住為
業。」

行捨亦是依精進及三善根所假立，依這四者的力量，捨
去內心的惛沉掉舉。惛沉者，謂心沉下；掉舉者，謂心
浮起。或沉或浮，皆不平等，離開沉浮方名平等。正直
者，是心離雜染，捨去一切有功用行的行為，令心得到
無功用行的安住。

11.不害：是於諸有情不為損惱，不破壞一切事物。《識論》曰：「云何不害？於諸有情不為損惱，無瞋為性，能對治害，悲愍為業。」

不害以無瞋為性，於諸有情，不為惱損。不害就是損惱有情之害的反面。無瞋予眾生以樂，不害拔眾生於苦。所以無瞋是慈，不害是悲。但不害是依托無瞋一分假立的，所以也是無體性的假法。

四　根本煩惱心所

根本煩惱心所，是指貪、瞋、痴、慢、疑、惡見六心所而言。《識論》曰：「煩惱心所，其相云何？頌曰：『煩惱謂貪瞋，痴慢疑惡見。』論曰：此貪等六，性是根本煩惱攝故，得煩惱名。」

這六種根本煩惱，能生起許多隨之而來的煩惱，猶如草木之根，能生出枝幹葉花。這六種煩惱，是造作萬惡的根源，我人所有的一切罪惡，都是由這六種煩惱造作出來的。

何謂煩惱？煩者煩悶、煩擾；惱者惱亂、惱熱。《大智度論》卷七曰：「煩惱者，能令心煩，能作惱故，名為煩惱。」〈普賢行願品〉稱：「由貪瞋痴發身語意，作諸惡業無量無邊。」由此可見此諸煩惱的惡德。故學佛以斷煩惱為要務，唯欲斷煩惱，須先認識煩惱，了解煩惱。茲依次探討如下：

1.貪：貪者，是貪求世間種種愛樂。《識論》曰：「云何為

貪？於有、有具，染著為性。能障無貪生苦為業，謂由愛力取蘊生故。」《瑜伽論》卷五十八稱：「貪者，謂能貪著心所為性，此復四種，謂著諸見，欲、色、無色。」按，有即三有──亦即欲界、色界、無色界三界。具者資具，是能生三有之因，亦即是由起惑造業，長墮諸有，是以惑業為三有之因。眾生貪愛繫著世間五欲六塵，是為著有。於諸惑業，愛染固縛，不能自釋，是為有具。貪以染著為性，染者浸染，著者執著，貪為愛之異名，眾生愛欲之心，於外物浸染執著而不離，就是貪之體性。而「著」之一字，最為重要，眾生之於執著，如膠之黏物，如蠶之自縛。執著於我則起自私自愛，執著於我所，則對財物、名位、權勢固持不釋，這就是眾生起惑造業的原因。因著，而障蔽其本有無貪之心，這有如浮雲蔽月，全成翳相。著即起苦，故曰生苦為其業用。

2. 瞋：對於有情生賊害之心，曰瞋。《識論》曰：「云何為瞋？於苦、苦具，憎恚為性。能障無瞋，不安隱性，惡行為業。」

　按，苦即三苦──行苦、苦苦、壞苦。苦具，即能生苦之因，我人的一切造作皆是。而瞋之自性，即是憎恚，憎恚之行相甚寬，於一切處，皆能生起。《識論》稱：「謂瞋必令身心熱惱，起諸惡業。」故瞋以惡行為業，瞋心起時，對於家人眷屬，乃至眾生，輒生憎惡，輕則

惡聲詬詈，重則損害他命，甚至於伐城伐國，喋血千里，
莫不由瞋心而起。

瞋之為害，更甚於貪，以貪有愛（染）的成分，而瞋中
唯有憎惡。《決定毗尼經》曰：「寧起千百貪心，不起一
瞋恚，以違害大慈，莫過此故。」

3. 痴：痴者無明，即是對世出世間真實之理不能明了。《識
論》曰：「云何為痴？於諸理事，迷闇為性，能障無痴，
一切雜染，所依為業。」

按，痴之異名，即是無明，無明是迷昧，是不覺，是無
所其明的意思。換言之，即是無知──一團迷闇。《雜阿
含經》卷十二曰：「云何無明？若不知前際，不知後際，
不知前後際，不知內，不知外，不知內外，不知業，不
知報，不知業報。不知佛，不知法，不知僧。不知苦，
不知集，不知滅，不知道……是名無明。」

雖然它一無所知，但力用卻大。無始無來，無量眾生，
依於迷闇，終古恆相隨轉。又以迷昧不明故，於諸事理，
任意顛倒，戲論分別，此其所以為無明也。由於其無明
迷闇，所以障蔽無痴，為諸雜染之所依。

4. 慢：慢者驕傲，自以為是，覺得比他人高貴。《識論》
曰：「云何為慢？恃己於他，高舉為性。能障不慢，生苦
為業。」

慢者自尊自大，輕舉憍揚，不知謙卑，輕蔑他人。以其

所觀對象的不同，慢亦有多種：

(1)慢：對方不如我者——諸如生活環境、智慧學問等，我輕慢他，稱「於劣計己勝」。對方和我相等者，我又何必恭敬他？曰「於等計己等」。

(2)過慢：對方與我相等者，我不承認，自以為我勝過他，曰「於等計己勝」。對方勝過我，我心不服，曰「於勝計己等」。

(3)過過慢：對方本來勝過我，我心不服，反說我勝過他甚多，曰「於勝計己勝」。

(4)我慢：五蘊假合的身心，其中本來無我，但以妄見執持有我，以有我故，以我之所長，陵他人之所短，因而驕傲自大，我高、我勝，曰「於五取蘊隨觀為我或我所」，謂之我慢。

(5)增上慢：修行之人，未得謂得，未證為證，曰增上慢。現代社會上，有自稱通靈者，有自稱開悟者，這都是增上慢在作祟，此曰「於未得增上殊勝法中，謂我已得，心高舉為性」的增上慢。

(6)卑劣慢：卑是自卑，劣是劣下。一是對於一個勝過我很多的人，則說：「也不過勝過我一點半點。」一是自甘卑劣，謂：「勝過我又該何？」「我不學佛，還不是照樣吃飯睡覺？」這叫做「於多分殊勝計己少分下劣，心高舉為性」的卑劣慢。

(7)邪慢：這是於慢上再起邪見，己本無德，但為博得虛
　　名，或為謀取利益，詐稱有德，並以此傲慢於人，這
　　叫做「實無德計己有德，心高舉為性」的邪慢。《識
　　論》有曰：「此慢差別，有七九種。」九種與七種內容
　　相似，不再贅述。

5.疑：對於真理懷疑不定，曰疑。《識論》曰：「云何為疑？
　於諸諦理，猶豫為性。能障不疑，善品為業。」
　按，諦理，即苦、集、滅、道四聖諦之理。四聖諦是釋
　迦牟尼世尊基本的教法，於此四諦之理猶豫不信，即屬
　煩惱。故猶豫能障蔽不疑的善品，此即是它的業用。

6.惡見：惡見又稱不正見，就是邪見，也就是對於真理有
　相反的顛倒見解。《識論》曰：「云何惡見？於諸諦理，
　顛倒推求，染慧為性。能障善見，招苦為業。」
　按，惡見心所，是依別境中慧心所而假立的，故云以慧
　為性，而慧通於三性，此惡見慧，非善性所攝，是染分
　之慧，故稱染慧為性，染慧能障善見，招感苦果，故稱
　招苦為業。《識論》又稱：「此見行相，差別有五。」略
　述五見行相如下：

(1)薩迦耶見：薩迦耶是梵語，漢譯為身。緣五蘊身而起
　　見，即是我見，亦即我與我所。我者五蘊之身，我所
　　者妻子、財物、名位、權勢。我與我所，皆是因緣假
　　合之法，堅固執著，即屬不正之見。

(2)邊執見：邊者偏義，以偏執故，名曰邊執。即於身見上或執為常，或執為斷。執斷者謂一切物滅即便無有；執常者謂一切法皆當常住。執常執斷，均有乖中道，故曰邊執見。

(3)邪見：邪見是一切顛倒之見。謗毀善行惡行，名為謗因，謗毀善行惡行果報，名為謗果。謗無種子任持，無結生相續，謂之謗作用，謗世間無阿羅漢，名為謗實事。以上四見，皆屬惡見。

(4)見取見：這是指於邊執見、邪見上，或五蘊身見上，任執一種，以為即是殊勝之因，能得清淨之果。因此能引起諍論，彼此互謗，這是由見上所起之惡見。

(5)戒禁取見：這是指古代印度的苦行外道而說的。持戒守禁本是好事，但是苦行外道，或行自餓，或臥荊棘，或持牛戒而吃草，或持狗戒而噉糞，以為由此能得清淨之果，這種非因計因的謬誤執見，也算是惡見。

以上根本煩惱，總分為六，即貪、瞋、痴、慢、疑、惡見。惡見又析為薩迦耶見、邊執見、邪見、見取見、戒禁取見。由貪至疑及五見，共說為十煩惱。這十煩惱又稱為十惑，在十惑中，貪、瞋、痴、慢、疑五種，其性遲鈍，難於斷除，故又稱為「五鈍使」；身見、邊執見、邪見、見取見、戒禁取見五種，其性銳利，易於斷除，故又稱為「五利使」。稱為「使」者，是指其使役有情，迷惑煩惱的意思。

　　在以上十惑之中，又有迷於事的惑和迷於理的惑之別。迷於事之惑，是由迷於事相而生起的煩惱，如飲食男女之欲望，是與生俱有的，這又稱做俱生起之惑。又以此惑不易斷除，須藉漸次加行之力，於修道上才能斷除，所以又稱「修惑」——修惑，舊譯名為思惑。

　　迷於理之惑，是對於因果之理的迷惑——不了解四聖諦的正理，轉而受邪師、邪教之誘惑而生起的煩惱，這又稱為分別起之惑，此惑在修道時至見道位即能頓斷，故又稱為「見惑」。

　　在這十種煩惱——亦即十惑之中，貪、瞋、痴、慢、惑五種是迷於事之惑，又稱為思惑；而身見、邊執見、邪見、見取見、戒禁取見五種即迷於理之惑，又稱為見惑。如下表所示：

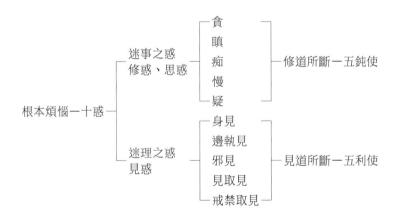

五　隨煩惱心所

隨煩惱心所，又名隨惑，是跟隨著根本煩惱發生作用的心所，這共有二十種，其名稱是忿、恨、覆、惱、嫉、慳、誑、諂、害、憍、無慚、無愧、掉舉、惛沉、不信、懈怠、放逸、失念、散亂、不正知。《識論》曰：「唯是煩惱分位差別，等流性故，名隨煩惱。」

煩惱有根本與枝末之分，貪瞋痴等為根本煩惱，忿恨覆等為枝末煩惱。枝末煩惱或其本身沒有體性，只是根本煩惱的一部分，所謂分位差別；或別有體性，而與根本煩惱是同一流類，所謂等流性故。

二十種隨煩惱又分為三類，即小隨煩惱、中隨煩惱、大隨煩惱。《識論》曰：「此二十種，類別有三，謂忿等十，各別起故，名小隨煩惱。無慚等二，遍不善故，名中隨煩惱。掉舉等八，遍染心故，名大隨煩惱。」茲分述如下：

1. 忿：對於現前違逆境界，發為憤慨，是名為忿。《識論》曰：「云何為忿？依於現前不饒益境，憤發為性，能障不忿，執杖為業。謂懷忿者，多發暴惡身表業故。此即瞋恚一分為體，離瞋，別無忿相用故。」
   忿是瞋恚中的一部分，離開瞋恚，就沒有了忿的相與用。忿心起時，多會有暴惡的行為，甚而執杖行凶，故稱其「執杖為業」。

2. 恨：恨是於忿之後，惡忿不捨，結怨於心。《識論》曰：
「云何為恨？由忿為先，懷惡不捨，結怨為性，能障不
恨，熱惱為業。……此亦瞋恚一分為體。」

恨也是瞋恚中的一部分，它是蘊藏於內心的怨毒，必有
其一定的對象，遇有機會，也會發為行動。

3. 覆：覆者覆蓋之義，把自己的罪惡隱藏起來，曰覆。《識
論》曰：「云何為覆？於自作罪，恐失令譽，隱藏為性。
能障不覆，悔惱為業。……有義，此覆，痴一分攝。」

覆的自性是隱藏，凡人既已作罪，又恐人知影響到自己
的財富及名譽，必自隱藏自己罪惡，不令人知。再者，
隱覆己罪，同時心必憂悔，故悔惱為業。覆是依貪痴所
假立，離開貪痴，別無覆之體性。

4. 惱：惱者惱怒，是繼忿恨而起報復，惱害他人，《識論》
曰：「云何為惱？忿恨為先，追觸暴熱，狠戾為性，能障
不惱，蛆螫為業。……此亦瞋恚一分為體，離瞋，無別
惱相用故。」

惱是由忿而恨，由恨而惱，瞋相轉深，而罪業益重。「追
觸暴熱」者，追是追往昔之惡，即心中宿藏之忿恨，觸
是現起違緣，引起心中暴熱，凶狠毒戾，不能自遏，此
即謂惱相，惱能障礙不惱，有如蛇蝎蛆螫於人。這是瞋
心所的一部分，其本身並無體性。

5. 嫉：嫉是嫉妒，他人勝我，心懷妒忌。《識論》曰：「云

何為嫉？殉自名利，不耐他榮，妒忌為性，能障不嫉，
憂慼為業。」

他人之境遇勝於我者，我生嫉心，如妾婦之固寵、士者
之競名。這也是瞋心所的一部分，本身並無體性。

6. 慳：慳者慳吝，財物不肯施捨，法理祕不告人，都稱為
慳。《識論》曰：「云何為慳？耽著財法，不能惠捨，祕
吝為性。能障不慳，鄙畜為業……此即貪愛一分為體，
離貪，無別慳相用故。」

田舍資產，皆名為財，知識技能，乃至玄學義理，皆名
為法。祕者祕藏，吝者吝惜，祕藏吝惜，是慳之行相。
鄙者鄙惡，畜者畜積，畜積無厭，是慳的業用，這是貪
心所的一部分，其本身並無體性。

7. 誑：誑是欲得名譽或利益，偽裝有德而欺騙他人。《識
論》曰：「云何為誑？為獲利譽，矯現有德，詭詐為性，
能障不誑，邪命為業。……此即貪痴一分為體，離二，
無別誑相用故。」

矯者不實，無德而詐為有德，稱為矯現。詭詐者，即是
虛偽。邪命，指比丘營不法事而為生活者，經典上有五
邪命之說：詐現異相，自說功德，占相吉凶，高聲現威，
說得利養，都可謂之詐欺行為。這是貪心所和痴心所的
一部分，本身並無體性。

8. 諂：諂者諂曲，附承他人曰諂。《識論》曰：「云何為諂？

為罔他故，矯設異儀，險曲為性。能障不諂，教誨為
業……此亦貪痴一分為體，離二，無別諂相用故。」

諂曲有如羅者之張網，他曲順時之所宜，利用人之闕失，
假作奇異威儀，使人墮入網中而不自覺。所謂奇異威儀，
即立言行事，善投人意，及故徇時尚等，諂以險曲為性，
險者不實，曲者不直。個人生活力充，實者必不苟順於
人，故訓險為不實。所謂教誨為業，指無良師益友之教
誨，無智故諂，諂是貪和痴兩心所的一部分，本身並無
體性。

9. 害：害是損害，心無悲愍，損害他人，曰害。《識論》
曰：「云何為害？於諸有情，心無悲愍，損惱為性。能障
不害，逼惱為業。謂有害者，逼惱他故，此亦瞋恚一分
為體，離瞋，無別害相用故。」

害是不害之反，不害者拔人以苦，與人以樂，而害者以
損害逼惱為行相，毫無悲愍之心，須以三善根以對治之。
害是瞋恚心所的一部分，離瞋即無害相。

10. 憍：憍即是驕，於自己的好事盛事起驕傲心，輕慢他人，
曰憍。《識論》曰：「云何為憍？於自盛事，深生染著，
醉傲為性。能障不憍，染依為業……此亦貪愛一分為體，
離貪，無別憍相用故。」

憍於自盛事深生染著，自盛事，如自持出身門第高貴，
家貲富有；或自己年富力強，聰明過人，以醉傲為性：

醉者惛迷，傲者傲逸。憍能障蔽無憍——即障蔽無貪，
故以染依為業。它是貪心所的一部分，沒有自己的體性。
以上忿等十個心所，是各別生起，故名小隨煩惱。

11.無慚：無慚與善法慚心所相反，是沒有羞惡之心。《識
　論》曰：「云何無慚？不顧自法，輕拒賢善為性，能障礙
　慚，生長惡行為業。」

　不顧自法，是自負所學，於世間法如不顧孔孟之道，於
　出世間法如不顧所習聞的正法。對有德者輕而不尊，對
　於善道拒而不聞，人而無慚，即不復知人生之意義與價
　值，能障礙慚，生長一切惡行。

12.無愧：無愧與善法愧心所相反，是沒有廉恥之心。《識
　論》曰：「云何無愧？不顧世間，崇重暴惡為性。能障礙
　愧，生長惡行為業。」

　不顧世間，是對世間的清議和輿論，無所忌憚，不但輕
　遠賢德，甚而崇重暴人。不但拒行善道，甚而尊重惡行，
　比之無慚，更為污卑。試看今日社會，暴惡之徒充斥，
　皆由無慚無愧所致，亦皆由無慚無愧者所鼓勵而起也。
以上慚、愧兩心所，遍及於一切不善法，故名中隨煩惱。

13.掉舉：掉是振動的意思，心不安靜，妄動浮躁，曰掉舉。
　《識論》曰：「云何掉舉？令心與境，不寂靜為性，能障
　行捨，奢摩他為業。」

　不寂靜是囂動相，我輩凡夫，心常攀緣種種貪欲等事，

浮囂動盪，不能寂靜，能障行捨，為禪定的障礙。奢摩他，是止的意思，即止觀的止，見後文。

14.惛沉：惛沉是心惛迷沉醉，迷暗不明。《識論》曰：「云何惛沉？令心於境無堪任為性，能障輕安，毗缽舍為業。」

惛沉，是此心為物所役，以至完全物化，迷矇沉重，有如無心，故而令心於境，不堪任受。毗缽舍，是觀的意思，合奢摩他，稱為止觀，止者止息妄念，觀者觀智通達，契會真如。止觀就是禪定，掉舉者其心妄動浮躁，惛沉者其心惛迷沉醉，故能障礙止觀。

15.不信：不信是心存污穢，不信善法。《識論》曰：「云何不信？於實德能，不忍樂欲，心穢為性，能障淨信，墮依為業。」

不信者，與善法中信心所相反，信者其心清淨，對世出世之善根深為信樂。不信者其心污穢，自相渾濁，不知精進，為懈怠所依為業。

16.懈怠：懈怠與精進相反，既不修善，亦不斷惡。《識論》曰：「云何懈怠？於善惡品，修斷事中，懶惰為性。能障精進，增染為業。」

修斷事中，是修善、斷惡，而懈怠以懶惰為性，即應修不修，應斷不斷，障礙精進，致使染污法增長。

17.放逸：放逸即放蕩縱逸，不肯上進。此與善法中不放逸

心所相反。《識論》曰：「云何放逸？於染淨品，不能防修，縱蕩為性，障不放逸，增惡損善所依為業。」

於染淨品不能防修，即是於染品法——惡事不能預防，於淨品法——善事不能修習，唯是縱恣蕩逸，故名放逸。這是依懈怠及貪瞋痴三毒四心所所假立，本身別無體性。

18.失念：失念就是遺忘，對於過去經歷的境界不能記憶，就是失念。《識論》曰：「云何失念？於諸所緣，不能明記為性。能障正念，散亂所依為業。」

按，於諸所緣句，在安慧造《大乘廣五蘊論》（以下略稱《廣論》）中，作「於諸善法，不能明記為性。」較《識論》泛言「於諸所緣」更為切要。失念不是記憶力喪失或欠缺，而是心識散亂，於正念不能明記，能障正念，故由散亂所依為業。失念依痴心所及染污念所假立，別無體性，染污念，即別境中之念心所，此心所通善惡無記三性，其惡性者即染污念。

19.散亂：散亂就是不專心，於心緣境，容易轉移。《識論》曰：「云何散亂？於諸所緣，令心流蕩為性，能障正定，惡慧所依為業。」

流蕩，流者馳流，蕩者飄蕩，較放逸尤為加甚。即是一顆妄心，意念游轉，馳流飄蕩，心不專一，能障正定。為惡慧所依，即別境中慧心所之與染污心相應者，散亂是依貪、瞋、痴三法所假立，本身別無體性。

20.不正知：於心所緣境，了解錯誤，生出謬誤的見解，是
　　不正知。《識論》曰：「云何不正知？於所觀境，謬解為
　　性，能障正知，毀犯為業。」
　　不正知就是邪知——錯謬的見解。毀犯為業者，以不正
　　知故，多起惡身語業，破壞因果，毀犯戒律，不正知是
　　依痴心所及惡慧所假立，自身別無體性。

六　不定心所

　　不定心所，是心所有法中的第六位。含有悔、眠、尋、伺
四心所。《識論》曰：「悔、眠、尋、伺，於善染等，皆不定故。
非如觸等，定遍心故，非如欲等，定遍地等，立不定名。」

　　不定，是其性善惡不定。它不像觸等遍行心所，遍及於八
個心王，也不像欲等別境心所，遍及於一切地，它通於善、惡、
無記三性，生起之時，要看情形才能決定其為善為惡。

　　1.悔：悔者追悔、懊悔，於先所作事生起的悔心之謂。《識
　　　論》曰：「悔謂惡作，惡所作業，追悔為性，障止為
　　　業。」
　　　惡作的惡，是厭惡，也是嫌惡，對於已作之事生起厭惡
　　　或嫌惡之心，其實就是追悔。如對已作的惡事追悔，就
　　　是善性；對已作的善事追悔，就是惡性。反之，對未作
　　　的善事，追悔何以不作，就是善性；對未作的惡事追悔
　　　何以不作，就是惡性。悔能令心悵快不安，故說其有障

礙止（觀）的作用。

2.眠：眠即睡眠。睡眠休息身心，調節疲勞，惟宜適度。《識論》曰：「眠謂睡眠，令身不自在，昧略為性，障觀為業。」

睡眠何以令身不自在？是指睡眠時，心極闇劣，身無力用，故說令身不自在。昧略二字，昧者簡別不在定中，略者簡別不在醒時，以此即是障礙（止）觀，故適度睡眠，消除疲憊，則屬善法，過度睡眠，陷於昏沉，則屬惡法。

3.尋：尋者尋求，對事理麤略的推求觀察，曰尋。《識論》曰：「尋謂尋求，令心恖遽，於意言境，麤轉為性。」

4.伺：伺者伺察，對事理詳細的推求觀察，曰伺。《識論》曰：「伺謂伺察，令心恖遽，於意言境，細轉為性。此二（尋與伺），俱以安不安住，身心分位，所依為業。並用思慧一分為體……若離思慧，尋伺二種，體類差別，不可得故。」

尋與伺，是令心識怱忙急遽的，在名言上尋求伺察。麤淺的推度名尋，深刻的推度名伺，於意言境四字，意者意識，由意起言，名意言境。這二者，皆是依思、慧二心所假立，本身別無體性。思者即意志，慧者即智力，慧心所起時，思心所必與之同俱（思為遍行心所），故尋、伺以思、慧一分為體。

第四章 色 法

在「五位百法」中的第三位法——即第三類法，是色法。

社會人士初讀佛經，最大的困擾，莫過於佛學名詞之難於了解。尤其是法相唯識一系的典籍，名詞特多，辭意艱深，有如另外一個國家的語言。唯識名詞，如四大、如五蘊、如心所、如識變、如異熟、如士夫，以至於如執受大種因聲、俱大種因聲等等，初學驟聞，百思難解，但既經了解，使用成習，則亦甚平常。譬如色法這個色字，它不是紅黃藍白顏色之色，也不是美惡妍醜女色之色。而於泛指有形質的物質，稱之曰色。

——關於有形質的物質何以稱為「色」，在中篇〈大乘五蘊論今詮〉中再加詳細解釋。此處先依《百法論》，麤釋其名數。

《百法論》稱：

> 第三色法，略有十一種：一、眼，二、耳，三、鼻，四、舌，五、身，六、色，七、聲，八、香，九、味，十、觸，十一、法處所攝色。

在上文眼、耳、鼻、舌、身五字之下，各省略了一個「根」字；在色、聲、香、味、觸五字之下，又各省略了一個「塵」字。因此，具體的說，色法十一種，是包括著五根、五塵和法處所攝色。如下表所示：

```
       ┌─ 五根：眼根、耳根、鼻根、舌根、身根
色法 ──┼─ 五塵：色塵、聲塵、香塵、味塵、觸塵
       └─ 法處所攝色（即法塵的一部分）
```

這五根的根字是什麼意思？原來根者，能生之義，增上之義，譬如草木之根，有增上之力，能增長幹枝花果。《大乘義章》曰：「能生名根。」《俱舍論記》曰：「勝用增上，故名為根。」因此，在色法中，把由物質構成而能生識的東西稱之為根。如眼根能生眼識，耳根能生耳識，鼻根能生鼻識，舌根能生舌識，身根能生身識。身根，是指能生觸覺的淨色根而言，而構成四肢軀幹整個身體的是浮塵根。準此，眼、耳、鼻、舌諸根，指的也是能生識的淨色根，並不僅是眼睛、耳朵、鼻子、舌頭。

原來所謂五根之根，又分為外根和內根。外根就是我們視覺可見的眼、耳、鼻、舌、身。這在佛經上稱作「扶根塵」，它是四大所合成，而為勝義五根所依托處，所以它的作用是扶助內根──淨色根之塵法，故名扶根塵。此外根又稱「浮塵根」，意指此五外根是虛浮不實之法，故名浮塵根。佛經中有一段文字形容諸外根的形狀，說：「眼如葡萄朵，鼻如雙爪垂，舌如初偃月，身如腰鼓顙，意如幽室見，因名浮塵根。」

內根名叫淨色根，又稱勝義根。佛經上說，勝義根質淨而細，猶如琉璃，肉眼不可見，唯佛眼天眼可見之。這樣看來，

內根大約相當於生理學上的神經纖維,及中樞神經的神經細胞。內根有發識取境的功能,故名勝義根,又因是清淨四大所成,故名淨色根。

五塵是色、聲、香、味、觸,這是與五根相對的外境。如果加上與意識相對的法塵,就成了六塵。但意識是心法,不是色法,所以不在此處討論。塵是染污的意思,色聲香味觸法六塵,能染污我人的心識,所以稱之為塵。塵也有動搖的意思,以六塵是因緣和合的生滅變異之法,故有動搖不定的意思。五塵——或六塵,又稱六境,境者,心之所遊履攀緣者,謂之境。如色為眼識所遊履,謂之色境;乃至法為意識遊履,謂之法境。如《俱舍頌疏》曰:

> 色等(即聲、香、味、觸)五境為境性,是境界故。眼等五根名有境性,有境界故。

十一種色法,概括一切有質礙會變壞的物質現象。這可分為五根、五境、法處所攝色三組,茲分述如下:

一、眼根:眼根是以「淨色」為體,為眼識所依,以色塵為所緣之境,而生起眼識的作用。

二、耳根:耳根是以「淨色」為體,為耳識所依,以聲塵為所緣之境,而生起耳識的作用。

三、鼻根:鼻根是以「淨色」為體,為鼻識所依,以香塵為所緣之境,而生起鼻識的作用。

四、舌根：舌根是以「淨色」為體，為舌識所依，以味塵
　　為所緣之境，而生起舌識的作用。

五、身根：身根是以「淨色」為體，為身識所依，以觸塵
　　為所緣之境，而生起觸識的作用。

六、色境：這是眼根所取、眼識所緣的境界。但此處所說
　　的色，並不是五蘊門的色蘊之色，而是十二處門中色
　　境之色。色蘊是概括一切物質現象，色境是眼識所及
　　的境界。

　　眼識所觸的色境有三類，曰顯色、形色、表色等三種。
　　顯色是顯明的色法——實色，是物質色彩差別，如青、
　　黃、赤、白四種，以及顯色中的假法影、光、明、闇、
　　雲、煙、塵、霧等色法。

　　形色是物質相狀的差別，如長、短、方、圓、斜、正、
　　高、低等色法。

　　表色是表示色的業用差別之色，如伸、屈、取、捨、
　　行、住、坐、臥等動作的色法。

　　色境實色假色的差別，如下表所示：

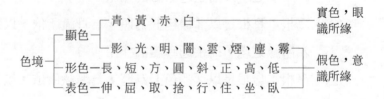

七、聲境：這是耳根所取、耳識所緣的境界。曰執受大種
　　因聲，非執受大種因聲，俱大種因聲。

　　大種，即地、水、火、風四大種。執受大種者，謂眾
　　生以地水火風四大和合之身，執著為自體而不暫捨，
　　故名執受大種。因此發聲，如兩手相擊及語言等，名
　　執受大種因聲，此又名內聲。

　　非執受大種因聲，即不是由眾生自體所發之聲。而是
　　客觀存在的自然界所發之聲，如風嘯聲、流水聲等。
　　此即非執受大種因聲，又名外聲。

　　俱大種因聲者，是二者和合之聲，如以手擊鼓，以口
　　奏簫之聲，此又名內外聲。

　　聲境又分為可意聲、不可意聲、俱相違聲。可意聲即
　　悅耳之聲，如歌聲、軟語。不可意聲如詛咒、噪音。
　　俱相違聲，是非可意、亦非不可意之聲。以上兩種分
　　類方法，前者是指聲的生因來說，後者是對能緣者的
　　意樂而說。

八、香境：這是鼻根所取、鼻識所緣的境界。此有六種，
　　三實三假。三實者，一曰好香，謂益根順情，鼻所樂
　　取之香，如旃檀之香。二曰惡香，謂損根違情，非鼻
　　之所樂取者，如糞穢之味。三曰平等香，謂鼻識所緣
　　時，無所損益，如磚石之無香者。

　　三假者，一曰俱生香，謂與本質俱時所生之香，如沉

木之香。二曰和合香，謂糅雜諸物共成之香，如和香。
三曰變異香，謂於熟變時方生香氣，如果實成熟時之
香。

九、味境：這是舌根所取、舌識所緣的境界。此亦有六種，
　　曰：苦、酸、辛、甘、鹹、淡等六味，六味由其產生
　　分類，分為俱生、和合、變異三類。由能緣者意樂分
　　類，分為可意、不可意、俱相違三類。

十、觸境：這是身根所取、身識所緣的境界。分為能造觸
　　與所造觸兩類。能造觸，是堅、濕、煖、動，這是地、
　　水、火、風四大種之體性，這是實法。所造觸，是假
　　名施設之假法，它是依四大種分位假立的，非離大種
　　外別有實質，故名所造觸。有滑、澀、輕、重、軟、
　　緩、急、冷、飢、渴、飽、力、劣、悶、癢、黏、病、
　　老、死、疲、息、勇等二十二種。加上堅、濕、煖、
　　動四種，共為二十六種。

　　此實、假二十六種觸，係以八種原因而立名：

1. 由「相」而立地、水、火、風四種。
2. 由「摩」而立滑、澀二種。
3. 由「攝」而立輕、重二種。
4. 由「觸」而立頓一種。
5. 由「執」而立緩、急二種。
6. 由「雜」而立冷、黏二種（水風相雜故冷，地水相雜

故黏）。

7. 由「界」——即四大不平等而立飢、渴、劣、悶、癢、病、老、死、疲九種。

8. 由「界」——即四大平等而立息、力、勇、飽四種。

十一、法處所攝色：這不是眼、耳、鼻、舌、身五識所取、所緣的境界，而是第六識——意識所緣法處（即法境）的色法。此略稱法處色。

按，法處之處，舊譯為入，即根與境相涉曰入。譯為處者，指根與境為生心心所作用之處。這是蘊、處、界三科之一，即六根六境之十二法名十二處，或名十二入。十二處總括一切法，而統屬於法處、為意處之所對者有五種，即極略色、極迥色、受所引色、定所引色、遍計所起色。再分述如下：

1. 極略色：即分析色聲香味觸、眼耳鼻舌身等有形質的實色——如金木土石——至極小，至無法再分之極微質點，稱為極略色。

2. 極迥色：分析虛空青黃赤白等無質之顯色（假法）而令至極小時所得的色法，即空界色的極微。

3. 受所引色：又名無表色，這是依受戒而引發於體內的色法。有：律儀、不律儀、非律儀等三種類別。

4. 定所引色：這是由禪定力所生的自在色，即禪定所變之色聲香等五境，以勝定力故，一切之色，變現自在，

故名定所生自在色。唯八地以上的菩薩以勝定力始變現。

5. 遍計所起色：這是由第六識——意識中的獨散意識，所產生的虛妄分別影像，如空華、水月、龜毛、兔角等，這是虛妄無實的色法，為意識幻覺所產生。

以上五種色法，除八地以上菩薩所變現的定所引色是有實體的實法外，其餘四種皆為不實的假法。

第五章　心不相應行法

「五位百法」的第四位法，是心不相應行法。

相應，是契合的意思。如《淨土論註》謂：「相應者，譬如涵蓋相稱也。」不相應，就是不契合。心不相應，就是與心不契合。因為它沒有能緣的作用，故不與心及心所相應；它沒有質礙的作用，也不與色法相應；它是生滅變異的有為法，又不與無為法相應，故名心不相應行法。

心不相應行法，是於色、心、心所等法的作用上假立的名稱，離開了色、心、心所就沒有了這些名稱。這是第六意識所緣的境界，是三位分立的假似法。如《識論》云：「非如色心及諸心所體相可得，非異色心及諸心所作用可得，由此故知定非實有，但依色心及諸心所分位假立，今直云心不相應行者，雖依三法假立，而色是心及心所之所現影，心所又即與心相應，故但言心，明其總不離心也。」

這心不相應行法，有二十四種。如《百法論》稱：

第四心不相應行法，略有二十四種：一、得，二、命根，三、眾同分，四、異生性，五、無想定，六、滅盡定，七、無想報，八、名身，九、句身，十、文身，十一、生，十二、住，十三、老，十四、無常，十五、流轉，十六、定異，十七、相應，十八、勢速，十九、次第，二十、時，二

十一、方，二十二、數，二十三、和合性，二十四、不和合性。

茲再分別各述如下：

一、得：得是獲得、成就的意思。依一切法造作成就，名
　　為得。也就是假名於有情身中，成就色心等法時的成
　　就作用。這是第八識種子的作用，故又分為種子成就、
　　自在成就、現起成就三種。《五蘊論》曰：「云何為得？
　　謂若獲若成就。此復三種，謂若種子若自在若現起，
　　如其所應。」

　　1.種子成就：第八識中的種子，如善種子沒有為邪見所
　　　染污。如不善種子──即染污種子尚沒有為修定之力
　　　所伏，像這類種子，決定有生現行法的作用，皆名成
　　　就。

　　2.自在成就：若修唯識行，修到加行位的時候，由此位
　　　的善法，熏成種子，由此為因，而得自在，名自在成
　　　就。

　　3.現起成就：如色受想行識的五蘊之法，種子現起，即
　　　名現起成就。

二、命根：命就是壽命。《廣論》曰：「云何命根？謂於眾
　　同分，先業所引住時分限為性。」眾同分，後文再釋。
　　命根，照唯識學的解釋，就是生第八識親緣的種子。

此類種子，由於先世業力，在一期生命之中，使色、心相續，維持我人一期生命的功能，假名為命根，並不是別有生命之實體。

例如某甲壽命百年，自他受生以至臨終這一段時間，就是他的「住時分限」。又以這住時分限，是其過去世中善惡業力所引起，故說「先業所引」。

命根，是建立在壽、煖、識三個條件上，這三者缺一，命根就不能存在了。所以命根是假設之名。

三、眾同分：眾者大眾，同者相同，分者一部分。簡單的說：人是與大眾相同中的一部分。《雜集論》曰：眾同分者，謂如是如是有情，於種種類自體相似，假立眾同分。於種種類者，於人天等種種類差別，於自體相似者，於一類性。《顯揚論》曰：「眾同分者，謂諸有情互相似性。」

概略的說，「眾同分」，是六道有情，身形相似的作用。例如人與人的形狀相似，牛與牛的形狀相似。這是第八識變現的果報作用，這是在同類相似的分位上所假立的。

四、異生性：異生性，就是凡夫的異名，意謂凡夫不得聖法，異於聖者之生故。《雜集論》曰：「異生性者，謂於聖法不得，假立異生名。」又，《瑜伽論》曰：「問：依何分位，建立異生性？此復幾種？答：依未生起一

切出世聖法分位，建立異生性。此復三種，謂欲界繫、
色界繫、無色界繫。」

異生性的性，就是六趣有情具有的煩惱種子。即是煩
惱、所知二障的種子功能，故亦是假法。

五、無想定：凡夫外道，有以「想」是生死根本，所以厭
患此想如瘡如癰。故於修定時，於定心中加功而行，
令此心想，漸細漸微，以至生無想定，這是滅前六識
現行的厭心種子的作用，故亦是假法。如《瑜伽論》
卷三十三稱：若諸異生，作如是念：諸想如病，諸想
如癰，諸想如箭，唯有無想，寂靜微妙。攝受如是背
想作意，於所生起一切想中，精勤修習不念作意，由
能修習為因緣故，加行道中，是有心位；入定無間，
心不從轉。如是出離想作意為先，已離遍淨貪，未離
廣果貪，諸心心法滅，是名無想定。由是方便，證得
此定。

六、滅盡定：此定是聖者所修的禪定，與無想定相同者，
也是厭心種子上所假立的，這是滅前六識的心、心所、
和第七識的染污無漏定。

小乘行者，僅滅第六識和第七識的我執。大乘行者，
則進一步的滅法執。這是前六識和第七識未發生作用
時的分位名稱。因修唯識行，在加行位時，特別厭嫌
受想，故此定又名滅受想定。《識論》卷七曰：「滅盡

定者，謂有無學，或有學聖，已伏或離無所有貪，上貪不定；由止息想，作意為先，令不恆行，恆行染污心心所滅，立滅盡名。」《俱舍論》卷五云：次滅盡定，其相云何？頌曰：滅盡定亦然，為靜住有頂，善二受不定，聖由加行得，成佛得非前，三十四念故。論曰：如無想定，滅定亦然。此亦然聲為例何義？例無想定心心所滅。如說：復有別法，能令心心所滅，名無想定；如是復有別法，能令心心所滅，名滅盡定。

七、無想報：這是由無想定獲得的果報。生到無想天，所有不恆行心、心所滅，故名無想報。生無想天，在初生時和墮落時，第六識有作用。在中間五百大劫中，前六識總滅而不起。無想報，又名無想天。《顯揚論》曰：「無想天者，謂先於此間，得無想定；由此後生無想有情天處，不恆現行諸心心法滅性。」《識論》卷七曰：無想天者，謂修彼定（無想定），厭麤想力，生彼天中；違不恆行心及心所想滅為首，名無想天。故六轉識，於彼皆斷。

八、名身：名者名字，身是聚義。這是能詮自性的語言。《廣論》曰：「云何名身，謂於諸法自性，增語為性，如說眼等。」諸法自性，本來離於名言，今於其上安立名言，故說是增益。《雜集論》卷二云：「名身者，謂於諸法自性增言，假立名身。自性增言者，謂說天

人眼耳等事。」

於諸法自性上增益語言，則能詮釋諸法，這是與第六識相應想心所的作用。想是於諸境取相為性，而所取相，出口而為音聲，即成為名言。

《大毘婆沙論》卷十四謂：「問：名身者，是何義？答：二名聚集義，是故一名，不名名身。」如我人說「松」之一字為名。說「松樹」，二字相連，即稱名身。

九、句身：這是詮釋一切法的差別意義。《廣論》曰：「云何句身？謂於諸法差別增語為性。如說諸行無常等。」又，《雜集論》曰：「句身者，謂於諸法差別增言，假立句身。差別增言者：謂說諸行無常，一切有情當死等義。」

按，一句話要有主詞和述語，這句話才算圓滿，故稱句身。有義：一句為句，二句為句身，三句以上為多句身。

十、文身：文者文字，一字為文，二字為文身，三字以上曰多文身。故文字為「名」、「句」之體。《廣論》曰：「謂即諸字，此能表了前二性故，亦名顯。謂名句所依，顯了義故，謂無異轉故。前二性者謂詮自性及以差別，顯謂顯了。」

所謂自性，即諸法自體。如色、心諸法，自體各別，

即名身之所詮。所謂差別，是諸法自體上具有種種意義，即句身之所詮釋。所以詮諸法自體者，是名身的自性；詮諸法自體上差別意義者，是句身的自性。而此名身句身二性，皆依於字，方能表示顯了。所以文身是表了前二性的。《廣論》中「謂無異轉故」一語，是說字不隨異方異音而改轉。如外國人習漢文，必以漢音為轉。

十一、生：於色心諸法，本無今有曰生。《識論》卷二曰：「本無今有，有位名生。」《雜集論》卷二曰：「生者，謂於眾同分諸行本無今有性，假立為生。問：外諸色等，亦有生相，何故唯舉眾同分耶？答：謂於有情相續，建立有為相故。所以者何？外諸色等有為相，成壞所顯。內諸行有為相，生老等所顯者。」

本來，色心一切諸法，本無今有皆曰生，何以單單提出眾同分──於此假定以人為代表──來說呢？那是為有情相續，建立因緣和合有為法之相。因為色法的因緣和合有為相，是在成住壞空上顯示出來。而有情相續的有為相，就是以生老病死來顯示出來。

十二、住：已生之後，在因緣相續的條件下存在曰住。《廣論》曰：「云何住？謂彼諸行相續，隨轉為性。」又，《顯揚論》卷一稱：「住者，謂諸行生時，相續不斷性。」《阿毘達磨品類足論》（以下略稱《品類足論》）

卷一曰：「住云何？謂令已生諸行不壞。」

所謂住，並不是已生起之法——人或事物——恆時凝然而住，而是在因緣相續隨轉的條件存在，假名為住。

十三、老：自有情來說，由生至死，於存在期間念念變遷曰老。《廣論》云：「云何老？謂彼諸行相續變壞為性。」又，《大毘婆沙論》卷三十八云：「云何老？答：諸行相背熟變相，是謂老。契經中說，髮稀髮白，皮緩皮皺，色衰力損，身曲背傴，喘息短急，氣勢痿羸，行步遲微，扶杖進止，體多黶黑，猶如彩畫，諸根昧熟，支分變壞，舉身戰掉，動轉呻吟，諸行朽敗，是名為老。」

十四、無常：由生歸於無，就是無常。萬法無實體，無自性，不能常住，此又名滅、死、空。如世界（包括物質現象）有成、住、壞、空四相。有情（有情識的生命體）有生、老、病、死四相。我人心念有生、住、異、滅四相，皆是無常。《顯揚論》卷一曰：「無常者，謂諸行自相生後滅壞性。」又，《大毘婆沙論》卷三十八曰：「云何無常？答：諸行散壞破沒亡退，是謂無常。此中文句，雖有多種，義亦無別，皆共顯了無常義故。問曰：云何無常散壞諸行？答：非如散壞穀豆等物。但令諸行，無復作用，故名散壞。謂一剎那，所作作已，第二剎那，不復能作。」

按，無常有二義，一者諸行剎那生滅無常，二者住時分限一期無常。如以人而言，念念變遷是剎那無常，一期壽命終了是一期無常。

十五、流轉：一切因緣和合的有為法，其生滅變異，相續不斷，就是流轉。《瑜伽論》卷五十二曰：「復次云何流轉？謂諸行因果相續不斷性，是謂流轉。」又，《雜集論》卷二曰：「流轉者，謂於因果相續不斷，假立流轉。所以唯於相續不斷立流轉者，於一剎那，或於間斷，無此言故。」

此中所稱因果，約指前後而言，前法為因，後法為果，剎那剎那，故名流轉。

十六、定異：定者決定，異者差別。善惡因果，互相差別而不雜亂，曰定異。《瑜伽論》卷五十二曰：「復次云何定異？謂無始時來，種種因果決定差別，無雜亂性。如來出世，若不出世，諸法法爾。」又，《集論》曰：「何等定異，謂於因果種種差別，假立定異。」

因果種種差別，如瓜種不生豆苗、豆種不生瓜蔓者是。

十七、相應：諸法因果相應，互不相離。例如心法與心法相應、色法與色法相應等。《顯揚論》卷一曰：「相應者，謂諸行因果相稱性。」又，《俱舍論》卷四曰：「謂心心所，皆名相應，等和合故。依何義故名等和合？有五義故，故說相應。所依、所緣、行相、時、事皆平

等故。事平等者，一相應中，如心體一，諸心所法，各各亦爾。」

與相應反者是不相應，例如此二十四不相應行法，它無知覺，不與心王心所相應；它無質礙，不與色法相應；它是生滅法，不與無為法相應，此即是不相應。

十八、勢速：諸法的生滅作用，迅速流轉，假立勢速。《雜集論》卷二曰：「勢速者，謂於因果迅速流轉，假立勢速。」又，《瑜伽論》卷五十二曰：「復次云何勢速？謂諸行生滅相應，速運轉性，是謂勢速。」

十九、次第：諸法的生滅流轉，有一定的前後順序，曰次第。《瑜伽論》卷五十二曰：「復次云何次第？謂於各別行相續中，前後次第，一一隨轉，是謂次第。」又，《雜集論》卷二曰：「次第者，謂於因果一一流轉，假立次第。因果一一流轉者，謂不俱轉。」

二十、時：時是時間的分位，即諸法相續的分位。《瑜伽論》卷五十六曰：「問：依何分位，建立時？此復幾種？答：依行相續不斷分位，建立時。此復三種，謂去、來、今。」又，《雜集論》卷二曰：「時者，謂於因果相續流轉，假立為時。何以故？由有因果相續轉故。若此因果，已生已滅，立過去時。此若未生，立未來時。已生未滅，立現在時。」

時者，過去、未來、現在。若推廣而言之，去年、今

年、明年，早上、中午、下午，皆名日時。

二十一、方：方是空間的分位，如東、南、西、北、上、下、前、後等。《顯揚論》卷一曰：「方者，謂諸色行，遍分齊性。」又，《雜集論》卷二曰：「方者，謂即於東南西北四維上下因果差別，假立為方。何以故，即於十方因果遍滿，假說方故。當知此中，唯說色法所攝因果，無色之法，遍布處所，無功能故。」方位是依物質世界建立的，與心法無涉。

二十二、數：數是量度諸法的一一差別，如個、十、百、千，一、二、三、四等。《瑜伽論》卷五十二曰：「復次云何數？謂安立顯示各別事物計算數量差別，是名為數。」又，《雜集論》卷二曰：「數者，謂於諸行一一差別，假立為數。一一差別者，於一無別二三等數，不應理故。」

二十三、和合性：諸法因緣和合，不相乖背，曰和合。和如水土相和，合如涵蓋相合。《瑜伽論》卷十曰：「云何和合義？謂諸緣聚集義。」又，《雜集論》卷二曰：「和合者，謂於因果眾緣集會，假立和合。因果眾緣集會者，且如識法，因果相續、必假眾緣和合。謂根不壞，境界現前，能生此識作意正起。如是於餘一切，如理應知。」

二十四、不和合性：這是說諸法因緣互相乖離，不相和合。《瑜

伽論》卷五十六曰：「問：依何分位，建立不和合？此復幾種？答：與和合相違，應知不和合若分位，若差別。」例如冰炭不可同爐，水火不能相容，即是不和合。

第六章　六無為，二無我

　　五位百法，分兩大類，即有為法與無為法。有為法是心法、心所有法、色法、心不相應行法，計四位九十四種。無為法一位，計六種，合稱五位百法。

　　有為法，是因緣和合的造作之法，是生滅之法，故稱有為。無為法者，是離因緣造作之法，無生滅之法，故稱無為。事實上，無為法即是有為法的體性，有為法即是無為法的相用。並不是離開無為別有有為，也不是離開有為別有無為。

　　無為法有六種，曰虛空無為、擇滅無為、非擇滅無為、想受滅無為、不動無為、真如無為。真如無為，即是聖智所證之真理。此真理亦稱法性、實相，又名法界、涅槃。按說，真如「非一非異」，何得說名為六呢？因為前五種，是或約其因來說，或約其用來說，都不是真如的本體，唯有第六種真如無為才是本體。而前五種只是方便言說，顯示真如法性罷了。其實，連「真如」這兩個字，也是一種方便施設。真如本來是語言道斷、心行路絕的境界，不是言詮所能及的。於今不過是假借語言文字，來詮釋其相而已。於此敘述六種無為如下：

　　一、虛空無為：虛空者，是「無礙」的意思。這是一種譬喻。意思是說真如法性，離諸障執，其性無礙，有如虛空。虛空遍布世間，真如法性亦遍布世間。試看宇宙萬有，森羅萬象，哪一法上，沒有法性呢？但切莫

誤會法性就是外面虛空，外面的虛空，無物處無障礙，有物處就有障礙了。而無為法的法性，是無為法不障礙一切物，而一切物也不障礙無為法的。

二、擇滅無為：什麼是擇滅無為呢？擇者揀擇，滅者滅除，也就是滅除煩惱。這是以無漏智的揀擇之力，滅諸雜染後所顯現的真如，換句話說，也就是以揀擇智慧，滅除煩惱，其所證之理，就稱做擇滅無為。

三、非擇滅無為：什麼是非擇滅無為呢？就是不由智慧揀擇的力量，煩惱自然寂滅所表現的真理。原來一切有為法，都是仗因托緣而生起的。煩惱也是有為法，也必須因緣和合而生。如果遇不到緣，煩惱自然不會生起。非擇滅無為就是這個道理，煩惱既然缺緣不生，又揀擇什麼東西去滅除它呢？正是因為有煩惱，才要以智慧揀擇力去滅。煩惱既然缺緣不生，當然用不著去滅了，所以叫做非擇滅。再者，無為的法性，自體本來清淨，沒有煩惱。既然沒有煩惱，也就用不著以揀擇智慧來滅除它了，這是非擇滅無為的另一種解釋。

四、想受滅無為：什麼叫想受滅無為呢？想是「想心所」，是於境取像為性。受是「受心所」，是領納順違境相為性。這也是五蘊中的受、想二蘊。心若生時，受、想二心所同時俱起。外境的是苦是樂，要經過受；內心的為善為惡，要經過想。如果「受」後而不去想其為

順為違，則善惡之念就不會生起。修道的人，入了「滅盡定」（又名滅受想定，佛教修持最高的禪定），受、想二心所不起，這時有為法不起，無為真如顯現，就是想受滅無為。

五、不動無為：什麼叫不動無為呢？這是指「色界第四禪」的禪定情形。即是生於色界第四禪天時，由於滅除一切苦樂受，所顯現的真如。

佛經上說，世界將要壞的時候，火燒初禪天，經過七次火災，又有一次水災出現，就淹到二禪天去。再經過七次火災，一次水災。如此共經過四十九次火災，七次水災，最後又有一次風災出現，這時初禪天為火災所動，二禪天為水災所動，三禪天為風災所動，這叫做火燒初禪，水淹二禪，風掃三禪；這時世界動搖，而唯有四禪天安穩不動，火災、水災、風災都不能夠到達。這種「三災不至」、「煩惱不生」的境界，所顯現的無為，叫做不動無為。

六、真如無為：什麼叫真如無為呢？真者真實之義，如者如常之義。諸法之體性，離虛妄而真實，曰真；常住而不變不改，曰如。《識論》卷九曰：真謂真實，顯非虛妄。如謂如常，表無變易，謂此真實於一切法，常如其性，故曰真如。

真如，又名自性清淨心、佛性、法身、如來藏、實相、

實性、法界、圓成實性等,皆是同體而異名。

以上說六種無為,前面五種都是方便假說,唯有真如無為才是諸法的法性、實體。因為一切法的平等性,無形無相,怎能有數目可說呢?不只前五種無為是方便假說,即是這「真如」二字也是方便假說。因為真如是「言語道斷、心行路絕」的境界,不是我人的語言文字所可表達的。蓋說水不能解渴,說火亦不灼口,說的真如,亦不是真如,以「言不詮真」故也。所以真如是證得的,不是說得的。

但要證得真如,那先要破「二執」——我執與法執;斷「二障」——煩惱障與所知障;證「二空」——我空與法空;得「二轉依果」——轉第八識之迷依,為真如之悟依,得大菩提與大涅槃二果,那時才能證得真如實相。

世親菩薩造《百法論》,不僅是將萬法加以歸納與分類,而且主要是在破除我人的執著——我執與法執。五位百法,九十四種無為法,皆是因緣和合的緣生法。既是因緣和合生起之法,這其中何嘗有真實之我?真實之法?故論文最後一段,曰:

> 言無我者,略有二種:一、補特伽羅無我,二、法無我。

補特伽羅,梵語,舊譯為人、眾生,新譯曰數取趣,意思是說數取五趣而輪迴的意思。「補特伽羅無我」,就是人無我。人何以無我?人是四大五蘊和合而有,此中無真實之我體,故曰人無我。「法無我」者,即固執諸法為實體,這叫做「法我」。

若了知諸法，皆是因緣和合生起的道理，則「緣起性空」，諸法均無自性，是曰「法無我」。這二無我，是大乘菩薩之觀道，以斷惑障。

《楞伽經》卷一曰：

> 大乘菩薩摩訶薩，善觀二種無我相，云何二種無我相，謂人無我、及法無我。

中篇

大乘五蘊論今詮

第一章　泛說五蘊、四大

　　初讀佛經的人，常會發現「四大」、「五蘊」等一類名詞。如《八大人覺經》：「第一覺知世間無常，國土危脆，四大苦空，五蘊無我。」如《般若心經》：「觀自在菩薩，行深般若波羅蜜多時，照見五蘊皆空。」如〈毘舍浮佛偈〉：「假借四大以為身，心本無生因境有。」我們於此探討，這「四大」、「五蘊」，究竟是什麼意思？

　　——於此插入一段笑話，有些社會人士，也常說「四大皆空」。你若問他什麼是「四大」，他會理直氣壯的告訴你：「不就是酒色財氣嗎？」是的，如果「四大」是酒色財氣，也就難怪他們把「色即是空、空即是色」的「色」，說成是女色之色了。

　　要探討四大五蘊，要自《五蘊論》這部論著說起。

　　《大正藏》一六一二經，題曰：「《大乘五蘊論》一卷，世親菩薩造，三藏法師玄奘奉詔譯。」關於世親菩薩，在本書緒論中已有敘述。這是他「捨小入大」，皈依大乘後，最初所造的一部論著。這本論著是傳其兄無著的法相之學，其時尚未倡言唯識。漢譯的《五蘊論》，除了世親這一部外，還有安慧造的《廣論》，唐代中天竺沙門地婆訶羅譯。這兩種譯本，內容大體類似，略有小異，我們現在是以世親的《五蘊論》為主依，來詮釋論文。

　　《五蘊論》，在「一本十支」之學中，稱為「麤釋體義支」。

此論內容，是把五蘊的「體性」和「業用」，麤略的解釋出來，所以稱「麤釋體義支」。

什麼是五蘊呢？《五蘊論》開章明義的說：

> 如薄伽梵略說五蘊，一者色蘊，二者受蘊，三者想蘊，四者行蘊，五者識蘊。

薄伽梵，梵語，又稱婆伽婆，譯曰世尊。文中的意思是：「如世尊所說：五蘊者，一者色蘊……」

事實上，在原始佛教的四阿含經中，在在的說到五蘊。五蘊，在四阿含經中稱作五陰。如《雜阿含經》卷一，說的就是五蘊：

> 如是我聞：一時，佛住舍衛國祇樹給孤獨園。爾時，世尊告諸比丘：「當觀色無常，如是觀者，則為正見；正見者則生厭離，厭離者喜貪盡，喜貪盡者說心解脫。如是觀受、想、行、識無常，如是觀者，則為正見；正見者則生厭離，厭離者喜貪盡，喜貪盡者說心解脫。」如是比丘！心解脫者，若欲自證，則能自證：我生已盡，梵行已立，所作已作，自知不受後有。

再如《雜阿含經》卷三：

> 如是我聞：一時，佛住舍衛國祇樹給孤獨園。爾時，世尊告

諸比丘：「有五受陰，何等為五？所謂色受陰，受、想、行、識受陰。善哉比丘不樂於色，不讚歎色，不取於色，不著於色。善哉比丘不樂於受……想……行……。不樂於識，不讚歎識，不取於識，不著於識……若比丘不樂於色，心得解脫；如是受想行識不樂，心得解脫。」

經文中的五受陰，就是五陰，也就是五蘊。

五蘊又稱五陰，亦稱五聚。蘊是積集的意思，謂色、心之法，大小前後等積集而成自體；陰是蔭覆的意思，謂色、心之法，能蔭覆真理；聚是積聚的意思，謂集此五聚，以成我人的色身心識。其實簡單的說，我們把這五者稱之為五種或五類也未嘗不可，那就是：積聚許多同一性質、同一系列的事事物物或心理活動，把它們歸成一類，就叫做蘊。世界上所有的物質現象，和我人的心識活動，可以歸納成五類，那就是色蘊、受蘊、想蘊、行蘊、識蘊。茲再分述如下：

一、**色蘊**：色蘊的色，是泛指物質而言。這其中包括著地、水、火、風四種因素，即是所謂「四大」。

二、**受蘊**：受者感受，是「領納」的意思。受有三種，曰樂受、苦受、不樂不苦受。

三、**想蘊**：想是想像，是我人的心識，對於所緣的外境所生起的想像與認識作用。

四、**行蘊**：行是行動的意思，它「令心造作為性」，它驅使

心識，造作出善品惡品等業，有如現代心理學上的意志作用，它的範圍非常廣泛，包括著百法中五十一個相應心所中的四十九個（即減去了受心所與思心所），和二十四個不相應行心所。

五、識蘊：識者，「以了別為義」，就是心識對所緣外境的了解與分別。唯在此處來說，是專指八識心王而言，不包括相應心所在內。以五十一個相應心所在受、想、行三蘊中已經說過了。

概略而言，五蘊可分做兩大類：一類是物質的組合，即是色蘊；一類是精神的組合，即受、想、行、識四蘊。這在佛學術語上，又稱做「名色」。名是精神的組合，色是物質的組合。《大乘義章》曰：

> 言名色者，心從銓目，故號為名。身形質礙，稱之為色。良以心法溟漠難彰，非銓不辨，故從銓目，說以為名。

這兩大類組合，物質類中包括著我人的色身——肉體，和宇宙萬有的物質現象；精神類就是我人的心識。這兩類組合，如下表所示：

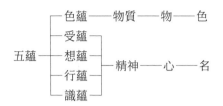

　　事實上，我人所稱的人生、宇宙——即精神現象和物質現象的存在，基本上是在五蘊上建立的。由識——受、想、行、識中的識蘊，建立了我人「主觀的能認識的識體」，即精神活動；由色與受想行三蘊建立了「客觀的所認識的對象」，即宇宙萬有。主觀的能認識的識體、與客觀的所認識的對象，互相關涉對待，而有所謂人生，所謂宇宙。沒有主觀的能認識的識體，固然沒有宇宙人生；沒有客觀的所認識的對象，也沒有宇宙人生。這種關係，如下表所示：

　　其次說到「四大」。四大是什麼？四大是構成色蘊的四種基本因素，即是地、水、火、風四大種。依照《俱舍論》說：這四大有假、實二種。其實者，稱為四界或四大界。其假者，單云四大。

　　實之四大，一者地大，性堅，支持萬物。二者水大，性濕，收攝萬物。三者火大，性煖，調熟萬物。四者風大，性動，生長萬物。這四者，以能造作一切色法，故稱作「能造四大」。

　　假之四大，即世間所稱的地水火風，這四大雖其實為地水火風及色聲香味觸九法之假和合，然其中堅性最增盛者名為地，濕性最增盛者名為水，煖性最增盛者名為火，動性最增盛者名為風。故實之四大為能造，假之四大為所造。

　　五蘊中的色蘊，是概括地水火風之實四大而說的，這又名四大種。此四大種，周遍於一切色法，故曰大；能生一切色法，故名種。關於色蘊，於下章探討。

第二章 四大種及四大種所造諸色

《五蘊論》稱：

> 云何色蘊？謂四大種及四大種所造諸色。

我們於此探討，這色蘊中的「色」字，究竟是什麼意思？
《雜集論》稱：

> 問：色蘊何相？答：變現相是色相。此有二種，一、觸對變壞，二、方所示現。……

《五事毘婆沙論》稱：

> 依何義故說之為色？答：漸次積聚，漸次變壞，種種生長，會遇怨或親，便能壞能成，皆是色義。佛說：變壞故名為色，變壞即是可惱壞義。

《俱舍論》上說：

> 諸有為法和合聚義，是蘊義。如契經中說：諸所有色，若未來，若過去，若現在，若內若外，若麤若細，若好若醜，若遠若近，如是一切略為一聚，說名色蘊。

以上幾種詮解，並不能使我們對色蘊之色有所了解。丁福保《佛學大辭典》是這樣解釋：

　　色，變壞之義，變礙之義，質礙之義。變壞者轉變破壞也，
　　變礙者變壞質礙也，質礙者有形質而互為障礙也。

　　佛學辭典上的解釋，仍不能使我們對色字有具體的概念，於此根據以上諸說，重加組合，以現代的語言文字寫出來，以供讀者參考：

　　色蘊的色，即是宇宙間的物質現象。小乘有部的理論，以物質是由眾微積聚而成的，眾微又稱「極微」，是物質基本的質點（極微是否物質，即極微是否實有，後文再述）。由眾多的極微漸次積聚，成為有形相可見的物質，但這種眾多極微積聚成的東西，是因緣和合的有為法，凡是因緣和合而生起存在的東西，就必具有生、住、異、滅四相。所以它會漸次積聚而生，也會漸次破壞而滅。在積聚生起的過程中，遇到有助它成長的因素（親），它就成長、存在；遇到破壞它成長的因素（怨），它就破壞、消滅（便能壞能成）。

　　何以說它有變壞、變礙、質礙諸義呢？因為因緣和合的物質現相，必具有生住異滅四相，因緣和合時它生起存在，因緣散離時它變異、消滅，這是變壞；變礙，說它有變壞和質礙兩種性質。質礙，即是說凡是物質，必有形質，有形質者，就互相障礙。窗子下已放了一張書桌，在同一位置就放不下第二張書桌，這就是質礙。

　　物質還有「觸對變壞」與「方所示現」兩種意義。物質是

有形質的東西，故眼可對而觸可知，並且它會變壞（異滅）。凡是有形質的東西，必有「六合」──上下左右前後六個接觸面，也就是長乘闊乘高三度空間，這是可以表示、表現出來的，這就是方向示現。

至於《俱舍論》中說的「諸所有色」，就是說：尚未生起存在的物質，叫未來色；已經破壞消失的物質，叫過去色；已經生起、在因緣相續條件下存在的物質，叫現在色。

我們身體上生理性的諸根叫內色，我們身體外物理性的物質叫外色；肉眼可見的物質叫麤色，肉眼所不能見的物質叫細色；悅目的物質叫好色，不悅目的物質叫醜色；視力所不及的物質叫遠色，視力所可及的物質叫近色，這一切綜合起來，就稱作色蘊。

《五蘊論》稱：「云何色蘊？謂四大種及四大種所造諸色。」四大種是什麼？《五蘊論》稱：

> 云何四大種？謂地界、水界、火界、風界。云何地界，謂堅強性。云何水界，謂流濕性。云何火界，謂溫燥性。云何風界，謂輕等動性。

所謂地、水、火、風四界，界是差別的意思，彼此不同的事物，差別而無混濫，曰界。《大乘義章》曰：「界別為界，諸法性別，故名為界。」

地、水、火、風四大種，是印度古代對物質現象的一種分

類方法。釋迦牟尼住世時代，六師外道之一的婆浮陀伽旃延，就以地、水、火、風、苦、樂、壽命，是構成眾生身心的七種原素。《俱舍論》解釋四大，意謂地大性堅，支持萬物；水大性濕，收攝萬物；火大性煖，調熟萬物；風大性動，生長萬物。這四者，能造作一切色法，所以又稱為「能造四大」。

　　四大，不僅是指地、水、火、風四物，主要是指堅、煖、濕、動四性。稱其為大者，以其「遍及於一切法」——普遍的存在於一切物質現象中，故稱之為「大」。其實，這和我國的五行學說相類似。五行學說，是把宇宙間一切物質現象，歸納入金、木、水、火、土五種物性之中。如火性炎上，水性潤下，木性四方擴展，金性凝聚集中，而土性平坦不傾，並由此衍化出五性的互相生剋之說。

　　地水火風四者，何以稱為大種？因為「種」是「因」義，或是「類」義。以此四者為生等五因而起眾色故，所以是因義；又以有種種差別故，所以是類義。而種為大者，大有四義，一為所依義，即謂與諸造色所依處，故稱為大。二者體相寬廣義，謂此四者遍及於一切色法，故稱為大。三者形相大，謂大地大水大火大風其相廣大，故稱為大。四者起大作用，世界成壞，皆此四者之作用，故稱為大。

　　四大種有五種因力，依此五種因力而造諸色，故說名為造。這五種因力，一者生因，生因即是起因，離開大種，色法不起。二者依因，亦即是轉因，謂捨開大種，諸所造色，無有據於別

處之功能。三者立因，立因即隨轉因，大種若有變異，造色亦隨之變異。四者持因，即是住因。謂由諸大種所造色，由諸大種而持令不絕。五者養因，即是長因，謂由大種，養彼所造色，令之增長。

這四大種造出了些什麼色呢？《五蘊論》稱：

云何四大種所造諸色？謂眼根、耳根、鼻根、舌根、身根，色、聲、香、味、所觸一分、無表色等。

云何眼根？謂色為境清淨色。

云何耳根？謂聲為境清淨色。

云何鼻根？謂香為境清淨色。

云何舌根？謂味為境清淨色。

云何身根？謂所觸為境清淨色。

云何為色？謂眼境界，顯色形色及表色等。

云何為聲？謂耳境界，執受大種因聲、非執受大種因聲、俱大種因聲。

云何為香？謂鼻境界，好香惡香及所餘香。

云何為味？謂舌境界，甘味酢味鹹味辛味苦味淡味。

云何謂所觸一分？謂身境界，除四大種，餘所造觸，滑性澀性重性輕性冷飢渴等。

云何名為無表色等？謂有表業、及三摩地所生色等，無見無對。

　　簡單的說，四大種所造的諸色，有眼、耳、鼻、舌、身的五根，和色、聲、香、味、觸的五塵，及無表色；五根是內色，五塵是外色。五根與五塵，已於上篇〈百法明門論今詮〉中一一詮釋，此處不贅。此處來探討「無表色」是什麼。

　　無表色，舊譯為無作色，新譯為無表色。無表色是什麼？《五蘊論》稱：「謂有表業、及三摩地所生色等，無見無對。」有表業，就是身語表業，此業通於善、不善、無記三性。從此善不善業所生之色，這種色不可顯示，即無見無對，故名無表色。更詳細一點的說：由身所造作，有善與不善，名身表業。由口所造作，有善與不善，名語表業。而身與口之表業，皆是假有，事實上，發動身口造作的，是思心所，思心所通善、不善、無記三性。故身語表業，有時是善性，有時是惡性，有時是無記性，故從身語表業善不善所生之色，即是有表色。而身語表業，皆從思心所發出，因此這種色無形無質，是依思心所功能上的善惡等相，假名為色。思心所雖然發動身語，但這種表業是從身語上生出來的，故稱身語表業。

　　事實上，無表色只是意識（含思心所）中造作之相，不可顯示，故名無表色。

　　於此再探討三摩地所生色。三摩地是禪定的異名，禪定又譯為靜慮，以靜慮功行的深淺，約分為四個階段，即初禪、二禪、三禪、四禪，此稱為四禪或四靜慮。三摩地所生色者，

指的是禪定心中，思心所功能上之相，而假說為色，此為不可
顯示、無見無對之色，故名無表色。

第三章　極微是實是假

本篇上一章探討色蘊，曾謂：「色蘊的色，即是宇宙間的物質現象。小乘有部的理論，以物質是由眾微積聚而成的，眾微又稱『極微』，是物質基本的質點（極微是否物質，即極微是否實有，後文再述）。」

於此我們探討：極微是什麼，極微是否實有。

《俱舍論》卷十二曰：

> 分析諸色至一極微，一極微為色極少。

這也就是說，將任何物質，由一分分做七分（上下左右前後及中心），一次一次的分下去，以至於分到百千萬億次，分到無可再分，分到極微細的程度，非肉眼所能見，這就叫做極微。在佛學名詞中，也稱做細色。此時，這極小的物質，若說它是色，但非肉眼所能見，亦非觸覺所可知。它近乎虛空，沒有質礙，似不應說其為色，但若說它不是色，是空，似也不對，因為它確是由色法分析而成，不論分析到如何微細的地步，它總是色的一部分，不應說其為空。無以名之，所以故名之為極微。這有如現代科學的物理學上，分析物質的最小單位為原子、電子、質子、量子等。

照這樣說，這極微是不是實有呢？即極微究竟是實有的質點，還是假立的名稱？這在古代印度許多學派林立的時候，對

於此一問題的見解，則各各不同，如當時的勝論學派、有部學派、經量部學派、及順理正師等各有主張。

依照部派佛教時代，說一切有部的立論，認為極微有三位：即極微之微、色聚之微、微塵。極微之微，是色聲香味觸五境、與眼耳鼻舌身五根等十色之最極微部分。這其中實色極少，不可更分，故《俱舍論記》名此為極微之微，而對色聚之微說是實極微。但極微之微並沒有色的體用，亦不能現量所得，而是以慧所分析最小的質點，所以此質點不能為眼見之現量可得，唯慧眼可見之。故《因明入正理論》亦稱之為假極微。

色聚之微，是前十色等之極微，聚合而成為物質上最微細之質點。前色聲香味等十色，雖然是實色，但不能單獨生起存在，生起時必彼此相依而俱生，是為極微之微的和聚體，但此色聚之微亦無色之體用，亦不能為眼見之現量所得，故正理論師亦以之為假極微。《俱舍論》卷四曰：「色聚極細，立微聚名，為顯更無細於此者。」《俱舍論記》曰：「微聚是假，假聚依實，實有多少不同，是即約假聚，明有實數也。」又曰：「應知微有二種，一色聚（之）微，即極少八事俱生，不可滅也。二極微（之）微，即色極少更不可分也。」

微塵，是分析的最極質點。色聚之微，有上下四方之六面與中心點，是七極微之微的集聚體。合七色聚之微為一微塵，此又稱阿菟，亦稱阿拏。此雖說是眼見上的極點，但不是人的肉眼所能見，而是佛眼、天眼所可見，正理論師稱此為實極微。

此實極微更七倍名為金塵，合七金塵名為水塵，合七水塵名為兔毛塵。金塵，是往來於金之隙中而無障者，水塵是往來於水之隙中而無障者。兔毛塵是兔毛尖端之塵，可以想像此塵之微。《俱舍論》卷十二曰：「七極微為一微量（微塵），積微至七為一金塵，積七金塵為水塵，積水塵至七為一兔毛塵。」

　　印度的勝論學派，是古印度六派哲學之一，這一派對於極微的主張，不但認為是實有，並且認其為圓為常，更無生滅，即使歷經世界成住壞空的空劫之時，極微亦散游於虛空，等到新世界再成時，它們又逐漸積聚，作為器世間的本質。勝論派論師且認為，器世間雖由多數極微集合而成，但於成立之後，便成為一個單位，這單位就是一。

　　小乘的說一切有部，謂極微是三世──過去現在未來實有，且恆常不變。只是依眾生業力之有無，而有作用上的生滅，眾生業緣未熟，微體處於未起作用之位，為未來之極微。微體起作用時，集多數極微而成根境，從而成為現在之極微，起作用已，再為微體，成為過去之極微，極微體法雖有恆常，而其作用則生滅無常。

　　而小乘經量部學者，則認為極微現在為實有，而過去未來則為無。且認為極微微細，不是五識所能緣。必須多數極微積成為麤色，才是五識所緣之境。

　　還有原屬於有部系統的順理正師，則另有一套主張。他們承認色法中極微的存在，這些極微，雖能集聚組合，成為色法，

但極微本身，只是現量境，不為五識所緣。由它們所集聚而成的色法，則是比量境，這才是五識所緣的對象。這是兩面討好的說法，這樣既不違背有部自宗極微實有的原則，亦不觸犯經量部極微非可緣的定義。

然而大乘唯識派學者，並不承認極微為實體。唯識學者認為，一切色法——物質，隨其量的大小，念念刻刻，自阿賴耶識的種子變現，根本沒有自微集積至大之法，而所謂極微者，只是為破除我見而成的析空觀時，以假想分析物所假立的名稱。實體的極微，是決定沒有的。《識論》卷一曰：「識變時，隨量大小頓現一相，非別變作眾多極微合成一物。」

原來唯識宗立論，以第八識阿賴耶識是宇宙人生的本源。是以宇宙萬有，「唯識所變」——世間的一切人、一切物、一切理、一切事，都是心識所變現出來的，所以才說「萬法唯識」。如果心外之法——色法中的極微是實體，「萬法唯識」的理論就不能成立了。所以《唯識二十論》中，有四段破遣極微的頌文，稱：

> 以彼境非一，亦非多極微，又非和合等，極微不成故。極微與六合，一應成六分，若與六同處，聚應如極微。極微既無合，聚有合者誰，或相合不成，不由無方分。極微有方分，理不應成一，無應影障無，聚不異無二。

頌文的意思，首頌是破勝論等四派的：「以彼境非一」，是

破勝論學派主張聚多數極微，成為一世界的謬見；「亦非多極微」，是破有部學派聚多極微而成根境，且為實有的謬見；「又非和合等」，是破經量部及順正理師，和合多數極微成為色法的謬見。最後一句肯定的說：「極微不成故」。

極微何以不能成立呢？這在第二頌「極微與六合」四句中有了說明：原來凡是物質，都有方分——方向分別，即上下左右前後六分，這稱為六合。極微雖是最微小的物質單位，但不論小到如何程度，總有六方。則每一極微都具有六面，因此仍可再分出六分，分成六分之後，仍有一個中心。根據以上所說，若有六合，則一還可以剖成為七，這樣極微永遠也不能成立。

第三頌「極微既無合」四句，是破毘婆沙學派論師的，古代北印度的毘婆沙師，他們不承認極微可以相合。他們的理由是：凡是有方分的東西，才可以相合。極微是沒有方分的，所以不能相合，必須聚色，以有方分故，才可以相合。唯識家以此頌破之曰：你們既說極微沒有方分，不能相合，聚色有方分，才可以相合，但是你們又承認聚色是眾多極微集合而成的。這樣說來，極微本身便具有相合的功用了。如果極微無方分不可相合，那聚色本身，又是由誰相合而成呢？

上面三頌，說明極微有方分、無方分，皆不合理。現在再以第四頌加以補充說：「極微有方分，理不應成一，無應影障無，聚不異無二。」首二句的意思是：如果極微有方分，則每一個都有六方，也都可以再分割為六，這樣說來，極微就同於

聚色。聚色是集合多數更微細的分子所組成，就不能說是一。

反之，如果極微無方分，極微在日光或燈光下不應該有影子，在空間中也不應該有質礙。有部學者說，聚多數極微，成為聚色。果然如此，則極微無方分，無影無障，那應由極微聚成的聚色，也應該是無影無障。而事實上，聚色是有影有障的。這樣說來，說極微無方分，也是不對。

《觀所緣緣論》，亦破遣極微，認為極微沒有實體，論曰：

> 諸有欲令眼等五識，以外色作所緣緣者，或執極微，許有實體，能生識故。或執和合，以生識故，帶彼相故。二俱非理，所以者何？
>
> 極微於五識，設緣非所緣，彼相識無故，猶如眼根等。

在唯識家的理論上說：「萬法唯識」，「心外無法」。我們眼識所見的色——種種物質現象，事實上不是物質形相的本質，而是托第八阿賴耶識種子所變的「相分」為本質，然後由眼識再變出一重「相分」——影像，再由眼識變出的「見分」去緣。這叫做「自識所變，自識所緣。」即是眼識自己變出「相分」，再由眼識自己變的「見分」去緣。眼識本身不能緣外境的「本質色」，但緣自己所變的「相分色」。而此相分色，是托第八識種子所變現的「相分」本質而生起的。因此，根本沒有識外之法——根本沒有識外實體物質的存在。

如果識外沒有物質，那麼我們所賴以生存的山河大地、房

舍器物等等，又是由何而來的呢？這在唯識學上的解釋是：宇宙萬法，皆是識體變現而有的，這基本上是阿賴耶識的作用，阿賴耶識變現起四種功能，這四種功能集合起來對外「見照」，而構成物質的本質。這四種功能是什麼呢？是：一、障礙的功能；二、流潤的功能；三、炎熱的功能；四、飄動的功能。這四種功能集體發生作用，使我們感覺到有物質的存在，而由於四種功能集起的成分不同，所以變現出種種不同的原質。

事實上，以上四種功能，也就是地、水、火、風四種物性主觀上的感覺。

——關於識體變現、相分見分等，本書下篇再為詳釋。

第四章　受與想──感情與觀念

　　五蘊，是色蘊、受蘊、想蘊、行蘊、識蘊；四大，是地大、水大、火大、風大。五蘊又稱為名、色。名者，概括受、想、行、識四蘊，泛指我人的精神作用，也就是我人的心識作用；色者，概括地、水、火、風四大，泛指客觀的所認識的外境，也就是宇宙間的物質現象。關於色──四大，已在本篇第二章敘述。於此我們來探討名──受、想、行、識四蘊。茲先述受蘊。《五蘊論》曰：

> 云何受蘊？謂三領納。一苦二樂三不苦不樂。樂謂滅時有和
> 合欲。苦謂生時有乖離欲。不苦不樂謂無二欲。

這在《廣論》中說得比較詳細些：

> 云何受蘊？受有三種，謂樂受、苦受、不苦不樂受。樂受
> 者，謂此滅時，有和合欲。苦受者，謂此生時，有乖離欲。
> 不苦不樂受者，謂無二欲。無二欲者，謂無二和合，及乖離
> 欲，受謂識之領納。

　　《識論》曰：「受，謂領納順違俱非境相為性，起愛為業。」

　　其實，受蘊，就是百法中心所有法、遍行位的受心所。《廣論》謂「受謂識之領納」。此處所說的識，即是心的別名。領納

即是受,「識之領納」,是言心王所有之受心所法,也就是說,受與識,各有自性,不是一法。

　　受所領納的外境,有順益境、違損境、與順違俱非境。緣可愛境,謂之順益境;緣不可愛境,謂之違損境;緣非可愛亦非不可愛境,謂之順違俱非境,亦稱中容境。

　　所謂起愛為業,是說受對苦樂等的領納,有起欲愛的作用。如對於樂受之境,未得,即生貪欲,希望能得到;已得,亦生貪欲,希望不要失去。而對於苦受之境,未得,則希望不要得到;已得,則希望及早乖離。而這種受欲,是依苦樂之受而生起的,所以說受有起愛的作用。

　　受有三受、五受之別。三受就是苦受、樂受、不苦不樂受。五受,是在三受之外加上憂、喜二受。這就成了憂受、喜受、苦受、樂受、捨受——不苦不樂受五種。其中苦樂二受是與前五識相應的感覺。憂喜二受是與第六識相應的感覺。捨受,與前五識及六識均相應。如下表所示:

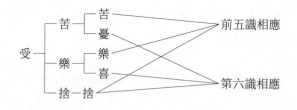

　　由上表看來,五受中除捨受外,苦樂二受是生理上的受,

憂喜二受是心理上的受，何以故？以前五識是色身上的感覺器官，五根所領納的受合名身受。第六識是心理活動的統一狀態，意識所領納的受名心受。

其實，若以現代觀念來看，受，相當於心理學上的感情作用，也相當於現代辭彙的「感受」。自身體上來說，烈日灼照下工作，與冷氣房間中品茗，這是生理上的苦受與樂受；愛妻罹病日益沉重，或愛子聯考名列前茅，這是心理上的憂受與喜受。我人日常生活中，人際交往或處理事務，順我意者，感到歡喜舒暢；違我意者，感到氣惱不快，一些不相干或無關緊要者，既無舒暢、或無不快，這就是我人日常的感受。

五蘊之中，排列於色蘊、受蘊之後的第三位者，是想蘊。《五蘊論》曰：

> 云何想蘊？謂於境界取種種相。

論中於想蘊的說明只有這十二個字，使我人不能有具體的了解。《廣論》曰：

> 云何想蘊，謂能增勝，取諸境相，增勝取者，謂勝力能取。
> 如大力者，說名勝力。

《廣論》的這段文字，也不能使我們於想蘊有具體的概念。《識論》曰：

　　謂於境取像為性，施設種種名言為業。

又謂：

　　想能安立，自境分齊。若心起時，無此想者，應不能取境分
　　齊相。

　　三部論著中，都說到「於境取像」，於此我們探討，何謂於
境取像。所謂於境取像，就是心識中的意象作用，也就是當心
緣外境時，想蘊即辨別種種境界，安立名稱言說。例如眼識緣
到一張桌子，想蘊即於此四腿方面的東西上，安立一個桌子的
名稱。眼識緣到一朵花，想蘊即分別出這是紅花，不是黃花白
花；這是玫瑰花，不是茶花菊花。想之性是取像，以此像安立
的名稱，便是未出口的名言。如果心中沒有取像的作用，就沒
有名言的安立了。

　　《廣論》謂：「謂能增勝，取諸境相」。所謂增勝取，就是
勝力能取，勝力也就是大力。說它有強盛之力於境取像，這個
隨時隨地與第六識相應之想，相當於現代所說的觀念或概念，
這在心理學的知、情、意上，屬於知的方面。

　　所謂想蘊，也就是百法中心所有法，遍行位的想心所。於
此或有人問，百法中的心所有法，有五十一個與心王相應的心
所，何以要將受與想兩個心所提出來，立為五蘊中的二蘊呢？
這是因為，五十一個心所之中，如十一個善心所完全是屬於善

性方面，二十六個根本煩惱和隨煩惱心所完全屬於染性方面。其餘的一些多只通於善、染、無記三方面。而此受想二心所，不但通於三性，並且通於一切心——八識心王，一切時——過去未來現在，一切地——三界九地。

當然，五遍行心所，均具有此特性。但觸的作用只是「三和」的接觸，所謂「觸境為性」，作意的作用只是引起心識的注意，所謂「警心為性」，都沒有受與想的作用來得強。當然，還有個思心所，思心所的作用更強，因此思心所也別立為一蘊，即行蘊——思即行之別名。

受想二心所立為二蘊，還有它特別的原因。《俱舍論》上說有三種原因，是諍根因、生死因、次第因。茲先述諍根因：諍者煩惱之謂。芸芸眾生，莫不各有煩惱。煩惱之根源，出之於有情的貪愛與我見。而受與想，就是生起貪愛與我見的原動力。《大毘婆沙論》曰：「受能發起愛諍根本，想能發起見諍根本。」也就是說，貪愛諸欲是以受為原動力，邪倒諸見是以想為原動力。

先以受來說，受者領納順違俱非境相為性，起愛為業。當其領納外境，愛欲心隨之俱起——貪與愛，名異而實同。《大乘義章》曰：「貪染名愛」。故此處說「起愛為業」。這在十二緣起中說得更明白：「……六入緣觸，觸緣受，受緣愛，愛緣取……」由觸對而於外境有苦樂之受，對苦受憎厭，對樂受貪著於心，眷戀不捨，念念渴求。進一步就是把樂受之境——或

人或物、或名或位，攫取執持，據為己有。人人皆由受而愛，
由愛而取，這就產生了個人間的爭鬥、家庭間的失和、社會上
的不安。追根究底，這貪愛攫取都是由受而起的，所以說它是
「諍根」。

　　再以想來說，想是見諍的根本──根本煩惱中的五見可資
參考──見者是意見、見解，也可說是思想、觀念。人與人之
間，有意見與見解的不同，有思想與觀念的各異，這就是見諍。
而在學術上與宗教間尤為強烈。釋迦牟尼住世時代，印度有所
謂六師外道，六十二見──六十二種見解等，各人都以為自己
的學說是真理，誰也不承認自己的見解有錯誤，這就引起了長
期的思想鬥爭。近代的資本主義與社會主義之諍，也是見諍──
見解之諍，即思想主義之諍。追究這見諍的根源，是出之想──
想蘊的想，也就是思想、觀念。

　　這受與想何以又是生死因呢？原來芸芸眾生，在四生六道
中輪迴，週而復始，永無盡期。這受與想就是其原動力。先以
受來說，「十二緣起」 中，「……受緣愛，愛緣取，取緣
有……」，有是行為的結果，也就是業──業有與報有。這在十
二緣起的三世二重因果上說，無明是惑，行是業，這是過去所
造之因。識、名色、六入、觸、受五支是現在所受之果。愛與
取二支是惑，有是業，這三支是現在所造之因，而生與老死是
未來所受之果。這其中，愛與取二支之惑，是因受而生起的。
由惑而造業，由造業而有未來生死流轉之果，這是受的生死因。

　　至於想呢？諸見起之於想，當然諸見中也包括著顛倒之見──「倒見」。當一個人一期生命結束，阿賴耶識離開人體，成為中陰身時，無明種子仍一念執著，蠢蠢欲動。以其過去業力的關係，與有父母緣者的業力相感召。當其投胎時，在一片黑暗中，發現其父母行淫處一片光明──淫光。父母交媾的淫劇正在上演，這時業識生起迷昧顛倒之想──「倒見」，剎那到父母身邊，一念愛心起，流愛為種，於父精母血之中納識成胎。當其納識成胎之際，如其戀母而憎父，視父如情敵，則成男胎；如其戀父憎母，視其母為情敵，則成女胎。這就是倒見與愛欲的後果。這正是有情生死流轉的原因，而受與想，正是生死流轉的動力。

　　最後說到次第因──五蘊排列的順序。五蘊的順序，是色蘊、受蘊、想蘊、行蘊、識蘊。受與想排列在第二與第三位，何以如此安排呢？依據《俱舍論》卷一說，也有四種原因：

　　一者，是約五蘊的麤細來安排其次第：如以色心二法來說，色法麤顯而心法微細，故色法排在心法的前面。再以心法來說，受、想、行、識四者，苦樂的感受最麤顯，最易為我人所領略，所以把受蘊排在第二位。在想、行、識三者之中，以取像為性的想蘊，是心理學上的認識作用，當主觀的心識與客觀的外境接觸時，想蘊首先發生作用，分別這外境是人是畜、是男是女、是老是幼、是美是醜等等，它的行相用立即就明顯的表現出來，所以把它排在第三位。在行、識二蘊之中，行以造作為性，含

攝的心所很多，信精進等善法、貪瞋癡等煩惱法都為行蘊所含攝，行相較受想二蘊微細得多，所以把行蘊排在第四位。而五蘊中行相最為微細的是識蘊，所以把識蘊排在第五位。

　　二者，是以五蘊的染污程度來排其次第：有情生死流轉，輪迴不已，而其根本原因何在？在於貪著。而貪著之中，又以淫欲居首。經云：「一切眾生皆以淫欲而正性命」。而淫欲的生起，在於四大五蘊和合的色身。男女相愛，以相貌妍醜為選擇條件。《楞嚴經》云：「汝愛我心，我憐汝色，以是因緣，經千百劫，常在纏縛。」正是說明此點。所以五蘊之中，把染污性最重的色蘊排在第一位。男女相愛，除了重視色身美醜外，其次最重的是欲樂的感受。兩情相悅，心靈交流，肉體接觸，都是耽著於樂受，所以把受蘊排在第二位。生死根本，在於淫欲，在於色身相觸，在於享受淫欲之樂。而這種種貪著，無非是我人顛倒妄想所使然，所以把想蘊排在第三位。顛倒妄想的產生，原是行蘊的煩惱生起的，所以把行蘊排在第四位。而煩惱之生起，是以心識為主體，所以把識蘊排在第五位。

　　三者，是從譬喻中來顯示五蘊的次第：有情的生存與生命延續，必須依賴資生之具與食物，所以要以色——物質為依止，因此色蘊排在最先。而資生之具與食物——即生活環境的美惡，關乎苦樂之感受，所以受蘊排在其次。想是於境取相為義，是助長苦樂諸受的生起，所以想排在第三。而生活環境的好惡，是由造作而來的——現在的環境是由過去的造作，未來的環境

是由現在的造作，所以把行排在第四。而生活環境的好惡，業識是感受果報的主體，所以把識排在最後。

四者，從三界九地來顯示五蘊的次第（三界九地，參考本篇第六章）：我人所居住的，是欲界的五趣雜居地。欲界有情，無論是天是人，莫不追逐五欲──色聲香味觸，這都是物質的範圍，所以把色蘊排在首位。色界四地，雖說還有色身，但客觀的五欲境界，二禪天以上就完全沒有了，他們是以由禪定而得的喜樂捨諸受來維持生命，所以把受蘊排在次位。到無色界四地，係以觀想來維持其生命，所以把想蘊排在第三。到非想非非想處地，其中有情的業力，能感八萬大劫的果報，此際思惟力殊勝。而思者行之異名，所以思蘊排在第四。而識蘊，是前四蘊的住處──前四蘊是所住者，識蘊是能住者。《俱舍論》說識蘊：「此即識住，識住其中。」所以把識蘊排在最後。

第五章　行蘊——意志與行為

五蘊中的第四蘊，是行蘊。

行，是「思」的別名，思是心所有法中遍行心所中的思心所。此思心所，於五蘊中列名第四，名曰行蘊。《五蘊論》曰：

> 云何行蘊？謂除受想，諸餘心法及心不相應行。

於此，我們探討，這行蘊的行，是什麼意思？《俱舍論》卷一曰：「行名造作」。造作即是「行為」。這包括著身、口、意三者的行為。內心攀緣外境，稱心行，口之言說稱語行。身之舉動稱身行。再者，從有為法之因緣集起，遷流於三世，亦稱之為行。《大乘法苑義林章》卷二曰：「有為集起，目之曰行。」

行者，思之異名。思也是以使心造作之作用而得名。《俱舍論》卷四曰：「思謂能令心有造作」，《瑜伽論》卷三曰：「思云何？謂心造作。」又云：「思作何業？謂發起尋伺身語業等為業。」又，《集論》卷一稱：「何等為思？謂於心造作業為體，於善不善無記品中，役心為業。」

至於「行蘊」，概括範圍極為廣泛。《俱舍論》卷一曰：

> 除前及後色受想識，餘一切行，名曰行蘊，然薄伽梵（譯云
> 世尊）於契經中，說六思身為行蘊者，由最勝故，所以者
> 何？行、名造作，思是業性。造作義強，故為最勝。是故佛

說，若能造作，有漏有為，名行取蘊。若不爾者，餘心所
法，及不相應，非蘊攝故，應非苦集，則不可為應知應斷。
如世尊說：若於一法未達未知，我說不能作苦邊際。未斷未
滅，說亦如是。是故應許除四蘊，餘有為行，皆行蘊攝。

　　行蘊的範圍廣泛，除了色、受、想、識四蘊之外，一切有
為法的因緣集起，皆為行蘊所攝。所以它在百法之中，除去了
六種無為法，十一種色法，八種心王法，和受、想兩個心所之
外，其餘的全是行蘊所攝。換句話說，行蘊所攝的，有五十一
種心所有法中的四十九種──除去受、想二種──和二十四種
的心不相應行法，共計七十三種。故《五蘊論》曰：

　　云何名為諸餘心法？謂彼諸法與心相應。彼復云何……是諸
　　心法，五是遍行，五是別境，十一是善，六是煩惱，餘是隨
　　煩惱，四是不決定。

　　關於這五十一種心所有法中的四十九種──除去了受、想
二心所──在本書上篇〈百法明門論今詮〉中，已予以一一詮
釋。於今再依《五蘊論》原文，略為述說如下：

　　云何為觸？謂三和合分別為性。
　　──根塵識三者和合以生了別作用。故觸為三和合之果。
　　云何作意？謂能令心發悟為性。
　　──作意即注意，因觸而引起注意。如不注意，即所謂：「心不在焉，

視而不見，聽而不聞，食而不知其味。」

云何為思？謂於功德過失及俱相違，令心造作意業為性。

——思者思慮，就是內心的動作。行蘊的行，就是思的異名。思有三種：一者審慮思，二者決定思，三者動發勝思。前二種思是意業——即心中由考慮而作決定。動發勝思是身語業——即考慮、決定後，動發身體語言的行動。

以上三者，即是百法中五遍行心所中的三種。因受、想二心所，已立為受蘊及想蘊。

云何為欲？謂於可愛事希望為性。

——欲就是希望，世人的希望，不外財色名位，修道者的希望，則為明心見性，獲得解脫。

云何勝解？謂於決定事即如所了印可為性。

——勝解就是殊勝的見解，世人皆以為自己的見解較別人高明。修道者悟知真理，自利利他，當然也是勝解。

云何為念？謂於串習事令心不忘明記為性。

——念是記憶，對於曾經經驗過的事，明記不忘。文中串習的串，即習慣的意思。

云何三摩地？謂於所觀事令心一境不散為性。

——三摩地就是定，也就是精神集中，對於所觀的境界、精神專注不移。

云何為慧？謂即於彼擇法為性，或如理所引，或不如理所

引，或俱非所引。

——慧是智慧，亦即理性，是揀擇思考的心理，故慧能斷惑。慧有惡慧、善慧之分，惡慧亦稱惡見，攝於隨煩惱位。善慧即是正見，亦稱正慧，這有三種，即聞慧、思慧、修慧。

以上五種，即是百法中的五別境心所。

云何為信？謂於業果諸諦實中，極正符順心淨為性。

——信者信仰，正信有三種：一信實有，即信諸法實性。二信有德，即信佛菩薩、羅漢高僧，及世間聖賢。三信有能者，即信世出世間善法、學問、才能技藝。有此正信，則心安於道業。

云何為慚？謂自增上及法增上，於所作罪羞恥為性。

——慚者崇尚賢善，羞恥過惡，怕作惡事對不住自己，而時加反省的心理。

云何為愧？謂世增上，於所作罪羞恥為性。

——愧者，為憚於世人指責、或怕對不住他人，而輕拒暴惡的羞恥心。

云何無貪？謂貪對治，令深厭惡無著為性。

——無貪，謂對於個人生活環境享受，心生知足，不生貪著貪求之心。

云何無瞋？謂瞋對治，以慈為性。

——無瞋，是對於任何境界及一切惡劣環境，不怨天尤人，不生起瞋恨，而泰然處之。

云何無痴？謂痴對治，以其如實正行為性。

──無痴，是對於事理，如實了解，沒有痴迷之處。

云何精進？謂懈怠對治，心於善品勇悍為性。

──精進又稱為勤，即是於修善斷惡事業，能勤奮精進，而不懈怠，直至惡法斷絕，善法圓滿。

云何輕安？謂麤重對治，身心調暢堪能為性。

──輕安是一種心理上的感覺 ，這是經過修定所獲得的身心輕快安適。這與凡夫身心麤重熱惱者相反。

云何不放逸？謂對治放逸，即是無貪乃至精進依止此故捨不善法，及即修彼對治善法。

──放逸者，是身心放蕩，散漫怠惰。不放逸與之相反，生活規律，勤奮不懈，故能使善法增長，所修有成。

云何為捨？謂即無貪乃至精進依止此故，獲得所有心平等性心正直性心無發悟性 。 又由此故於已除遣染污法中無染安住。

──捨又名行捨，就是心離雜染，令心平等、正直，於淨法中安住其心。捨有兩種，一是受蘊中的不苦不樂受。因苦樂俱捨，故名捨受。二是行蘊中平等正直的無分別心。不掉舉，亦無功用，但住於寂靜境界，亦名為捨，為別於受捨，故稱行捨。

云何不害？謂害對治，以悲為性。

──不害是仁慈的心理，就是不惱損他人，不使他人在身體上、精神上、以及生活上受到侵損逼惱，且以拔苦與樂之心對待他人，名曰不

害。

以上十一種，就是百法中的善心所。

云何為貪？謂於五取蘊染愛耽著為性。

——貪是貪欲、貪婪。對於生活、環境，心不知足，唯貪為求，避苦趨樂，追求無厭，這是苦的根本。

云何為瞋？謂於有情樂作損害為性。

——瞋是心理上的憎恚心。或他人對己橫加侵陵，或環境上違逆心意，心生瞋怒，口出惡言，以至於鬥毆、殺害等行為，是名為瞋，這是惡業的根本。

云何為慢？所謂七慢：一慢。二過慢。三慢過慢。四我慢。五增上慢。六卑慢。七邪慢。

云何慢？謂於劣計己勝，或於等計己等，心高舉為性。

云何過慢？謂於等計己勝，或於勝計己等，心高舉為性。

云何慢過慢？謂於勝計己勝，心高舉為性。

云何我慢？謂於五取蘊隨觀為我或為我所，心高舉為性。

云何增上慢？謂於未得增上殊勝所證法中，謂我已得，心高舉為性。

云何卑慢？謂於多分殊勝計己少分，下劣心高舉為性。

云何邪慢？謂實無德計己有德，心高舉為性。

——慢，是持己陵人、輕慢他人的心理。依仗自己的聰明、知識、財富、權勢等，對他人生驕傲輕侮之心。關於七種慢，在本書上篇第三

章中已詳於敘述，此處不贅。

云何無明？謂於業果及諦實中無智為性。此復二種，所謂俱生分別所起。又欲纏貪瞋及欲纏無明，名三不善根。謂貪不善根，瞋不善根，痴不善根。

——無明，在百法中稱為痴，就是愚痴。由於愚痴而缺乏智慧，以致對事理迷昧無知。這有二種，一曰相應無明，就是第六識和貪等根本煩惱（即貪、瞋、痴、慢、疑及五惡見之十種根本煩惱）心所相應而起的無明。二曰不共無明，這又分為恆行不共無明和獨行不共無明。恆行不共無明，是與第七識相應的無明。它亦與貪等煩惱心所相應，而恆時相續不斷，故曰恆行不共無明。獨行不共無明，是與第六識相應，而不與貪等諸煩惱心所相應者。

文中所謂「俱生分別所起」，俱生者，是先天即有的，即無始無明。分別者，是後天的，是受雜染法染污而起的。

云何為見？所謂五見。一薩迦耶見。二邊執見。三邪見。四見取。五戒禁取。

云何薩迦耶見？謂於五取蘊隨觀為我或為我所。染污慧為性。

云何邊執見？謂即由彼增上力故，隨觀為常或復為斷。染污慧為性。

云何邪見？謂或謗因或復謗果，或謗作用，或壞善事。染污慧為性。

云何見取？謂即於三見及彼所依諸蘊，隨觀為最為上為勝為極。染污慧為性。

云何戒禁取？謂於戒禁及彼所依諸蘊，隨觀為清淨為解脫為出離。染污慧為性。

——此處的見，就是百法中的惡見。此惡見含五種見，此五見是迷理之惑，又稱見惑，詳見上篇第三章，此處不贅。

云何為疑？謂於諦等猶豫為性。

諸煩惱中後三見及疑唯分別起，餘通俱生及分別起。

——疑是對於出世間的諦理懷疑不信，不信自然不修，不修自然不能解脫，可知疑是修道的障礙。

以上貪、瞋、慢、無明、見、疑六種，就是百法中的根本煩惱心所。

云何為忿？謂遇現前不饒益事損惱為性。

——忿是對現前不如意的境界，起憤慨心。由心中憤慨故，出之於口的是惡言怒罵，行之於身者是鬥毆或殺害了。

云何為恨？謂結怨不捨為性。

——恨是對於忿境懷怨不捨，內心惱熱，生起怨毒。故恨前必先有忿，忿後多懷恨。

云何為覆？謂於自罪覆藏為性。

——覆是覆蓋的意思，這是對於自己所作的過惡，隱遮而不讓他人知道的心理。

云何謂惱？謂發暴惡言尤蛆為性。

——惱者惱怒，這是在忿、恨心之後，加以追懷，心生憂悶苦惱，其性暴熱狠戾，遇有機會，即思報復。

云何為嫉？謂於他盛事心妒為性。

——嫉是嫉妒，對於他人的好境遇，心生妒忌，甚而由嫉妒而中傷破壞。

云何為慳？謂施相違心吝為性。

——慳是吝惜，就是有財物不肯施捨貧苦的心理。

云何為誑？謂為誑他詐現不實事為性。

——誑是矯誑不實的心理，也是詐欺的心理，為博名利，偽裝有德，大言不慚，騙取他人的信任。

云何為諂？謂覆藏自過方便所攝心曲為性。

——諂是諂曲不直的心理，附承他人名諂，心不正直名曲，獻媚於人，博取信任，以獲利益。

云何為憍？謂於自盛事染著倨傲心恃為性。

——憍與驕同，對於自己的學德、財富等好事盛事，生驕傲心，輕慢他人。

云何為害？謂於諸有情損惱為性。

——害是不害的反面，心無悲愍，以使他人身心受到侵損逼惱，自己始獲得心理滿足。

以上十種，就是百法中的小隨煩惱心所。

云何無慚？謂於所作罪不自羞恥為性。

——無慚者，即沒有羞恥心與慚愧心，輕慢賢人善法，對己之過惡不以為恥。

云何無愧？謂於所作罪不羞恥他為性。

——無愧者，無廉恥心與無羞惡心，不聽忠告，不畏譏誚，親近惡法，習作惡事。

以上二種，就是百法中的中隨煩惱。

云何惛沉？謂心不調暢無所堪能蒙昧為性。

——惛沉即昏沉，是心中迷暗不清，精神頹萎不振，作什麼事都提不起精神，當然不會有所成就。

云何掉舉？謂心不寂靜為性。

——掉舉是內心妄動浮躁，不能寂靜，所以障礙修定。

云何不信？謂信所對治，於業果等不正信順，心不清淨為性。

——不信者，是信之反的穢濁心。亦即不信樂善法，不求善果的懈怠心。

云何懈怠？謂精進所治，於諸善品心不勇猛為性。

——懈怠，是與精進相反的懶惰心。蹉跎歲月，不求上進，不為善，不斷惡的心理。

云何放逸？謂即由貪瞋痴懈怠故，於諸煩惱心不防護，於謂善品不能修習為性。

——放逸，與不放逸相反，即放蕩、縱逸，不能修善，不知努力，甘於墮落的心理。

云何失念？謂染污念於諸善法不能明記為性。

——失念，是因染心故，不能明記及力行善法。

云何散亂？謂貪瞋痴令心流蕩為性。

——散亂，散者分散，亂者擾亂，精神不能集中，對所緣的境界容易轉移，障礙禪定。

云何不正知？謂於身語意現前行中不正依住為性。

——不正知，與正知相反，就是知見不正，邪見入侵，障礙正知，致易犯戒。

以上八種，就是百法中的大隨煩惱心所。

云何惡作？謂心變悔為性。

——惡作即是悔，厭惡己所作之惡，而生追悔之心，此即是善；追悔己作之善，即是惡，故曰不定。

云何睡眠？謂不自在轉心極昧劣為性。

——睡眠時心識暗昧，令身不自在，唯適當的睡眠為調適身心，屬於善，睡眠無度，不修正業，即為惡，故曰不定。

云何為尋？謂能尋求，意言分別，思慧差別令人心麤為性。

——尋者尋求，這是令人於言說的境界，對事理作麤略的觀察與推求，亦即麤思。若思善則屬善，思惡則屬惡，故曰不定。

云何為伺？謂能伺察，意言分別，思慧差別令人心細為性。

　　——伺是伺察，這是對於言說境界麤略觀察推求，再加以深刻詳細的推求，亦即細思，若思善則屬善，思惡則屬惡，故曰不定。

　　以上四種，就是百法中四種不定心所。

　　在五蘊的行蘊中，除了四十九種的心所有法之外，還包括二十四種心不相應行法。《五蘊論》曰：

　　云何心不相應行？謂依色心心法分位。但假建立不可設施，決定異性及不異性，彼復云何，謂得無想等至滅盡等至無想所有，命根眾同分，生老住無常，名身句身文身異生性如是等類。

　　不相應行法，是既非心法亦非色法，而是於色、心、心所三法的作用上假立的名稱，所以此法離開了色、心、心所法就無其作用。因為這是第六識所緣的境界，是色、心、心所三法分位的假法。此二十四法，在本書上篇〈百法明門論今詮〉中，已予以一一詮釋。於今再依《五蘊論》，略為述說如下：

　　云何為得？謂若獲若成就，此復三種，謂若種子若自在若現前，如其所應。
　　——得為成就的意思，這是假名於有情身中，成就色心等法時的成就作用。亦即第八識的種子作用。
　　云何無想等至？謂已離遍淨貪，未離上貪，由出離想作意為先，不恆現行心心法滅為性。

──這就是無想定，入此定者，止其想心，第六識不起現行。這是外道的一種禪定。

云何滅盡等至？謂已離無所有處貪，從第一有更求勝進，由止息想作意為先，不恆現行及恆行一分心心法滅為性。

──這就是滅盡定，入無想定第六識不起現行，入滅盡定第七識亦不起現行，這是修道者的無漏定。

云何無想所有？謂無想等至果。無想有情天中生已，不恆現行心心法滅為性。

──這就是無想天，又名無想報。即修無想定者，報在無想天。然報盡仍入輪迴，故聖者不入無想定。

云何命根？謂於眾同分中，先業所引，住時決定為性。

──這是由壽、煖、識三法和合所立的假名，三者缺一，命根就不存在。

云何眾同分？謂諸有情自類相似為性。

──這是說有情的生命個體，是大眾中的一分，這也是假設之名。

云何為生？謂於眾同分中，諸行本無，今有為性。

──這是說，在有情大眾中，本無今有曰生。

云何為老？謂即如是諸行相續變異為性。

──這是指由生到死，中間的念念變異曰老。

云何為住？謂即如是諸行相續隨轉為性。

──這是指生後諸行相續的存在期間，曰住。

云何無常？謂即如是諸行相續謝滅為性。

——這是指有情的生老病死，心念的生住異滅，世界的成住壞空，都叫做無常。

云何名身？謂諸法自性增語為性。

——這是能詮自性的語言，亦即名稱，如人畜瓶缽等。

云何句身？謂諸法差別增語為性。

——這是詮義相差別的語言。

云何文身？謂諸字為性，以能表彰前二種故，亦名為顯，由與名句為所依止顯了義故，亦名為字，非差別門所變易故。

——文者即是文字，一字為文，二字曰文身，三字以上稱多文身。由字而有名，由名而有句，由句而成段成篇，故文字為名句之體。

云何異生性？謂於諸聖法不得為性。

——異生性，異生就是凡夫的異名，亦即異於聖者的生類，不得聖法，故為凡夫，異生性，是五趣有情具有煩惱種子（性）之謂。

如是等類已說行蘊。

　　不相應行法二十四種，《五蘊論》列舉以上十四種。《廣論》與此相同。

第六章　識蘊──前五識

五蘊中的最後一蘊,是識蘊。

色蘊是泛指物質現象,受、想二蘊是心所有法的一部分,行蘊是概括了心所有法和色心不相應行法,而識蘊的識,是指八識心王而言的。《五蘊論》曰:

> 云何識蘊,謂於所緣境了別為性,亦名心意,由採集故,意所攝受,最勝心者,謂阿賴耶。何以故,由此識中,諸行種子,皆採集故。又此行緣不可分別,前後一類,相續隨轉。又由此故,從滅盡等至無想等所有起者,了別境名轉識還生。待所緣緣差別轉故,數數間斷,還復轉故。又令生死流轉旋還故。
>
> 阿賴耶識者,謂能攝藏一切種子故,又能攝藏我慢相故,又復緣身為境界故。即此亦名阿陀那識,能執持身故。
>
> 最勝意者,謂緣阿賴耶識為境,恆與我癡我見我慢及我愛等相應之故。前後一類,相續隨轉,除阿羅漢果及與聖道滅盡等至現在前位。

這一段關於識蘊的文字,文中充滿佛學術語,辭意艱深,初讀的人頗難了解,茲試為語譯及詮釋如下:

什麼叫做識蘊呢?是指其對所緣之外境,有了解分別的作用,就稱為識蘊。識又稱為心,以其有「採集」的作用。本來,

心者，是採集義，只有第八阿賴耶識有這種作用，得專用這個名稱。但如果從廣義來說，八個識亦通名為心。

論中又稱：亦名意，意所攝受。意是思量的意思，本來只有第七末那識得專用這個名稱，但如果從廣義來說，則八個識亦可通名為意。何以故呢？因為識之了解分別作用，「意所攝受」，都包括在意的一名之內。

論中謂：「最勝心者，謂阿賴耶。」阿賴耶就是第八識。雖然八種識可通稱為心，但唯有第八識的作用最為殊勝，因為它能採集諸行的種子——諸行，就是行蘊。種子，又名功能、習氣、氣分，就是阿賴耶識中所含藏的萬法種子，此於後文再深入探討。阿賴耶識的行相深微，恆任運而起，是以它的行相不可分別。論中稱它「前後一類，相續隨轉。」是說阿賴耶識中的萬法種子，前滅後生，恆常的相續流傳，無有斷絕。這就是種子起現行，後文尚有詳細闡述。

論中的「滅盡定」、「無想定」等，在行蘊中已有詮釋。入於滅盡諸定時，前六識及第七識不發生作用——即「不現起」。唯有種子含藏於阿賴耶識的識體之中，若出定時，種子復起現行。阿賴耶識的種子復起現行，則了別境界的「轉識」復生。所謂轉識，是前七識的通名，但無想定稱的轉識，只約前六識而言，即眼識乃至意識。這六識的作用是了別一切外境。但在定中就不生起作用，出定後復生起其了別境界的作用，而這種了別境界的轉識，俱以阿賴耶識為根本。

　　還有：「待所緣緣差別轉故，數數間斷，還復轉故。」三句，就是前六轉識，都是待有所緣的外境而生起，六轉識並不是同時緣一境而生起，而是眼識緣色境而生起，耳識緣聲境而生起，以至意識緣法境而生起，是差別轉起的。同時，這六轉識並不是「恆相續轉」，而是時有間斷的，前五識緣不具足，即不生起，第六識於睡中定中，六識不起，但於醒後出定，就還復生起。「又令生死流轉旋還故」之句，是說第六意識能造作或善或惡之業，能令第八阿賴耶識輪迴於生死海中，不能出離。

　　再者，阿賴耶識，能攝藏一切種子──即前七轉識種及自種。而第七末那識依阿賴耶識生起，以其「見分」執阿賴耶的「見分」為自我，起我慢相──持我而自貢高，輕慢他人，故阿賴耶識就是我慢相的所依處。因此，假說為「攝藏我慢相故」。最後說：「又復緣身為境界故」，身是眼等五根的總名，稱為「根身」。阿賴耶識執持此根身為自體，又以根身為其所緣的境界，故在唯識學上說，根身是阿賴耶識的相分。

　　阿賴耶識又名阿陀那識。阿陀那譯為「執持」，它執取維持善惡之業因，及有情的身體，使不壞沒。

　　論文最後的一段：「最勝意者，謂緣阿賴耶識為境。」這是指第七末那識而言的。自廣義說，八個識皆名為意，而意中之最勝者，是第七末那識。末那識的作用，是「恆審、思量」，緣第八阿賴耶識──即藏識為境，恆與我痴、我見、我慢、我愛相應。前後一類，無有不俱之時，此既所謂是「有覆無記」。末

那識與阿賴耶識「相續隨轉」，恆無斷絕，到了「阿羅漢果及與聖道滅盡等至現在前位」——滅定，是滅盡定之略稱。修阿羅漢聖道，滅盡定現前，末那識執我之相已被伏滅，令不現起。故唯除此位之外，末那識是恆時現起，與阿賴耶識相續隨轉的。

在《廣論》中，於「識蘊」部分，和《五蘊論》大同小異。錄之如下，以資對照：

> 云何識蘊，謂於所緣，了別為性。亦名心，能採集故。亦名意，意所攝故。若最勝心，即阿賴耶識。此能採集諸行種子故。又此行相不可分別，前後一類相續轉故。又由此識從滅盡定，無想定，無想天起者，了別境界轉識。復生待所緣緣差別轉故，數數間斷還復生起，又令生死流轉迴還故。
>
> 阿賴耶識者，謂能攝藏一切種子，又能攝藏我慢相故，又復緣身為境界故。又此亦名阿陀那識，執持身故。
>
> 最勝意者，謂緣藏識為境之識，恆與我痴、我見、我慢、我愛相應，前後一類相續隨轉。除阿羅漢聖道，滅定現在前位。
>
> 如是六轉識，及染污意，阿賴耶識，此八名識蘊。

兩論文字大致相同，不再詮釋。而識蘊之建立，還是以《集論》說的更明白一點：

> 云何建立識蘊，謂心、意、識差別。何等謂心，謂蘊界處習

所熏一切種子阿賴耶識。亦名異熟識，亦名阿陀那識，以能積集諸習氣故。

何等為意，謂一切時緣阿賴耶識，思度為性，與四煩惱相應，謂我見、我愛、我慢，無明，此意遍行一切善不善無記位，唯除聖道現前，若處滅盡定，及在無學地。又六識以無間滅識為意。

何等為識，謂六識身，眼識、耳識、鼻識、舌識、身識、意識。何等眼識？謂依眼、緣色、了別為性。何等耳識？謂依耳、緣聲、了別為性。何等鼻識？謂依鼻、緣香、了別為性。何等舌識？謂依舌、緣味、了別為性。何等身識？謂依身、緣觸、了別為性。何等意識？謂依意、緣法、了別為性。

關於八識的作用，在上篇第二章中已略為敘述，於此，我們依玄奘大師所造的《八識規矩頌》，來對八識再作深一層的探討。

《八識規矩頌》，是玄奘大師依《識論》論旨，造頌十二首四十八句，對於八識的自性、相應、所變、分位、實性等，作詞簡義深的說明。於此，我們藉大師之規矩，來探討八識，茲先由前五識說起。頌文曰：

性境現量通三性，眼耳身三二地居。
遍行別境善十一，中二大八貪瞋痴。

五識同依淨色根，九緣七八好相鄰。

合三離二觀塵世，愚者難分識與根。

　　前五識是人體的感覺器官，它們同為依根之識，發根之識，以至同為如根之識，所以通常都把這五識合在一起來說明。前面頌文雖然只有七言八句，但其中充滿了專門的佛學名詞，如果對這些名詞不了解，就根本讀不通頌文的意思。像「性境現量通三性」一句，就有三個名詞要加以解釋：

一、**性境**：是「三類境」之一。境，是前五識所緣的外境——即色、聲、香、味、觸五類外境。但唯識學立論，凡屬外境，皆非實有，而是八識所變的相分（關於識變、相分，下篇中再為探討）。前六識所緣的外境，以其體性來說，可歸納入三類，即性境、帶質境、獨影境。性境之性，是實體的意思。自實種子而現起，有實性，且自維持其實性，而用現量量知者，是性境。帶質境之質，就是本質的質。五識緣境，如其本質而被覺知者，就是性境，不如其本質而被覺知者，就是帶質境。此中又有真帶質、似帶質之分，後文再釋。獨影境是第六識幻想的假相。它既無能生的種子，亦無所托的本質，如意識幻想出的龜毛、兔角等，就是獨影境。

二、**現量**：現量，是「三量」之一。所謂三量，是現量、

比量、非量。這是就心、心所量知所緣之境而立的。現量，如鏡之鑑物，無分別計度，而量知現前之境。比量，是對於不現顯之境，比較分別而量知的。如見煙之處知必有火，見矮牆頭露角知必有牛。非量，是心、心所緣境時，生起錯誤的判斷。如見草繩以為是蛇，見月光誤以為天亮等。

三、三性：在唯識學中，三性有兩種，一種是「遍依圓三性」，一種是「善惡無記三性」。此處的三性，係是指後一種來說的。我人的行為造作──即身、口、意三業，凡是於自於他為順益者，曰善性。凡是於自於他為違損者，曰惡性。非順益非違損者，曰無記性。此即是三性。

了解上述三個名詞後，我們來看第一句頌文：**「性境現量通三性」**。就是說，當這前五識緣外境時，但以根塵相對，如鏡之鑑物，所以在三境中屬於性境。在三量中，以根塵相對之初，尚未起分別籌度之心，不帶名言，故於三量中是現量。前五識緣外境，前五識本無所謂善惡。但前五識任何一識生起，意識必然與之同俱，同時牽引自類種子，如先世習善，今生則多起善念，善心所與之相應，此則通於善性。先世習惡，今生多起惡念，惡心所與之相應，則通惡性。如善惡兩不相應，則屬無記性，故稱「通三性」。

第二句頌文，是**「眼耳身三二地居」**。這要從「三界九地」

來說起。原來眾生所居的娑婆世界，有欲界、色界、無色界三界。《顯揚論》卷一稱：「欲等三界者，一、欲界，謂未離欲地雜眾煩惱諸蘊差別。二、色界，謂已離欲地雜眾煩惱諸蘊差別。三、無色界，謂離色欲地雜眾煩惱諸蘊差別。」

簡單的說，就是生存在欲界的眾生，有飲食男女及睡眠之欲。色界的眾生，無飲食男女及睡眠之欲，唯有殊勝的形色。至於無色界，不但無飲食男女睡眠之欲，亦無色界的形色，只是一種精神存在的世界。

至於九地，以欲界為一地，稱五趣雜居地。色界四地：稱離生喜樂地、定生喜樂地、離喜妙樂地、捨念清淨地。無色界四地：稱空無邊處地、識無邊處地、無所有處地、非想非非想處地。

三界九地，如下表所示：

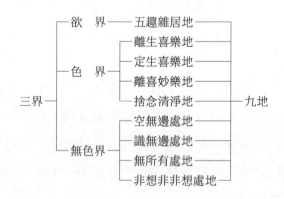

五趣雜居地的五趣眾生，指的是天趣、人趣、畜生趣、餓

鬼趣、地獄趣。欲界眾生有「段食」——以香味觸三塵為體，用鼻舌身分段而食，曰段食——故眼耳鼻舌身五識具備。色界的初禪離生喜樂地，其眾生以禪悅為食，不食段食，故沒有鼻舌二識，只有眼耳身三識，故說「眼耳身三二地居」。二地居的居字，是「止」的意思，因為到了二禪的定生喜樂地，其靜慮心專注於第六識間，不但沒有鼻舌兩識，即眼耳身三識亦無所用，前五識就全部沒有了。所以，「眼耳身三二地居」的二地，指的就是五趣雜居地和離生喜樂地。

　　頌文的三、四句：「**遍行別境善十一，中二大八貪瞋痴**」。這兩句比較簡單，是指與前五識相應的心所。當前五識任何一識緣境生起，第六識與之同時俱起，就叫做「五俱意識」。同時，五個遍行心所——觸、作意、受、想、思，也與之同時相應。次念相應的，有別境五心所——欲、勝解、念、定、慧。有時這五識心王，任運而起善，則十一個善心所——即信、慚、愧、無貪、無瞋、無痴、勤、輕安、不放逸、捨、不害，與之相應。反之，五識如任運而起惡——所謂五識起善起惡，事實上仍是「五俱意識」的作用。五識起惡，則十三個惡心所與之相應。

　　所謂惡心所，就是煩惱心所。煩惱心所共二十六個，即根本煩惱六，小隨煩惱十，中隨煩惱二，大隨煩惱八。但與前五識相應的，在根本煩惱中有貪、瞋、痴三個。在中隨煩惱有無慚、無愧二個，在大隨煩惱中則為掉舉、惛沉、不信、懈怠、

放逸、失念、散亂、不正知八個，這就是「遍行別境善十一，
中二大八貪瞋痴」的意義。

　　善、惡心所與前五識相應，並不是同時俱起，而是視因緣
需要，或一或多，生起相應。

　　關於遍行、別境、善、根本煩惱、隨煩惱等諸類心所，在
上篇已一一列舉詮釋，此處不贅。

　　頌文第五、六句：**「五識同依淨色根，九緣七八好相鄰」**。
是指五識依於五根，而五根有扶根塵與淨色根之別。浮根塵是
外根，它是四大之所合成，也就是我人的眼睛、耳朵、鼻子、
舌頭、身體，是淨色根所依托之處。淨色根是內根，又名勝義
根，是清淨四大所成，質淨而細，猶如琉璃，肉眼不可見，唯
佛眼天眼可見之，而有發識取境的功能，大約即是生理學上的
神經纖維和中樞神經細胞。

　　五識依於淨色根，但生識之時，尚要藉眾緣而後始生起，
眼識緣境，需要九緣，這九種緣是：

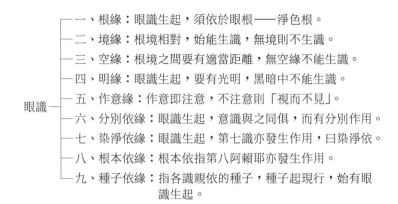

眼識
一、根緣：眼識生起，須依於眼根——淨色根。
二、境緣：根境相對，始能生識，無境則不生識。
三、空緣：根境之間要有適當距離，無空緣不能生識。
四、明緣：眼識生起，要有光明，黑暗中不能生識。
五、作意緣：作意即注意，不注意則「視而不見」。
六、分別依緣：眼識生起，意識與之同俱，而有分別作用。
七、染淨依緣：眼識生起，第七識亦發生作用，曰染淨依。
八、根本依緣：根本依指第八阿賴耶亦發生作用。
九、種子依緣：指各識親依的種子，種子起現行，始有眼識生起。

　　眼識生起，要具備九緣。耳識生起，條件與眼識相同，但耳暗中亦能聽，故可減除明緣，有其餘八緣即可。在鼻、舌、身三識，不但不需要光明，同時也不需要距離，故只俱七緣即可，這就是「九緣七八好相鄰」。

　　頌文第七、八句：「**合三離二觀塵世，愚者難分識與根**」。是指鼻舌身三識，是「合中取境」，須根塵相合始生識，而眼耳兩識，是「離中取境」，要根塵相離才生識，故說：「合三離二觀塵世」。但世俗凡夫，以及小乘外道等，對於心識，不曾窮究，唯依六識建立染淨根本，不知六識之後有七八識，不知每一識各有其相見二分，亦不知照境者名根，了境者名識，故曰：「愚者難分識與根」也。

第七章 意識、末那識、阿賴耶識

本篇上一章，泛論識蘊，並依玄奘大師之《八識規矩頌》，對八識的前五識作深入的探討。於此，仍依《八識規矩頌》，來繼續探討第六、第七、第八三識。

《八識規矩頌》第六識的頌文前八句是：

> 三性三量通三境，三界輪時易可知。
> 相應心所五十一，善惡臨時別配之。
> 性界受三恆轉易，根隨信等總相連。
> 動身發語獨為最，引滿能招業力牽。

在八識中，第六識是意識。意識在八識之中，可說是心理活動的中心。意識前的五識，眼、耳、鼻、舌、身五者，是五種感覺器官，它們的作用比較簡單，行相明顯，容易為吾人所了解。意識後的二識，末那識和阿賴耶識，前者是自我意識的中心，後者是宇宙萬法的本源。這二者行相細微，深不可測，但二者都是屬於潛意識的範圍。而日常主導我人思想行為、起惑造業、為惡為善者，全是意識的作用。自表面看來，它隱然有如人身的主宰，事實上它也是心理活動統一狀態的中心，因為它所緣的是「法境」——遍緣「有為」、「無為」一切諸法，生起思維、了別作用。所以我人的感情、觀念、意志、行為，全是由它生起的。

《八識規矩頌》的頌文：「**三性三量通三境**」。是說意識通於善、惡、無記三性，有時為善，有時為惡，有時非善非惡，所以性無常性。而在三量方面，它亦通於現量、比量、非量。當意識與前五識俱起時，在根塵初接觸的一剎那間，但了前境，未加分別，所以屬於現量。但經過遍行心所的作意、受、想、思的作用，分別前境為大為小、為方為圓，這時已非現量，而成為比量或非量——分別正確者為比量，分別錯誤者為非量，所以量無常量。至於三境方面，它亦通於性境、帶質境、獨影境三境。不過通性境的時間較少，通帶質境、獨影境的時間較多。所以境亦非常境，這就是三性三量通三境。

頌文次句：「**三界輪時易可知**」。三界，即欲界、色界、無色界，已如前述。這三界，是眾生的「依報」——即眾生所依托的三種環境。轉者輪轉，亦即輪迴。《心地觀經》云：「有情輪迴生六道，猶如車輪無始終。」《佛說三昧經》云：「循環三界內，猶如汲井輪。」

這第六意識，與前五識同時俱起，塵境當前，其分別性最強。一切善惡造作，意為先導，因之意善則身口業皆善，意惡則身口業皆惡。故意識造五趣雜業，未來仍落欲界。造四禪定業，未來即落色界，造四空定業，未來即落無色界。鑑因知果，事先便可知道未來三界輪迴的去處，故說三界輪時易可知。

頌文三、四句：「**相應心所五十一，善惡臨時別配之**」。在五位百法中，第二位的心所有法，共五十一種。如果我們再回

顧一下，即遍行心所五，別境心所五，善心所十一，根本煩惱心所六，隨煩惱心所二十，不定心所四。這五十一個心所，全部與第六識相應，可見其收攝之廣。

　　──這五十一個相應心所，參考上篇第三章，此處不贅述。

　　第六識能緣三世法──過去、未來、現在。能緣三性法──善、惡、無記。能緣三界法──欲界、色界、無色界，以及能緣百法──即宇宙萬法。它的分別力極勝，故其造業力也最強。因之人天善處，三塗惡道，乃至於三聖四果，極樂淨土，莫不由此識為主導，而造作染淨諸業。而意識之或善或惡，各心所法隨其善惡，臨時分別配合。

　　頌文五、六兩句：**「性界受三恆轉易，根隨信等總相連」**。所謂性、界、受三者，性是三性──善、惡、無記。界是三界──欲界、色界、無色界。受是三受──樂受、苦受、捨受。這三性三界三受，皆不出善惡二途。第六識若起善念，則於三性中即是善性，感得未來人天福報，即得樂受。第六識若起惡念，則於三性中即是惡性，感得未來三途劣果，即得苦受。第六識非善非惡的無記念，其將來果報，要看其他因緣而定。因為第六識轉變無常，起滅無定，時善時惡，或為無記，這就影響到性、界、受三者，亦恆常轉易。而在第六識轉變無常，起滅無定的情況下，則根本煩惱心所、隨煩惱心所、信等善心所，也隨著第六識的轉變起滅，與之相應──即根、隨、信等總與之相連也。

　　頌文七、八兩句：「**動身發語獨為最，引滿能招業力牽**」。於此，先要把「業」與「引、滿」諸名詞加以詮釋。業是什麼？《識論》卷八曰：「能感後有諸業、名業。」又，《俱舍論》曰：「造作名業……思及思所作，思即是意業，所作謂身語。」這身、口、意三者的造作，也就是行蘊的行，而行也就是業。行對八識種子有熏習作用，所以第八識稱為「業識」。第八識含藏的種子稱為「業種」。

　　業有善三業──身口意三業，及惡三業──身口意三業。當身口意三者，初造善惡之業時，能引起第八識的異熟果，名為引果。當其業力充足時，又能圓滿第八識的異熟果，名為滿果。因此，如身口意三業善性者多，則與信等十一善法相應，將來為善業牽入人天勝果。如身口意三業惡性者多，則與各煩惱法相應，將來為惡業牽入三途惡果中。

　　身口意三業中，以意業為主，身的行動，口的語言，全以意業為主導，故說動身發語獨為最。但引業所造的總報，滿業所造的別報，到最後仍受業力牽引，在三界四生六道中輪迴，故說引滿能招業力牽。

　　《八識規矩頌》第七識的頌文是：

　　　帶質有覆通情本，隨緣執我量為非。

　　　八大遍行別境慧，貪癡我見慢相隨。

　　　恆審思量我相隨，有情日夜鎮昏迷。

四惑八大相應起，六轉呼為染淨依。

首句：「**帶質有覆通情本**」。是指這第七末那識，在三類境中，它所緣的是帶質境——第七識的見分，緣第八識的見分，執以為「我」，恆審思量，從不間斷。這七、八兩識的見分，都是實種子所生，各有其本質。但七識見分緣八識見分，執之為「我」，這就成為一種錯覺，因為八識的見分根本不是「我」。這就成為妄執了。

帶質境有真帶質和似帶質的分別。例如第七識見分緣第八識見分，中間生出一個「我」來，這是真帶質，即所謂：「以心緣心真帶質，中間相分再頭生。」又如第六識的見分去緣一切色法。踏到草繩誤以為是蛇，蛇相是第六識的見分變現出來的，這叫「似帶質」，即所謂「以心緣色似帶質，中間相分一頭生。」但不論是真帶質或似帶質，都要托質而起。或托心質、或托色質，而不能孤獨生起。

第七識在善、惡、無記三性之中，本來是無記。但因它與四種根本煩惱——我痴、我見、我慢、我愛相應，這就成了有覆無記。有覆，是四種根本煩惱覆蓋著它。

通情本的情，是「執情」，指七識言。本是根本，指第八識。合而言之，這第七末那識，它緣的是真帶質境。它是有覆無記，由它執情通於生死根本——第八識。

頌文次句：「**隨緣執我量為非**」。是說這第七識，隨其所緣

第八識見分，執以為「我」。但八識的見分並不是「我」，這是第七識的錯覺。所以在現量、比量、非量的三量中，它是屬於非量。

第三、四句：「**八大遍行別境慧，貪痴我見慢相隨**」。說的是與此第七識相應的心所。此第七識因錯執八識見分為我，自私自利，號稱染污識。故與它相應的心所，沒有善心所，多是煩惱心所。像八大煩惱心所——掉舉、惛沉、不信、懈怠、放逸、失念、散亂、不正知八種全部，六種根本煩惱中的貪、痴、慢、惡見的四種，全與之相應。此外五個遍行心所雖然無所謂善惡，但與染污的七識相應，與諸煩惱心所為鄰，也可以說與惡為媒了。還有一個別境中的慧心所與之相應，但慧心所與一群煩惱心所為伴，使它的慧不成為智慧，所以成為一種惡慧了。

總計與第七識相應的心所，遍行五，別境慧一，根本煩惱四，大隨煩惱八，共為一十八個。

頌文五、六句：「**恆審思量我相隨，有情日夜鎮昏迷**」。是指這第七識，它恆常的在審察，恆常的在思量，念念不忘這個自我。這「恆審思量」，就是與其他七個識不同之處——第八識恆而不審，第六識審而不恆，前五識不審不恆，唯有這第七識，它亦恆亦審，從不間斷的眷戀第八識的見分，執為自我。有我即有彼，有彼即有他，種種分別，由我而起。為了眷戀自我，保護自我，不惜自私自利，損人利己。有了「我」，自然有「我所」。四大五蘊的身體是我，妻子田產、財富名位是我所，忙碌

經營，沉迷不返。有情日夜鎮昏迷，幾時才能清醒？

頌文第七、八句：「**四惑八大相應起，六轉呼為染淨依**」。四惑，指的是貪痴慢見四根本煩惱，這又名我痴、我見、我慢、我愛，又名四惑。此四惑不只是相應，而且是常俱。八大，指的是八大隨煩惱。

第七末那識，是第六意識之根，亦為意識之所依。由於第七識恆審的執我，在意識之後隱為意識的主宰，使第六識也變得自私自利，常起染念。到了第七識悟得無我之理，迷執滅輕的時候，第六識也就常起淨念，常起利他之心。所以第六識的或染或淨，是受第七識的影響。因之第六識的轉染轉淨，是以第七識為所依。

《八識規矩頌》第八識的頌文是：

> 性唯無覆五遍行，界地隨他業力生。
>
> 二乘不了因迷執，由此能興論主諍。
>
> 浩浩三藏不可窮，淵深七浪境為風。
>
> 受熏持種根身器，去後來先作主公。

這第八阿賴耶識，在善惡無記三性之中，不是善性，不是惡性，而是非善非惡的無記。不過第七識的無記是「有覆無記」——因為它為我痴、我見、我慢、我愛四根本煩惱所覆蓋。而第八識的無記是「無覆無記」——沒有為煩惱心所覆障，故曰無記。無記，就是三性中體性中容之法，不可記為善，亦不

可記為惡。但另一種解釋是：感善果不可記，感惡果亦不可記，曰無記。《識論》卷五曰：「於善不善損益義中，不可記別，故名無記。」

此識行相深細，生滅流注有如瀑流。如《楞伽經》卷五稱：「陀那微細識，種子如瀑流。」與此識相應的心所，只有五種遍行心所——即觸、作意、受、想、思。除此以外，其餘心所與之完全沒有相干，故曰：「性唯無覆五遍行」。

頌文次句的界、地，界即三界，地為九地。三界九地，是眾生生死輪迴所依托的環境。眾生輪迴流轉，都是根據此識種子異熟時，隨其所發生的業力而受生。而此識的業力由何而來？皆是前七識的善惡造作熏染所成。故眾生於三界九地流轉，皆由前七識造作之業力，而此識不過是執持種子，使不失落。故於異熟總報，它是作不得主的。故曰：「界地隨他業力生」。文中的他，指的是前七識。

頌文三、四句：「**二乘不了因迷執，由此能興論主諍**」。二乘，指的是緣覺、聲聞二乘。緣覺聲聞修小乘法，小乘法探討心識，至第六識為止。所以他們以為六道升沉，苦樂果報，都是由六識而來，故不知有第七識、第八識。如《解深密經》謂：「阿陀那識甚深細，一切種子如瀑流，我於凡愚不開演，恐彼分別執為我。」

阿陀那識，是阿賴耶識的異名。凡愚，指凡夫、及愚法的二乘。不開演，謂對凡愚者不曾說此識，是恐凡愚之人執著此

識為我的主體，覆障了「無我」的真理。由於對凡愚不曾開演此識，而興起小乘論師與大乘論師間的諍論。

頌文五、六句：「**浩浩三藏不可窮，淵深七浪境為風**」。浩浩，深廣之義。三藏，指能藏、所藏、執藏，即是藏識。喻此藏識，如浩瀚大海，深不可測，廣不可及，無窮無際。淵深，指此識之深邃。七浪，指前七識。境為風，指色聲香味觸法諸外境如風，因風而掀起七識之波浪。使浩浩識海，風起浪湧，也就是說，我人的心識，因無明妄執，起惑造業，由前七識的善惡造作，影響到第八識，使八識的平靜之海，有了波浪。《楞伽經》謂：

> 譬如巨海浪，斯由猛風起，洪波鼓冥壑，無有斷絕時。
> 藏識海常住，境界風所動，種種諸識浪，騰躍而轉生。

頌文七、八兩句：「**受熏持種根身器，去後來先作主公**」。受熏，是指第八識受前七現行識所熏，生善惡之果。換句話說，我人身口所表現之善惡行法，或意所表現之善惡思想生起時，其氣分留於第八阿賴耶識中，有如香之熏衣。這身、口、意所現之法，謂之現行。其氣分留於阿賴耶識中者，就是種子，又名習氣。此前七識的現行法，謂之能熏，阿賴耶識是所熏，亦即受熏。

——關於種子、熏習，下篇中尚有詳細的詮釋。

持種，是說此識執持受熏的種子，時間不管久暫，當其尚

未成熟受報時，都藏在阿賴耶識中，決不亡失。這是持種之義，亦是能藏之義。

再者，第七識恆時執持第八識的見分為我，又於所生的界、地中，恆執根身器界，為我及我所。此亦即執藏——又稱我愛執藏。

每一眾生，在分段生死的一期生命中，生時是第八識先來，由中陰身而納識成胎——見本篇第四章所述。死時第八識最後離開肉體，此即所謂「命根」是依壽、煖、識三者而建立。識若離開肉體，命根即不存在，故稱此識是去後來先的主人公了。

五蘊中的識蘊，也就是百法中的心法——八識心王之法。本文依照《八識規矩頌》頌文，以前五識、第六識、第七識、第八識四段，來探討八識。《八識規矩頌》共七言十二頌，即每段三頌。前二頌是對前五識、第六識、第七識、第八識四者，依有漏種子而成其唯識之義。每段之第三頌，是依無漏種子，頌八識轉識成智之義。

唯本文所引用者，只是每段三頌的前二頌。每段的第三頌，那是在明唯識相、識唯識性、修唯識行、證唯識果的階段，轉八識為四智。而每段的第三頌，就是說明轉識成智之意義，這留在下篇中再為探討。

第八章 蘊、處、界三科

在《五蘊論》中，於分別說色蘊、受蘊、想蘊、行蘊、識蘊的五蘊之後，復說蘊、處、界三科。何謂蘊、處、界呢？具足來說，是五蘊、十二處、十八界，這是宇宙萬法的另一種分類方法。

事實上，宇宙萬法，分析到最後，只不過是色、心二法——前者是宇宙間林林總總的物質現象，後者是有情念念生滅的心識活動。不過兩者相較，物質現象麤顯易知，心識活動溟漠難彰，所以佛說五蘊，約色法為一，開心法為四，把心法說得更為詳盡一些。如下表所示：

《五蘊論》曰：

> 問以何義故說名為蘊？答以積聚義說名為蘊。謂世相續品類趣處差別色等總略攝故。

上文意思是說，蘊是什麼意義呢？蘊是積聚的意思，即色

心之法，大小前後積聚而成自體，如色蘊、心蘊等。

關於色心諸蘊，已如前數章所述。但佛於說五蘊之後，何以又說十二處十八界呢？佛把萬法分為三科的理由，如《俱舍論》中所稱：「為愚、根、樂三故，說蘊、處、界。」也就是說，眾生根器不一，迷悟程度不等。有人迷於心而不昧於物，有人迷於物而不昧於心。故對於心法不明的人，為之說五蘊——色法麤顯易知，故約萬有色法為一。心法溟漠難彰，故開心識一法為四。

但亦有人昧於色法的，佛復為之說十二處。即合心法為一個半，開色法為十個半。《五蘊論》曰：

> 復有十二處，謂眼處色處，耳處聲處，鼻處香處，舌處味處，身處觸處，意處法處。
> 眼等五處及色聲香味處，如前已釋。言觸處者，謂四大種及前所說所觸一分。言意處者，即是識蘊。言法處者，謂受想行蘊無表色等及與無為。

如論文所述，十二處，包括了「六根」和「六塵」。六根即眼根、耳根、鼻根、舌根、身根、意根。六塵即色塵、聲塵、香塵、味塵、觸塵、法塵。這六根和六塵，在此處統名之曰處。

處是什麼意思？處是生長的意思，義謂此為生長六識之門處。《瑜伽論》卷五十六謂：

問：處名何義？為顯何義，建立處耶？

答：諸心心所生長門義，緣義，方便義，和合性義，所依止義，居住處義，是名處義。為欲顯等無間所緣增上三種緣義，故建立處。

《廣論》曰：「問處為何義，答：諸識生長門是處義。」也就是說，識雖有自性，而不孤起，必依根仗境，方能得生，故根境合名為處。十二處如下表所示：

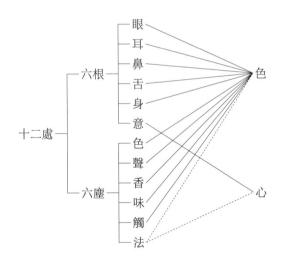

十二處中，眼耳鼻舌身五根，色聲香味四塵，已於第二章詳述。

《五蘊論》　曰：「言觸處者，謂四大種及前所說所觸一分。」所觸一分，是指身根及身識所取的境界，除四大種——

地水火風外，其餘的「所造觸」，如滑、澀、輕、重等。一分，是一部分，即全部中的一部分。此中說的觸塵，是除去四大種外的一部分，只約所造色——即四大種所造之色而言。而滑澀輕重等性，是依大種分位假立的名稱，非離大種外別有實質，而觸塵本通於四大種，故身根亦通於大種。

《五蘊論》曰：

> 言意處者，即是識蘊。言法處者，謂受想行蘊無表色等及與無為。

論文中謂：「意處即是識蘊」。按，意處為六根之一，即是意根，亦即是第七末那識——末那為第六識之根，第八阿賴耶與末那互相為根，故意處應為諸根之義。但自寬泛處說，亦可目之謂識蘊——賅括八識在內。

至於法處，是攝一切法，凡為識之所緣者，悉為法處所攝。如《品類足論》卷二稱：「法處云何，是意已正當所了，及彼同分。」又如《法蘊足論》卷九謂：「云何法處，為意已正當知，是名法處。又法為意增上，發意識，已正當了別，是名法處。」故《五蘊論》中所說，似嫌繳繞。

無表色等，見本篇第二章。無為法，見上篇第六章。

至於十八界，是把十二處的心法開為七個半——即意根開展出六識，加法塵一半，包括意根在內為七個半。而色法仍保持十個半，合而成為十八界。《五蘊論》曰：

復有十八界，謂眼界色界眼識界，耳界聲界耳識界，鼻界香界鼻識界，舌界味界舌識界，身界觸界身識界，意界法界意識界。

眼等諸界及色等諸界，如處中說，六識界名，謂依眼等根緣色等境，了別為性。言意界者，謂即彼（指識而言）無間滅等，為欲顯示第六意識，及廣建立十八界故。如是色蘊即十處十界及法處法界一分，識蘊即意處及七心界。餘三蘊及色蘊一分並諸無為即法處法界。

問以何義故說名為界？答以能任持無作用性自相義故，說名為界。

十八界的界，是能任持的意思。《俱舍論》卷八曰：「能持自相，故名為界。」但亦是差別的意思。彼此的事物，以界為差別而無混濫。《大乘義章》曰：「界別為界，諸法性別，故名為界。」

《法界次第》謂：「界以界別為義，根塵識各有界限，如眼以色為界，耳以聲為界，鼻以香為界，身以觸為界，意以法為界。眼不能越色而有見，耳不能越聲而有聽……色以眼為界，以眼所見必色，非聲香等能對眼，故眼識必依眼根而發，餘根不能。而眼根除發眼識外，亦不能發聲香等識，推之諸根皆然。界限分別，故名曰界。」

十八界，即是六根、六塵、六識。識是認識的主體，根是

識之所依，塵是識所緣之境。換言之，六根是前六識的所依處，六識是各種認識分別的作用，六境是各種客觀的事象。故所謂宇宙萬法，不外是根、境、識三門的假和合而來。所以十八界攝盡宇宙萬法。十八界如下表所示：

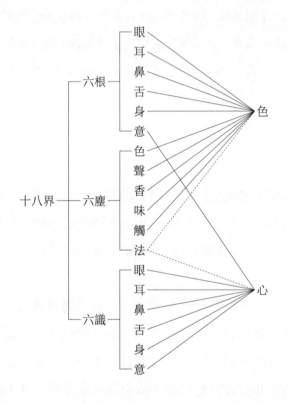

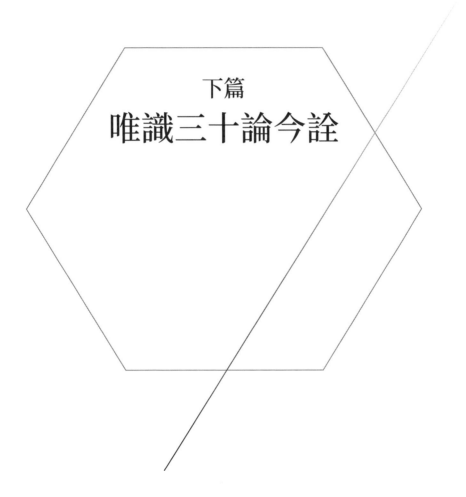

下篇
唯識三十論今詮

第一章 泛說唯識三十論

《唯識三十論》，是世親菩薩晚年的著作。

世親菩薩，梵名筏蘇槃度，亦有譯為天親者，他是無著菩薩的異母弟，於佛滅後九百年間（西元第五世紀初葉）出世。初在小乘說一切有部出家，他聰穎過人，遍通經論。他欲取捨有部的教理，曾匿名變裝，到有部學術中心迦濕彌羅城，精研有部教理數年，後來回到富婁沙富羅城，用經量部教義及自己的見解，批判有部，造《俱舍論》，此論問世，頗有諍議，而無能破斥者。時人稱此論為「聰明論」。

世親在北印度宣揚小乘、隱蔽大乘，其兄無著憫之，託以疾病，誘其來視，使人在鄰室誦讀《十地經》及《阿毘達磨經·攝大乘品》，世親聞之，深悔自己見解淺薄，以致過去毀謗大乘。他欲割舌自贖，無著告之曰：你從前用此舌謗大乘，今何不用此舌讚揚大乘以自贖呢？世親聞之大悟，他自此放棄小乘，修學大乘。他初則克承家學，為無著的《攝大乘論》作論釋。後來創明唯識，作《唯識二十論》，成心外無境之義。作《百法論》，成一切法不離識之義。晚年作《唯識三十論》，唯識理論益為完密。而《五蘊論》、《百法論》、《攝大乘論》、《唯識二十論》之義，亦皆融匯於《唯識三十論》中。

這部《唯識三十論》，是五言四句頌文，為數共三十頌，全文六百言。言簡意賅，而「含萬教於一字，約千訓於一言。」

演述萬法唯識的妙義。

原來印度造論的體裁，是先作本頌，總括全書的要義，然後依頌作釋文，名曰長行，長行則是論著的正文。而這部《唯識三十論》，是世親菩薩晚年的作品，於三十本頌完成，釋文未竟而入寂。這以後百餘年間，護法、難陀、安慧、親勝、火辨、德慧、淨月、勝友、最勝子、智月等十大論師相繼出世，各為這《唯識三十論》造釋論，以解釋三十本頌。唯以世親本人沒有留下解釋頌文的正文，以至各家的解釋，在若干關鍵處各為異說──這在後文將會述及。

西元七世紀初──唐太宗貞觀年間，唐三藏玄奘法師遊學印度，曾入那爛陀寺，從護法的弟子戒賢論師受學，學《瑜伽論》及十支諸論。奘師歸國之時，攜歸經典六百五十餘部。歸國後二十年間，廣譯經論，先後譯出經典一千三百餘卷。

當奘師譯《唯識三十論》時，本來主張把十大論師的釋論，全部各別譯出。後以弟子窺基之請，糅合十家釋論成為一部，而以護法的釋論為主體，遇有異議紛論之處，悉折中於護法之說。這樣譯出了《識論》十卷，為後世研究唯識學必讀之論著。

窺基大師，俗姓尉遲氏，系出鮮卑族元魏的尉遲部。他於唐太宗貞觀六年（西元六三二年）生於長安。十七歲從奘師出家，學五天竺語言，識解大進。二十五歲參加奘師譯場，二十八歲參譯《識論》，並以平時聞之於奘師者，作《述記》六十卷。這《識論》和《述記》，都是研究唯識必讀的論疏。

　　但是，《識論》和《述記》兩部巨著，洋洋數十卷雄文，它一方面是字字珠璣，是發掘唯識學的寶藏。而另一方面，它卻是內容繁瑣萬端，行文有如枝上岔枝，葉旁長葉，誠所謂：「文如鉤鎖，義若連環。」使人初讀之下，有如墮入五里霧中，不知所來，亦不知所往。

　　如何讀《識論》呢？一個簡便的脈絡線索，則是先讀《唯識三十論》本頌，以頌文對照《識論》，頌文成了一個引路的指標——這是本篇〈唯識三十論今詮〉寫作的原因。

　　在詮釋《唯識三十論》之前，先將《唯識三十論》本頌全文錄之如下，以見其全貌：

　　唯識三十論本頌

　　由假說我法，有種種相轉，彼依識所變，此能變唯三。
　　謂異熟思量，及了別境識，初阿賴耶識，異熟一切種。
　　不可知執受，處了常與觸，作意受想思，相應唯捨受。
　　是無覆無記，觸等亦如是，恆轉如瀑流，阿羅漢位捨。
　　次第二能變，是識名末那，依彼轉緣彼，思量為性相。
　　四煩惱常俱，謂我痴我見，並我慢我愛，及餘觸等俱。
　　有覆無記攝，隨所生所繫，阿羅漢滅定，出世道無有。
　　次第三能變，差別有六種，了境為性相，善不善俱非。
　　此心所遍行，別境善煩惱，隨煩惱不定，皆三受相應。
　　初遍行觸等，次別境謂欲，勝解念定慧，所緣事不同。

善謂信慚愧，無貪等三根，勤安不放逸，行捨及不害。

煩惱謂貪瞋，痴慢疑惡見，隨煩惱謂忿，恨覆惱嫉慳。

誑諂與害憍，無慚及無愧，掉舉與惛沉，不信並懈怠。

放逸及失念，散亂不正知，不定謂悔眠，尋伺二各二。

依止根本識，五識隨緣現，或俱或不俱，如濤波依水。

意識常現起，除生無想天，及無心二定，睡眠與悶絕。

是諸識轉變，分別所分別，由此彼皆無，故一切唯識。

由一切種識，如是如是變，以展轉力故，彼彼分別生。

由諸業習氣，二取習氣俱，前異熟既盡，復生餘異熟。

由彼彼遍計，遍計種種物，此遍計所執，自性無所有。

依他起自性，分別緣所生，圓成實於彼，常遠離前性。

故此與依他，非異非不異，如無常等性，非不見此彼。

即依此三性，立彼三無性，故佛密意說，一切法無性。

初即相無性，次無自然性，後由遠離前，所執我法性。

此諸法勝義，亦即是真如，常如其性故，即唯識實性。

乃至未起識，求住唯識性，於二取隨眠，猶未能伏滅。

現前立少物，謂是唯識性，以有所得故，非實住唯識。

若時於所緣，智都無所得，爾時住唯識，離二取相故。

無得不思議，是出世間智，捨二麤重故，便證得轉依。

此即無漏界，不思議善常，安樂解脫身，大牟尼名法。

《唯識三十論》的頌文，如上所錄。而此三十首頌文，有

三個大綱，那就是：一、明唯識相。二、明唯識性。三、明唯識位。在三十首頌文中，起頭的二十四頌，是明唯識相。所謂相，即宇宙萬有的現象——也就是法相。而宇宙萬有之相，皆不離識，故法相屬於唯識。

三十頌中的第二十五頌，是明唯識性。性者即相中之性，相屬於事，性屬於理，有相必有性，有事必有理，宇宙萬法的事相，唯識所現。而此萬法的理性，則唯識所涵，故相若離性，便無所本。

三十頌中的最後五頌，是明唯識位，是明修行證果的程序。修唯識行，由資糧位，加行位，通達位，修習位，究竟位——歷經十信、十住、十行、十迴向、十地，以至於等覺、妙覺五十二階位，最後證得菩提與涅槃——佛果。研究唯識，學習唯識，不修證則流於浮想，無位階則止於空談。《唯識三十論》，由明唯識相，識唯識性，以至於修行、證果，故唯識學不僅是空泛的哲學理論，而且是實踐的佛學修持。

此《唯識三十論》的綱要，由下表所示。

以上相、性、位三分，所謂唯識相者，即依他起性。凡夫外道，不知唯識無境之妙旨，執著心外別有實境，而起我執法執。故論主初以種種方便，廣明唯識相狀即是依他起法，以破遣我人的二執。

所謂唯識性者，即圓成實性。自依他起法上，雖知此心虛妄顯現，而猶未了達真性，是故次明唯識實性即圓成實性，顯

示真如常住一味。

　　所謂唯識位者，明此性相真俗，意在令有情斷妄染而成佛果。唯欲成佛果，必歷三大阿僧祇劫，修無量行，積無量福慧，歷經資糧、加行、通達、修習、究竟等五位，方能證得三身萬德之佛果，此所以第三明唯識行果。

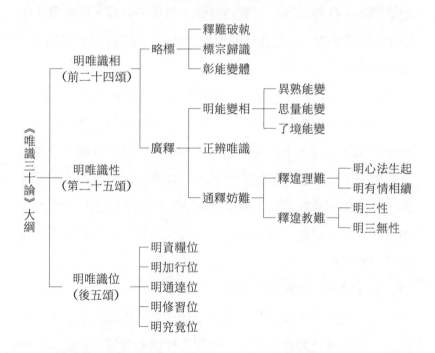

第二章　萬法唯識

唯識學立論，是以萬法唯識，識外無境為宗旨。

佛教雖有小乘大乘、空宗有宗的分別，要之莫不以心識為依歸。例如小乘有部，雖主張「我空法有」——心外有實在之法，但是說到法的成壞，仍不能不歸之於心力之造役，此即所謂「業感緣起」說。

大乘佛教思想，是以「一實相印」為依歸。直指萬法唯心，不許心外有實在之法。但是對此心的見解，空有兩宗各不相同：空宗以此心為理心，指的是萬法實相的真如，此即所謂「真如緣起」；有宗以此心為事心，指的是生滅變異的八識心，以此八識心而說萬法唯識，此即所謂「阿賴耶緣起」。

所謂「唯識」，梵語摩怛刺多，漢譯曰唯；梵語毘若底，漢譯曰識。梵語倒置，稱為「識唯」，漢譯經論中稱為「唯識」。唯者簡別之義，簡別識外無法，識者了別之義，也就是我人的心識。《大乘法苑義林章》卷一曰：「識者心也，由心集起綵畫為主之根本，故經曰唯心。分別了達之根本，故論稱唯識。或經義通因果，總言唯心。論說唯在因，但稱唯識。識了別義，在因位中識用強故，說識為唯，其義無二。《二十論》云：心意識了，名之差別。」

《唯識三十論》的主旨，基本上就是說明識心之外，沒有固定的「我」，也沒有固定的「法」。但是這個世界，明明有圓

顧方趾的「我」，明明有胎卵濕化的鳥獸蟲蟻；明明有山河大地，也明明有見聞覺知可得的實體物質，何以能說心識之外，無我無法呢？於是有人提出質問曰：

> 如果照你們唯識家所說的道理，說「萬法唯識」，心識之外無我無法，那麼，為什麼你們佛教經典上也常說有種種「我相」、種種「法相」呢？縱然是世人愚昧，在迷情上說有我有法，說得不對，可是你們自稱覺悟的佛教，就不應該說有種種我相，和種種法相啊！

外人這一質問，問得非常尖銳。如果說有我相法相，唯識就不能成立。如果一定說萬法唯識，就不該說我相法相。這時唯識家如何回答呢？唯識家答曰：

> 由假說我法，有種種相轉，
>
> 彼依識所變，此能變唯三。
>
> 謂異熟思量，及了別境識。

唯識家回答的意思是說：佛教的聖者所說的我相或法相，是假為施設而說的。這種假說的我相、法相，並不是實我或實法，此即是「由假說我法」。「有種種相轉」的相，是我或法的相狀。我或法的相狀很多，故曰種種相轉，轉是起的意思。宇宙萬法，依於因緣而生起的，曰轉。這些依於因緣而生起的種種我相或法相，都不是實有的，而是依識所轉變出來的，而能

轉變的識，唯有三類。

　　上述一頌半雖僅五言六句，寥寥三十字，但是有許多佛學名詞有待詳加詮釋。不然，囫圇吞棗、含糊籠統的讀下去，就不能徹底了解頌文的意思。於此我們先來探討「由假說我法」一句中，我法二字的意義。

　　我者，有三種意義。一者主宰，二者常住，三者獨立個體。說主宰義者，謂能主宰，或能支配者名為我。如我所說，我所行，我所下的命令等。說常住義者，謂有物常住，不隨軀體而死亡者名為我。如所謂精神不死者是。說個體義者，謂只有一個，決無二個，恆常而不變異者名為我。

　　而事實上我人所自謂的我，只是四大、五蘊，因緣和合下所生起存在的生命體，其中實沒有主宰、常住、恆常而不變異的體性在內，故說是假我。

　　法者，有廣義與狹義的分別。狹義的法，是軌持的意思。軌者軌生物解，我人見聞覺知對於任何一事一物，會於那事物對象上起一種見解；持者住持自體，任何事物，皆有它特別的體性，我們對於它所起的見解，無論是對是錯，它本身的體性任運攝持而不失不變。以上是狹義的法。

　　至於廣義的法，略當於中文之物字。物字在日常應用上，對於一切物質現象，一切事相，通名之曰物，我人心中攀緣想像之境，亦可稱曰物。甚至於形而上的道，亦稱之曰物。如《老子》：「且夫道之為物」。《中庸》：「其為物不貳」，皆以物字指實

體也。所以世俗間的物字，概括世間萬有事物，而佛書中的法字，也概括宇宙萬有諸法。

　　不過宇宙萬法，皆是因緣和合所生起存在的事物，它本身無實體，無自性，生滅變異，虛幻無主，故謂之假法。

　　至於假我假法的假字，在《述記》中以「二假」來解釋，一者是「無體隨情假」，二者是「有體施設假」。無體隨情假，是世間法——凡夫所說的我相與法相；而有體施設假，是出世間法——聖教所說的我相與法相。

　　何謂無體隨情假？就是世人所說的我相法相，本來是無實體的，但是因為世間的人，隨著自己的迷情，把它們執著為實有。這在真理上說，完全是假的，但隨順人們的情執上，加上我相法相的假名，這叫做無體隨情假。何謂有體施設假？是聖教中所說的我相法相，它的「真如法性」是普遍於一切法上，它是有體性的。但真如法性是沒有名字的，假為施設的給它加上我相、法相種種名稱，但名稱並不能詮表真如法性。不過為方便言說，假為施設種種名字，就叫做有體施設假。

　　簡單的說，不論是世間凡夫所說的我相法相，或出世聖者所說的我相法相，在我相法相的自體上來說，都是無實體的，前者是迷情的妄見，後者是聖者的假設。

　　至於「有種種相轉」的「相」，是諸法——我、法等的相狀。這些相狀，自世間法來說，凡夫外道所認為的神我，有情，人、牛、羊、馬等各個自體的活動，這是我的種種相；山河大

地、房舍器物，以至於實德業等，及數論師所執的二十五諦等，這是法的種種相。在聖教方面，說聲聞、緣覺、菩薩，是我的種種相；說色、心、五蘊、十二處、十八界、四聖諦、十二因緣，這是法的種種相。這種種我相與種種法相，是如何施設的呢？在世間法說，是凡夫外道妄情而起的計執；在出世間法說，是佛菩薩等順於世間的名言，為要使世間凡夫斷迷情而得聖智故為施設的名言。

至於「有種種相轉」的轉，是生起的意思。萬法依於因緣而生起曰轉，以生起即其事物之轉變也。《述記》曰：「轉是起義」。

「彼依識所變」句的彼，指的是前二句頌裡我和法的種種相狀。那我和法的種種相狀，是「依」著內「識」所變現出來的，並不是離開內識，別有我和法的存在。

至於「識」，自然指的是我人的心識──八識心王。關於八識，在本書上篇、中篇中已詳為詮釋，此處不贅。在這一句中，最重要的是這個「變」字，即所謂「識變」。識變不是數百字能詮釋明白，留在下一章專文詮釋。

「此能變唯三」一句，此指的是「能變」之識。識本來有八種，而在此處把八種識分做三類，故說此能變唯三。

在佛典中，常用到「能」、「所」二字，這是二法對待的時候，自動之法，亦即主動者稱為「能」；不動之法，亦即被動者稱為「所」。如能緣、所緣，能熏、所熏，以及能變、所變等

是。這是指「有為法」而說的，而「無為法」是無能所、無對待的。《金剛經》新注一曰：「般若妙理，亡能所，絕對待。」

能變之識，能變唯三，是哪三類呢？頌文曰：

　　謂異熟思量，及了別境識。

能變之識，本有八種，一曰眼識，二曰耳識，三曰鼻識，四曰舌識，五曰身識，六曰意識，七曰末那識，八曰阿賴耶識。而在此處，八種識分做三類，即異熟識——阿賴耶識；思量識——末那識；及了別境識——包括著眼耳鼻舌身意前六識。「此能變唯三」，唯在此是決定的意思，即是類別言，既不是二，也不是四，決定是三。

異熟識者，是阿賴耶識的異名。異熟二字作何解釋呢？異者不同，熟者成熟。它有三種意義：

一、異時而熟：由因至果，時間不同，是異時而熟。譬如種下蘋果，由開花結果到蘋果成熟，必要經過一段相當的時間，就是異時而熟。有情所造善惡諸業，由造業時望果熟受報時而言，也要經過相當時間——或隔生、或二三生不等，由造業到受果，曰異時而熟。

二、變異而熟：由因至果，必有不同程度的變異，曰變異而熟。譬如釀酒，由初釀時至成熟時，其相狀和味道各不相同，曰變異而熟。在此處說，由因變異為果而成熟，曰異熟。

三、異類而熟：由因到果，類別有異，曰異類而熟。譬如
　　江河溪澗之水，性質各異，但流入大海時，就混同一
　　味，即異類而熟。如有情造善惡諸業，善業感樂果，
　　惡業感苦果，而樂果苦果非善非惡，是無記性，此苦
　　樂之果對善惡之業言是異類而熟。

　　換句話說，異熟者，是依過去善惡而得果報的總名，也就
是引業所感得的有情總報真異熟的果報體。換句話說，此果報
體就是第八阿賴耶識，即又名異熟識。《識論》卷二曰：「此是
能引諸異界趣生善不善業異熟果故，說名異熟。離此命根眾同
分等，恆時相續勝異熟果，不可得故。」又，卷三稱：「此第八
識，或名異熟識，能引生死善不善業異熟果故。」

　　思量識者，是指恆審思量的第七末那識。關於此末那識，
《識論》卷四曰：「次初異熟能變識後，應辨思量能變識相。是
識聖教，別名末那；恆審思量，勝餘識故。此名何異第六意識？
此持業釋，如藏識名，識即意故，彼依主釋，如眼識等，識異
意故。然諸聖教，恐此濫彼，故於第七，但立意名。又標意名，
為簡心識。積集，了別，劣餘識故。或欲顯此，與彼意識，為
近所依，故但名意。」

　　這一段論文的意思是：在次第上敘述初能變異熟識之後，
應來辯論這思量能變識，此思量能變識在經典上別名末那識，
漢譯曰意。它恆常審察思量，執著第八識的見分為我，這種恆
審思量的功用，勝過其他各識。

　　再者，此識譯名曰意，這和第六識的意識，有何差別呢？這第七意識在「六離合釋」中，叫做持業釋。就是體能執持自己的業用，是依自己而得名，好像藏識一樣，藏就是識。故於此意也就是識，論文中稱它「識即意故」。

　　而第六意識，在「六離合釋」中叫依主釋。就像眼識依托眼根而名眼識似的，此識依托意根即名意識，而「意」根即第七識，而意「識」是第六識，故意是第七，識是第六，這是二者的分別。但恐二者混淆不清，故第六識名意識，第七識則保留末那的原名。

　　還有一點，第七識之所以叫意，是因為它積集的功用不如第八識，而了別的功用又不如前六識，所以叫意。又以第七識和第六識靠近，又是第六意識之所依托，所以稱它是意。

　　此末那識的恆審思量作用，可參閱本書上篇第二章，及中篇第七章。

　　三能變識的第三能變識，是「了別境識」。了別境，是眼耳鼻舌身意前六識的作用，前六識各別的識，了別各別的境。如眼識只能了別色境，耳識只能了別聲境等，並且，前五識要與第六意識同時俱起，方能了別五塵境。這在意識來說，即所謂「五俱意識」。

　　事實上，若以了別是識的作用而言，了別是泛通於諸識的。寬泛言之，心、意、識三者，也是通於諸識的，但以其作用特勝來說，第八識叫做心，心者是集起的意思，有行相集起和種

子集起兩種意義。行相集起，通於諸識——諸識的「見分」行相積集於識體而起行解；種子集起，則僅限於第八識——第八識積集諸法種子而起現行。第七識叫做意，意是思量的意思，有無間覺和現思量兩種意思。無間覺通於第八識，現思量僅限於第七識。前六識叫做識。識是了別的意思，有細了別和麤了別兩種，細了別通於第八識，麤了別僅限於前六識。

故「了別境識」，是指前六識了別麤顯境的作用殊勝而說的。此前六「了別境識」，是三能變識中的第三能變。三能變識的作用，如下表所示：

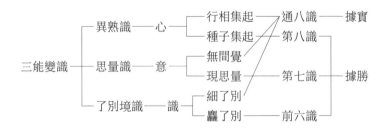

第三章　識變、種子

《唯識三十論》頌文，說八識為三能變。這三能變是如何變的呢？《識論》對此加以解釋云：

> 此三皆名能變識者，能變有二種。一因能變：謂第八識中等流、異熟二因習氣。等流習氣：由七識中，善惡無記，熏令生長；異熟習氣：由六識中，有漏善惡，熏令生長。二果能變：謂前二種習氣力故，現種種相。

《識論》中這段解釋，謂三能變識，能變有二種，即因能變與果能變。因能變者，是等流、異熟二因習氣（習氣是種子的異名），轉變而生果。果能變者，即是前二因所生的果上，其自證分能變現生出「相」、「見」二分。

再詳細一點來說：所謂因能變，就是第八識中等流、異熟二因習氣的變。也就是第八阿賴耶識所持的種子——習氣就是種子的異名。此識所持的種子，一是等流種子，二是異熟種子的變。

等流二字，等者等同，流者流類，是相似的意思。由因流出果，由本流出末，因果本末相類似，就是等流。等流習氣，就是生等流果的種子。也即是：由前七識熏生的善惡無記三性種子，從善因生樂果，從惡因生苦果，從無記因生無記果，就是等流果。

異熟種子，其實就是業種子。也就是由前六識所造下的善惡二業，善業感樂果，惡業感苦果。而苦樂二果，是非善非惡的無記。所謂「因是善惡，果是無記。」故異熟種子就是業種子。此異熟種子所生的果，即異熟果，也就是異熟識——即第八阿賴耶識。

於此得一結論：所謂因能變者，就是第八識中，等流、異熟兩種種子，念念相續，有如瀑流，因果相生的變。也就是以等流、異熟二因習氣（種子），生出第八識（異熟識）的變。

其次說果能變，也就是第八識體從種子生時，即於此時變現「相」、「見」二分的變。第八識體生起，前七識體也同時生起，八識識體及相應心所，各各現起相見二分，由相見二分「現種種相」，宇宙萬法由此而生起。

或有問曰：第八識既是種子所生，它又如何能攝持萬法種子？答曰：這第八阿賴耶識，與它所含藏的種子，是無始以來，同時而有的。種子是生識之因，是能生；識體是所生之果，是所生。而能生與所生之間，是因果同時，無分先後。所以種子能生識體，識體亦能攝持種子。

簡單的說：種子為因，而生識體者，即是因變；由識體而現起相見二分者，即是果變。

在果變中，諸識識體上變現起相見二分，這時識體本身就成了「自證分」。如以眼識為例：眼識了別色境的作用，就是見分。其所了別的色境，就是相分。這時眼識的識體，對相見二

分而言，就成了自證分。而此自證分還有一種再度證知的作用，叫做「證自證分」。這一來，識體就有了「四分」。於此，那諸識的自體是「能變現」，於相見分上所變現的我法諸相就是「所變現」。

關於「四分」之說，印度十大論師所見不同。例如安慧僅立自證一分，視相見二分為虛妄。難陀、親勝、德慧、淨月等唯立相見二分，不取自證、證自證二分。陳那、護月等立相、見、自證三分，不立證自證分。而護法立以上四分，且由勝友、最勝子、智月等所繼承。此即所謂：「安、難、陳、護，一二三四。」

這識體四分，可分心、物兩方面來說。證自證分與自證分本是一體──即是識體。而見分是識體能緣慮的作用，這三者同屬於心法。相分是所緣慮的對象，即我相法相諸法，是屬於色法。而相分與見分同為識體所變現，這即是攝物歸心，所以成其唯識。

什麼叫做相分呢？相即相狀，也即形相，就是為心識所緣慮的影像。而能緣慮這影像的作用，就是見分。以現代心理學觀念來說，相分，是一切客觀事物的相狀。也即是：外在客觀的事物，在心識的相分功能上所顯示的影像。

我人的心識，具有緣慮的作用，緣慮必有其所緣慮的對象，此對象即是外在塵境。當心識與塵境觸對，心識上變現出相見二分。外在塵境形相顯示在相分上，為見分所緣慮。

　　什麼是見分呢？見是見照，就是心識的緣慮作用。外界客觀事物在相分上顯示影像，由見分來緣慮、了別。因此，相分是客體、是所緣，見分是主體、是能緣。見分是心識主體能緣慮的作用；相分是為心識主體所緣慮的對象。

　　什麼又是自證分呢？原來相分和見分都是識體變現的功能。而識體本身，就是自證分，當見分於緣慮、了別相分的時候，識體再證知見分的了別有無錯誤，所以叫自證分。自證分證驗過之後，識體再度證知自證分有無錯誤，就叫做證自證分。那麼，誰來證知證自證分有無錯誤呢？是自證分來證知的。因為自證分和證自證分可以互緣互證，所以就不必再有一個第五分了。

　　簡單的說，所謂四分，就是識體的四種功能。外境反映到心識上的影像，就是相分。去見照、了別此影像的，就是見分。證知見分有無錯誤的，是自證分。再度證知自證分的，就是證自證分。

　　如果以鏡子為例，相分，就好比鏡子中的影像——按，我人所認識的一切境界，並非直接得來。不過是外境的影像映現於心識上，心識上映現的影像叫做相分，故喻為鏡中的影像。見分，就好比鏡子的光明，自證分好比是鏡體，證自證分好比是鏡子的「弨」——能活動的鏡架。有此能活動的鏡架，鏡子就可以上下左右隨意所照了。

　　前文所述：種子為因，而生識體者，即是因能變；由識體

變現出相見二分，即是果能變。於此我們來探討，這能變現生出識體的種子，究竟又是什麼。

種子又是什麼呢？其實種子只是一種「功能」——功用、能力。種子無形無相，無質無量，而它卻能發生「力用」。換句話說，種子是非物質而產生物質的力用。這種力用，約相當於物理學上的「能」。這種能，是心識活動的潛力。這種潛力變現出阿賴耶識，又為阿賴耶識所攝持，遇外緣則生起「現行」，變現出「見分」和「相分」。相分就是萬法的相狀，即是心所緣慮的影像。而能緣慮這影像的作用，就是「見分」。這種種子生起現行的作用，就是「識變」。

因此，所謂種子者，只是一種「功用」、一種「能力」。此功用能力含藏在阿賴耶識中，當其遇緣發生作用時，變現出我相、法相，宇宙萬有。於此，種子有下述三種定義：

一、種子非色非心，只是一種「力用」。

二、這種力用遍及宇宙，故種子亦遍及宇宙。種子一念起
　　用，宇宙萬象森羅。故種子無盡，宇宙亦無盡。

三、種子起現行時，「相分」由「見分」而顯示，故心識分
　　別一生，即盡攝宇宙萬有，無一法不在心識之中。

種子是攝藏在阿賴耶識中，故《識論》卷二稱：

此中何法名為種子？謂本識（阿賴耶識）中，親自生果，功
能差別。此與本識，及所生果，不一不異。體用因果，理應

故爾。

　　這段論文的意思是：在第八阿賴耶識中，什麼東西叫做種子呢？那是說阿賴耶識自體，有一種潛在的功能，它能夠親自生起各種不同的現行果法。這種能親自生果，功能差別的力用，就是種子。

　　那麼，種子與本識（阿賴耶識），及與它起現行所生的果法，是不是一體呢？答案是：「不一不異」——既不是「一」體，也不是「異」體。何以故呢？因為識（阿賴耶識）是體，種子是用，體是體，用是用，所以非一；但體是此用之體，用是此體之用，體不離用，用不離體，所以非異。再者，種子是因，現行是果。因是因，果是果，所以非一。但因是此果之因，果是此因之果，所以非異。這「非一非異」的道理，本來就是如此。

　　原來所謂種子，只是一種功能。我人起心動意，心識念念生滅。當心識念念相續，剎那剎那生滅之際，事實上就是種子發生的功能——力用。種子發生功能，叫做「現行」。阿賴耶識有生起一切法——即色心諸法的功能，事實上就是種子起現行的作用。當前六識觸對外境而生了別作用時，這起現行的種子，受到外境的「熏習」，「剎那滅，果俱有。」又成為新種子，再儲藏於阿賴耶識中。關於「熏習」，後文再加詳釋。

　　阿賴耶識中，儲藏有萬法種子。這種子自何而來呢？於此

凡有三說：一是「唯本有說」，一是「唯新熏說」，一是「本有新熏並有說」。

　　佛滅後九百年間，印度的世親論師建立唯識宗後，十大論師相繼出世，各造釋論，詮釋《唯識三十論》。其中關於阿賴耶識儲藏的萬法種子，護月論師等主張「唯本有說」，謂一切有漏無漏種子，皆是無始以來「法爾本具」，並不是由於新的熏習發生，熏習只不過增長養成本來固有的種子。他並引證經論作他理論的根據：

　　《無盡意經》謂：「一切有情，無始以來，有種種界，如惡叉聚，法爾而有。」——界者因義，就是種子有種種差別。

　　《阿毘達磨經》謂：「無始時來界，一切法等依。」

　　《瑜伽論》謂：「諸種子體，無始時來，性雖本有，而由染淨，新所熏發。」

　　而難陀論師等，則主張「唯新熏說」。謂一切種子，皆是無始以來，從現行熏習而生出的。他說主張「法爾本具」有的，不是本來就有，是由「能熏」與「所熏」，從無始以來所熏發的。他也引證經論作為他理論的根據：

　　《多界經》謂：「諸有情心，染淨諸法，所熏習故，無量種子之所積集。」

　　《攝大乘論》謂：「內種定有熏習，外種或有或無。」

　　最後護法論師折衷二說，謂諸法種子，各有兩類：即本有和新熏。無始以來，第八識中，「法爾本具」的種子，是本有種

子，此又名「本性住種」。同時在無始以來，由現行勢力熏習，儲藏在第八識中，而有生果的作用，這就是新熏的種子，此又名「習所成種」。此本新二類種子，相輔相待而生起諸法的現行。

《識論》卷二，以六義顯示種子的體性。這六義是：剎那滅、果俱有、恆隨轉、性決定、待眾緣、引自果。茲分別說明如下：

一、**剎那滅**：所謂種子，只是一種功能。它無質無量，不可以色聲香味觸去測量。但當其起現行時，卻有力用。而它的體性卻是剎那生滅——才生即滅，因有生滅，與位轉變，而生其果。此剎那滅，簡別於不生滅。唯其有生滅，才為諸法能生之因。

二、**果俱有**：種子起現行，剎那即滅，但於剎那生滅之際，「正轉變位，能取與果。」——正轉變位，有別於過去或未來轉位。能取與果者，種子現行為因，果起之時，因付於果，名曰與果。也就是即因生現果，因果同時，相依俱有。而所謂果，事實上就是新熏的種子。

三、**恆隨轉**：種子現行，剎那即滅，與果俱有，並且恆時一類相續，沒有間斷轉易。換句話說，種子在阿賴耶識中自類相生，永無了期，這叫恆隨轉。然而諸法中恆時相續者，唯有此第八識。故種子恆時隨此能持之第八識轉起，一類相續，為其特性。

四、**性決定**：種子是隨其能熏因力之善惡無記之性而各別
　　決定。即善種決定起善的現行，惡種決定起惡的現行，
　　此一法則不能改變。這是簡別於小乘有部之善惡因生
　　無記果，或無記善因生善惡果等。

五、**待眾緣**：種子是「任運而轉」──即任由自然而運行，
　　無造作力在內。然「法不孤起」，必待眾緣和合，方有
　　生果的功能。這是簡別外道等自然因恆能生果，或小
　　乘有部的緣體恆有等。

六、**引自果**：種子是各各引生自果。亦即色法種子引生色
　　法的果，心法種子引發心法的果。這是簡別外道等執
　　一因可以生眾果，及小乘有部之色心可以互為因果等。

　　種子是為阿賴耶識所攝持，能生自果的功能。這種功能在
眾緣和合時，能生起各自的果法，這叫做「種子生現行」。當其
生起現行之際，有強盛的勢用，於生起之剎那，再熏習各自種
子於第八識中，這叫做「現行熏種子」。種子起現行時，種子是
因，現行是果。而現行熏種子時，現行是因，受熏的新種子是
果。這三者是「剎那生滅，與果俱有。」所以古德云：

　　種子生現行，現行熏種子，三法（種子、現行、熏習）展
　　轉，因果同時。

　　種子生現行，現行熏種子，剎那滅，果俱有。受熏的新種
子又起現行，現行又熏種子，這種前生後滅，自類相續，有如

瀑流者，就是恆隨轉。在這剎那生滅的隨轉中，俱有「三法」和「二重因果」。所謂三法：是能生的種子，所生的現行，受熏的新種子。所謂二重因果：種子生現行，種子是因，現行是果，為一重因果；現行熏種子，現行是因，受熏的種子是果，又為一重因果。這三法展轉，剎那之間，成二重因果。

另一方面，阿賴耶識所攝持的種子為因，生出七轉識——即眼耳鼻舌身意及末那前七識的果，同時七轉識的現行為因，生出阿賴耶識新種子的果。這也是二重因果，種子與第八識的關係，以體用來說，第八識是體，種子是用，攝用歸體，其性都是無記。以因果來說，種子是生此識體之因，識體是此生因之果。而種子所依，唯第八識的識體，以此識體是受熏處，故種子離此本識而無別體。

那麼，什麼叫做熏習呢？原來我人身口意所表現的善惡行為或意念，其「氣分」留於第八識中，就叫做熏習。也就是說，第八識體，能將經驗的痕跡保留下來。這保留下來的痕跡就是種子，亦名氣分，又稱習氣，這就是熏習。一個人習以為善，這善是一種熏習；一個人經常為惡，這惡也是一種熏習。作錯事加以掩飾是一種熏習，為惡者心生悔意也是一種熏習。熏習不是刻意自覺的創造，而是在不覺中任運進行。如人行霧中，他無意使衣服受濕，也不覺得衣服受濕，而事實上他的衣服上已佈滿了濕氣。

《大乘起信論》曰：「熏習義者，如世間衣服實無於香，若

人以香而熏習故，則有香氣。」

　　按：所謂熏習，能熏者是前七識，所熏者唯第八識，《攝大乘論》立有「所熏四義」。《識論》更立「能熏四義」，即說明此點。茲先述能熏四義：

一、**有生滅**：此簡別於不是常住。有生滅變化，方有作用，有作用方能熏習，無為法是不生不滅的常住法，故不能熏習。

二、**有勝用**：勝用就是作用力強。此有二種，一者能緣勝用，二者強盛勝用。能緣勝用，就是七轉識及心所的作用。色法、不相應行法無此能緣作用。強盛勝用，是「作意籌度，不任運而起」的作用，這是指善惡等染污法而說的。異熟、無記心雖有能緣作用，但勢用力弱，不能熏習。

三、**有增減**：有了勝用，而且高下不定，能增能減，方為能熏。佛果是圓滿的淨法，不具能熏的條件。七轉識是雜染的有漏法，所以是能熏。譬如樟腦丸放置櫥中，衣服熏香了，樟腦丸也散發了，金丸玉丸放置櫥中，本身無有增減，但也不能熏衣服。

四、**與所熏和合而轉**：此能熏與所熏要具和合性。即能熏者與所熏者同時同處，不即不離。故唯與自身現在的第八識為能熏，與過去、未來及他身之第八識均不能熏。

以上為能熏四義，茲再述所熏四義：

一、**堅住性**：就是始終一類相續，沒有變易的意思。八識中的前七識有生滅變異，不能受熏，而第八識唯是一類相續而不間斷，故能受熏。

二、**無記性**：無記性是不分善惡，均能容納。第八識是無覆無記，法體平等，無所違拒，能容習氣，故能受熏。猶如沉麝不能熏成臭的，蒜薤不能熏成香的，因為它們本身的氣味已經固定了。因此，清淨法的佛果，染污的七轉識都不能受熏。唯有性唯無覆無記的第八識可受熏。

三、**可熏性**：這是說其體自在，性非堅密，有隙可乘，始可受熏。所以無為法、心不相應行法、假法都不能受熏。真如堅密，也不受熏。唯此第八識，體性虛疏，能含容種子，始可受熏。這好比金玉體性堅密，不能受熏。布帛體性虛疏，可以受熏。

四、**與能熏和合而轉**：即所熏與能熏同時同處，和合相應，始能受熏，義與能熏者相同。

能熏與所熏之間，是俱生俱滅。因為異時不可相熏，故能熏與所熏必須生滅同時。這好比印度以胡麻榨油，先雜以香華，然後壓榨。這時香華與胡麻同生同滅，而胡麻油則受熏而持有香氣。這胡麻為所熏，喻第八識。香華為能熏，喻七轉識。而胡麻油中的香氣，就是氣分、習氣、種子，這就是熏習。

　　《唯識三十論》中的三能變識，以因能變——等流、異熟
二因習氣生出第八識；再以果能變——自八個識識體上各各生
出相見而分，由相見二分「現種種相」。宇宙萬法由此而生起展
現。唯這由八識分為三類的三種能變識，其體性功用各不相同，
茲再一一分述於後。

第四章　異熟識論

三能變中的初能變識，是異熟能變識，也就是第八阿賴耶識。

古人解釋這異熟能變識，有所謂「八段十義」。就是於「初阿賴耶識」以下的十句頌文，在頌文之上開為八門，即所謂八段。同時以第八識識體顯義，在頌文之下開為十門，即所謂十義。《唯識三十論》解釋初能變識的頌文是：

> 初阿賴耶識，異熟一切種。不可知執受，處了常與觸，作意受想思，相應唯捨受。是無覆無記，觸等亦如是，恆轉如瀑流，阿羅漢位捨。

八段十義，八段，是就文義而分；十義，是依識體而解。如下表所示：

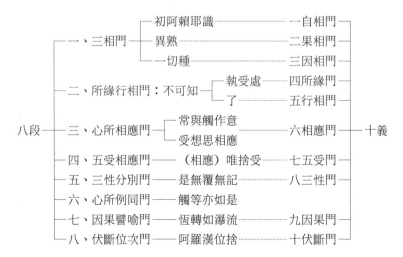

於此，我們參照八段十義的順序，來探討這初能變識。

一　阿賴耶識三相

阿賴耶識有三種面相，是自相、果相、因相。頌文：「初阿賴耶識，異熟一切種。」就是指這三相而說的。「阿賴耶識」，是此識的自相；「異熟」，是此識的果相；「一切種」，是此識的因相。

何以說「阿賴耶識」是此識的自相呢？因為阿賴耶義譯藏識，它有能藏、所藏、執藏三義。這三藏之義，就是此識的自相——自相即是自體、體性的意義相同。

此識能貯藏宇宙萬法種子，則種子名為所藏，此識即是能藏。又，七轉識現行諸法，熏其種子藏在此識中，則種子是能藏，此識是所藏。再，此第八識，以其恆時相續沒有間斷，是有情的主體，因此被第七識誤認為是常是一的主宰，執為實我。就其為第七識所執上說，此識名為執藏，即我愛執藏（藏即處義，就第七識所執上說，謂此為我愛著處）。

此第八識，由凡夫到究竟聖果，要經過我愛執藏位，善惡業果位，相續執持位。在菩薩七地、二乘有學位，此識三位俱全。菩薩八地以上，二乘的無學位，此識失阿賴耶之名，僅餘二名，到圓滿佛果的時候，此識就但名阿陀那識了。

此識的果相，是「異熟」。異熟舊譯果報。此識為異熟的引業所招感的三界四生六趣的果體，由引業所招感的異熟果這一

點來說，稱為此識的果相，也就是有情的總報。

——總報，是與別報相對而言。有情的果報有二種，如生於人趣，則彼此之人類，受同一人界的果報，名為總報。如同為人類，相貌有美有醜，壽命有短有長，這種種果別，名為別報。

《成唯識論掌中樞要》稱：作為總報體的真異熟——也就是作為阿賴耶識，必具有業果、不斷、遍三界三義。所謂業果，就是酬善惡業因的「異熟無記果」。如果總報的果體唯善，則所感的恆是樂果，沒有作惡招苦報之義，就不會流轉苦道了。反過來說，果體唯惡，恆招苦果，沒有為善感樂報之義，就終不會有還滅覺悟的時候了。所以總報必須是「因是善惡，果是無記」的「異熟無記果」。

所謂不斷，即是相續的意思。如果總報的果體有中斷而不恆相續，則在欲界色界的有情，豈不是在總報體中斷時，有如死者？在無色界有情本來沒有色身，總報果體中斷，豈不是心識也沒有了？故所謂有情者，就是因為有這恆常相續而不中斷的總報果體在。

所謂遍三界者，是這異熟總報的果體，通於欲界色界無色界三界，倘若總報果體不通三界，則必於某一界中成為沒有果體了，故總果體必通於三界。

以上三義，唯此第八阿賴耶識全俱，故其為異熟總報的果體。其他七識，如前五識不恆時現起，沒有「不斷」之義。色

界二禪以上無前五識，沒有「遍三界」之義。第六識雖遍三界，亦有業果，但是「五無心位」不起現行，則無不斷之義。第七識有不斷及遍三界義，但不是異熟業之所感，缺了業果一義。唯第八識俱此三義而無缺。

此識的因相，是「一切種」──也就是諸法種子，此識能執持一切有漏無漏色心諸法種子，又能與有漏無漏種子力令生起現行法。以能生起現行法的種子，對生起的諸法來說，是為其因。而種子攝藏於此識的自體中，為自體之用，攝用歸體，故以一切種為此識的因相。此識雖然有「同類因」、「俱有因」、「相應因」、「能作因」等義，但以上諸因皆通餘法。現以此識特有的持種功能來說，以為此識的因相。

此因相種子之義，即為阿賴耶緣起，萬法唯識的理論依據。而此第八識在諸識中占首要地位，也在於此點。因為這是有為諸法染淨緣起的根本。有漏雜染的流轉，依此而起；無漏清淨的還滅亦依此而生。是以護法等諸大論師，於此都有詳細的論著說明。

──關於種子體義、來源、熏習等等，見本篇第三章，此處不再贅述。於此對「阿賴耶緣起」再略為闡述：

第八阿賴耶識所攝持的種子，遇眾緣和合生起各種現行，此名為「種子生現行」。能生的種子是因，所生的現行是果。因果同時，在同一剎那之間，生起現行強盛的勢用，熏習它的種子於第八識中，這叫現行熏種子。此時能熏的現行是因，所熏

的種子是果，此「種生現」因果的同時，也完成了「現熏種」的因果。這叫做「如炷與燄，展轉生燒。」因果同時，也互為因果。

　　七轉識和第八識，也是互為因果的關係。這是在「能生所生」、「能熏所熏」的觀點上來說的。所熏的、能生的，是第八識中能生果法作用的種子，這是「種子生現行」的因果，即第八識為因，七轉識是果；而所生的、能熏的，是七轉識諸法，這是「現行熏種子」的因果，即七轉識為因，第八識是果。《阿毘達磨經》謂：

　　　　諸法於藏識，識於法亦爾。
　　　　更互為果性，亦常為因性。

　　頌中的意思，就是說藏識與諸法，互為因果。

　　有情類自無始以來，由種子生現行，現行熏種子，展轉相續，生滅不斷。這其間雖經百千萬億生滅變化，但始終不能超越此一歷程。故知染淨緣起的根本，就是這第八阿賴耶識。此由阿賴耶藉緣生起諸法——生起宇宙萬有，就是阿賴耶緣起。

二　所緣行相門

　　初能變識的所緣行相門，指的是第八識的能緣與所緣。亦即必須有能緣與所緣，始能成其為心法。不過若依法相生起的次第來說，心依境方得生起。即是依所緣之境，始有能緣之心。

若約唯識轉變的次第來說，其境是識所變，依能緣之心，始有所緣之境。故有能緣與所緣，始有心法的成立。

《唯識三十論》第三首頌文，是：「不可知執受，處了常與觸，作意受想思，相應唯捨受。」此頌作為韻文來讀，是五言一句。但此處應作為散文來讀，斷句的情形就不一樣了，應讀作：「不可知執、受、處、了，常與觸、作意、受、想、思相應。（在五受中相應）唯捨受。」

文中「不可知執、受、處、了」一句，在八段中是「所緣行相門」一門，在十義中是「所緣門」與「行相門」二門。因為能緣與所緣義有不同，不可併之為一。「執、受、處」是所緣，「了」是能緣。而「不可知」三字通冠二門，這是從行文方便上立說。「不可知」作何解釋呢？這是說，第八識能緣的功用，和所緣的境相，其行相微細，不是我輩凡夫所能了知，故說為「不可知」。

「不可知執、受、處」的「執、受」和「處」是什麼？此指的是阿賴耶識所執、受的，也就是阿賴耶識所緣的。此識所緣的，有兩類三法。兩類是「執、受」和「處」，三法是「種子」、「有根身」、和「器界」。

人和一切眾生的生命體，當阿賴耶識納識成胎時，是生命的開始，名之曰生。當阿賴耶識離開肉體時，是生命的終結，名之曰死。在生後死前的有生之年，此識執、受——即攝持種子和根身。種子和根身為阿賴耶識攝持為自體，任持不壞，能

令根身領受所對之境，能生識上種種覺受，此即所謂執、受。

　　阿賴耶識所緣的，除種子、根身外，還有「處」。處者處所，即阿賴耶識所變起的處所。處所即是器界，又名器世間，也就是山河大地、房舍器物的物質世界，這是眾生共業所感的依報。執、受——即種子和根身兩法是內境；處即器界是外境。這內境和外境，都是第八識現行的時候，識自體的種種功能，各自依親因緣和業增上之力，內則變現為種子和根身，外則變現為器界。故《識論》曰：

　　　　即以所變，為自所緣，行相仗之而得起故。

　　關於執、受，如下表所示：

　　執、受處是所緣，而「了」則是能緣。了者了別，了別是此識的行相，而此識的自體就是了別。「行相」是什麼意思？即能緣的心，行履於所緣之境的體相。也就是識的自體，緣所對境的能緣作用。而這種能緣的作用，指的就是「四分」中的「見分」。

　　關於識體「四分」——即相分、見分、自證分、證自證分，

見本篇第三章，此處不再詳述，僅再略為回顧如下：

相分者，即是相狀，亦即外境種種差別諸法的相狀，而為自心之所緣者。當自心生起緣慮作用時，那時心識上就有所緣的影像顯現。譬如以鏡鑑物，那鏡中的影像，就是相分。

見分的見，是見照的意思，也就是心識對外境的緣慮作用。如果鏡子中的影像譬喻作相分，那麼這能照物體的鏡子就是見分。

所謂自證分，證是證知的意思。也就是證知見分的作用有無錯誤，而證自證分，可說是自證分的返照作用，再度證知自證分有無錯誤，而自證分和證自證分可以互證——亦即互相量知，所以就不必再立第五證證自證分了。

說到互相量知的量，就是度量的量，量有三種分別，即是所量、能量、量果。例如以尺量布，布是所量，尺是能量，所得的尺寸是量果。如果以四分來配合三量的話，可得下列四重結果：

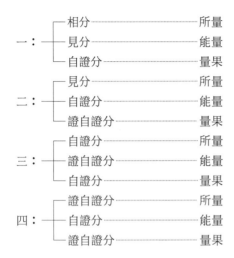

由以上四重結果看來，相分只可做所量，不可做能量及量果。見分可以做能量、所量，不可做量果。自證分和證自證分可以做能量、所量，也可以做量果，並且可以互為能量，互為量果。因此，只立四分，用不著再立第五分了。

相分見分，是心法的兩種作用，既然名用，就必有它所依之體。相見二分所依的，是識體──亦即是自證分，這有如蝸牛生二觸角，這二觸角與蝸牛的關係，是「不即不離」。若說是即，它與蝸牛體畢竟有所分別；若說是離，它畢竟是蝸牛自體所生，故相見二分與識體的關係，亦猶如是。

三　心所相應門

心所，就是心所有法。它恆依於心王而起，和心王相應，

繫屬於心王。具此三義，故稱心所有法。與第八識相應的心所，如頌文所說：「常與觸、作意、受、想、思相應。」這觸、作意、受、想、思五者，就是心所有法中的五遍行心所。這第八阿賴耶識，它是無覆無記，不起惑造業，所以善惡心所，皆不與它相應。與它相應的，唯有這五個遍行心所。

　　關於五遍行心所，參閱上篇第三章。

四　五受相應門

　　五受，就是憂受、喜受、苦受、樂受、捨受。這五受之中，與第八識相應的，如頌文稱：「（相應）唯捨受」。捨受，是領中容境相，於身於心，既非逼惱，亦非適悅，此即不苦不樂受。

　　第八識唯與捨受相應，不與餘受相應。何以不與餘受相應？一者，此識行相極不明了，不能分別違順境相，微細一類相續而轉，故唯與捨受相應。二者，此識是真異熟，它隨著過去的善惡業勢力而轉，不待現緣，故相應受唯異熟受。三者，此識恆常相續而無轉變，故第七識恆執為自內我。若與苦樂等變異受相應，便有轉變，不能為常一我見之對境，故唯與捨受相應。餘四受——苦樂憂喜四受易明了、能分別，行相麤顯，非真異熟，且有間斷變易，故不與此識相應。

　　關於五受，可參閱本書中篇第四章。

五　三性分別門

　　三性，指的是善、不善、無記三性，但亦有稱此三性為善、惡、無記，或稱為善、染、無者。亦有把無記分為有覆無記、無覆無記者，如下表所示：

　　何謂善呢？在此世來世於自於他為順益者曰善，信等善心及善心所所起一切之善根者是，此能招可愛之果。何謂不善呢？在此世來世於自於他為違損者曰不善，貪等惡心及惡心所所起一切之惡業者是，此能招不可愛之果。何謂無記呢？非善非惡中容之法，既無順益亦無違損，不能招感可愛不可愛之果，曰無記，這又分為有覆和無覆兩種。

　　所謂覆，是覆障、覆蔽的意思。有覆無記者，能障礙聖道，能隱蔽自心，使真如心及八識心不能清淨者，故名有覆。雖有障礙隱蔽之作用，而不能招可愛不可愛之果，故名無記；無覆無記者，無障礙隱蔽之作用，故名無覆。不能招可愛不可愛之果，故曰無記。

　　此阿賴耶識，是酬過去善惡業因，所引生的真異熟總報果

體，唯是無覆無記性攝。蓋此識是輪迴流轉的主體——即總報的果體，而為善不善諸法之所共依，所以必須是無覆無記。因為彼此損害之法，不能彼此依止。所以善法不能容不善法所依止，不善法不能容善法所依止。而此識是無覆無記，乃能為善不善法之所共依。

再者，這總報的果體，如果唯是善，或唯是惡，便沒有苦樂升沉的變遷了。假如說，人天善趣的報體唯是善，沒有不善，既沒有不善，便沒有流轉了。反之，若地獄、餓鬼、畜生三惡趣的報體唯是不善，善法無由生起，便沒有還滅了。所以此識唯是無覆無記，為善染之所共依。《識論》曰：「此識是善染所依故」。又曰：「異熟若是善染者，流轉還滅，應不得成。」即是說，此異熟識如果是唯善或唯染，就沒有流轉與還滅了。

還有一點，在種子熏習上說，強盛的法體不能容其他諸法。此識是七轉識的所熏處，必須是無覆無記，始能容受一切法的種子。《識論》曰：「此識是所熏性故，若善染者，如極香臭，應不受熏。」

六　心所例同門

與此識相應的心所，有觸、作意、受、想、思五個。阿賴耶識的性質是無覆無記，而觸等五個心所與此識相應，其性質也是無覆無記，故頌文曰：「觸等亦如是」。

阿賴耶識，具有「心王十義」——即八段十義之十義。而

觸等五心所，以與此心王相應，例同心王，故在十義中與此心王相同的有六點。這六點是：

1.觸等五心所亦為前業所感，是真異熟。

2.觸等五心所，所緣行相，亦微細難知。

3.此五心所，其所緣境，亦為種子、根身、器界三種。

4.此五心所，它所相應的法也有五種——即心王和此五心所共為六法，除去它各個的自體，而與餘法相應。

5.此五心所，其性亦是無覆無記。

6.此五心所，亦至阿羅漢位，方究竟捨。

此五心所，與心王十義中六義相同。但亦有不同者，如「自相」，此五心所沒有執藏義，所以不例。「持種」義，此五心所也沒有，所以不例。「了別行相」是心王的功能，所以也不例。此五心所和「受」是不相應的，所以也沒有例「受俱」。在心王十義中，有果相、所緣、相應、三性、斷位、以及所緣行相（三種境）不可知六義例等心王，故頌文中說：「觸等亦如是」。

七　因果譬喻門

因果譬喻門，是指頌文中「恆轉如瀑流」一句而說的，這是藉譬喻來顯示這第八識，其生滅相續非斷非常的意義，故稱為「因果譬喻門」。

恆轉如瀑流的恆，是相續無斷的意思。轉，是生滅轉變的意思。這第八阿賴耶識，是安立三界四生六趣的根本，它雖一

類相續，常無間斷，而非常住。若是常住，則自體堅密，就不能受諸法的熏習。然此識為無始以來，是前因滅、後果生，念念生滅，前後變異，故能受諸法的熏習，頌文中所謂轉者，是顯示此「非常」義。

然此識雖是念念生滅，前後變異，但也不能斷滅，倘若斷滅，就不能持諸法種子，令不失壞。故此識自無始來，一類相續，無有間斷，任持諸法種子不令失壞。頌文中所謂恆者，是顯示此「非斷」義。

如瀑流者，指此識無始以來，剎那剎那，因滅果生，果生因滅。因滅故非常，果生故非斷。這有如瀑流，前水引後水，後水續前水，前後雖有變異，中間卻無間斷。

再者，瀑流性能漂溺，此識亦能持煩惱業等，漂溺有情，瀑流遇風等緣，起諸波浪，此識亦遇眾緣，起眼識等。瀑流中魚草漂流，隨流不捨。此識亦與內種子外相續法恆相隨轉。故頌文曰：「恆轉如瀑流」。

八　伏斷位次門

伏斷位次門，是指頌文中「阿羅漢位捨」一句而說的。此門是明斷捨阿賴耶識的位次。所謂斷捨，是捨去此識的阿賴耶名稱，而不是捨去第八識的識體。原來阿賴耶之得名，是取其能藏、所藏、執藏三義中的「我愛執藏」義。到了阿羅漢位，此識中的煩惱麤重究竟斷盡，不復執藏此識為自內我，因此就

斷捨了阿賴耶的名稱。

　　阿羅漢是梵語，漢譯曰應。應是「契當」的意思，有應斷煩惱、應受供應、應不受分段生死三種意義。它的意思是二乘無學果、及菩薩無學果——即佛果，此三位皆已斷盡煩惱障故，一切道德均已圓滿，能契應受人天供養，永不復受分段生死。具此三義，所以名阿羅漢。換句話說，所謂阿羅漢，就是二乘的無學位，及大乘究竟位的佛果位。

　　但此亦有異說。一說謂阿羅漢者，指二乘無學果位，迴心轉向大乘之漸悟菩薩；一說謂不僅三乘無學果得阿羅漢名，且攝八地以上菩薩；亦有謂初地以上菩薩，亦攝入阿羅漢中。以上三說，前二種是護法論師的解釋，後一種是難陀論師等的解釋，一般以前二說為正義。

　　這第八識，由於有種種意義，所以在許多經論中，隨其義別，而立種種名稱。例如《識論》中舉出七種名稱，《成唯識論掌中樞要》中舉出十八種名稱。茲摘錄出一些常用者加以註解，「顧名思義」，由其名稱中來認識其作用：

　　一、本識：此識是萬法的根本，故名本識。

　　二、種子識：此識含藏萬法種子，能生起一切法，故稱種子識。

　　三、第一識：八識順序，由本向末數，此為第一識。

　　四、現識：以萬法皆由本識現起，故稱現識。

　　五、宅識：言此為種子的房宅，故曰宅識。

六、所知依：「所知」就是染淨諸法，此識為染淨諸法之所
　　依，故曰所知依。

七、異熟識：異熟就是「果報」，這果報由業因之不同時、
　　不同類而成熟，故名異熟。此識是善惡業的異熟果報，
　　故名異熟識。

八、神識：佛法中本無「神我」，而此識含藏萬法，功能殊
　　勝，故曰神識。

九、阿陀那識：阿陀那梵語，是執持之義。謂此識能執持
　　種子，及執受根身等。

十、無垢識：此識有染淨二分，從有漏種而生者，是染第
　　八識，即阿賴耶識；從無漏種而生者，是淨第八識，
　　即無垢識。阿賴耶識捨染得淨，體性無垢，鏡智相應，
　　故立此名。

第五章　末那識論

三能變中的第二能變，是第七末那識。《唯識三十論》中對第二能變識的頌文是：

次第二能變，是識名末那，依彼轉緣彼，思量為性相。

四煩惱常俱，謂我痴我見，並我慢我愛，及餘觸等俱。

有覆無記攝，隨所生所繫，阿羅漢滅定，出世道無有。

全部頌文十二句，古人科判此段頌文，也將之分為八段十義，如下表所示：

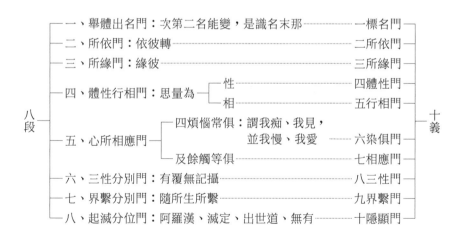

於此，我們仍參照八段十義順序，來探討這第二能變識。

一　舉體出名門

《唯識三十論》頌文：「次第二能變，是識名末那。」次第二能變，是舉其體；是識名末那，是出其名。本段頌文為的是要分別這思量能變諸門，所以先舉出第二能變之體，然後舉出末那識名。

這第七末那識，無始以來，與第八阿賴耶識俱起，常恆相續，以第八識之見分為所緣之境，於自識上別變相分而緣之，思慮量度為我、為我所，而執持不捨。因為此識思量所緣境的作用勝過餘識，具有恆、審二義，故梵名末那，漢譯曰意。唯此意識，與第六識意識同名，恐此濫彼，故《識論》之譯本，保留末那的梵名。

第六、第七兩識，雖同名意識，但立名的意義並不相同。第六識是依意之識，是依主得名。這第七識，是第六識所依之根，其識體即是意，是持業得名，因此所謂意也就是識的業和識的自體，意即是識，識即名意，這是和第六意識的分別。

二　所依門

凡諸識之生起，必有所依，所依就是依止仗托的意思。但何以第八識不說所依，於此第七識才說所依呢？因為第八識是諸識的根本，為他識所依，依於他識的意義不大顯著，故不說所依。而七轉識——即前七識，依他的意義顯著，故別立所依

一門。

　　本門的頌文是「依彼轉」。依是依止，就是第七末那識之所依止。此識依的是什麼？依的是「彼」——彼指的是初能變的阿賴耶識。轉，是流轉、隨轉、轉起的意思。即是說此識依止、或仗托第八識，隨著第八識轉現。《瑜伽論》卷五十一曰：「由有阿賴耶故，得有末那。」

　　末那和阿賴耶，關係至為密切，就依止來說，末那識依阿賴耶識，末那為能依，阿賴耶為所依。而事實上，八識心王及其心所，皆有所依。譬如草木，以地為依，若離所依，則不能生長。諸識之所依有三種，曰因緣依、增上緣依、等無間緣依。茲分述如下：

　　1. 因緣依：因緣依亦名種子依，諸識都各有其種子，《識論》曰：「諸有為法，皆託此依。」即是說一切有為色心的現行法，皆須仗托各自種子為依，方能生起。此處說因緣依者，是對果得名，因即是緣，而現行名果，故能生現行的種子稱因緣。

　　2. 增上緣依：此亦名俱有依。增上是增加其效果，促進其發展的意思，俱有是互為因果，互助互依的意思。以前五識來說，如眼識依於眼根，而眼根亦依眼識，若缺其一，則兩者皆無作用，耳鼻舌身，亦復如是。

　　3. 等無間緣依：此亦名開導依。等無間者，前念後念相似曰等，相續不斷，名為無間，等無間緣依，是前念為後

念之所依，凡是心法，皆是如此。所謂心法，賅括心王心所在內，相續不斷，始名無間，若不相續，便是有間了。故必須前念始滅，後念即生，永遠不斷，故名等無間緣。開導依者，即心法於一剎那間不得二體並起，故必俟前念心滅，讓出其現行之位置，後念方起，這也就是前念開導後念的意思。

三　所緣門

頌文中「緣彼」二字，說的是此第七識所緣之境。

緣彼的「彼」，仍是第八阿賴耶識。阿賴耶識是末那之所依，亦是此末那識之所緣，故頌文說「依彼轉緣彼」。《雜集論》卷二曰：「意者，謂一切時，緣阿賴耶識。」

關於此識的所依與所緣，十大論師中的難陀、火辨、安慧、淨月等有種種不同的見解。此處以護法的立論為正義，護法謂此識恆緣第八識的見分，而起我執。此第八阿賴耶識，無始以來，一類相續，似常似一，恆與一切法為所依，有主宰之義相。這見分受境的作用極其顯著，好像是一個常一實有的我相，所以末那識但緣阿賴耶識的見分，執之為我。

四　體性行相門

此門所討論者，是頌文中「思量為性相」一句，性即是體，體即是性，故曰體性。體性就是識體，也就是四分中的「自證

分」。相即是行相，也就是此識的能緣作用。此識的能緣作用，就是四分中的「見分」。

　　本來體和用——即體性和行相是兩回事，如在初能變中就分為三相門和所緣行相門兩門，在此識科判十門中也分為體性門和行相門，但在本識來說，兩義相近，故在八段中將兩門合之為一段。

　　「思量為性相」者，就是此識以思量為其性，這是指其體性來說的；亦以思量為其相，這是指其行相來說的。所謂思量，是思慮度量，恆審為我，計執為我之謂，事實上，思量是識體的作用——即是識體的行相，不是識體的體性，但因此識的體性難以了知，故而就以這思量的作用，舉用以顯體，作為此識的體性。

五　心所相應門

　　與此識相應的心所，如頌文所言：「四煩惱常俱，謂我痴我見，並我慢我愛，及餘觸等俱。」

　　事實上，與此識相應的心所，共有十八個，即《八識規矩頌》中所說：「八大遍行別境慧，貪痴我見慢相隨。」——即是八大隨煩惱心所，曰掉舉、惛沉、不信、懈怠、放逸、失念、散亂、不正知，五個遍行心所，曰觸、作意、受、想、思，及別境中的慧心所，以及根本煩惱中的貪、痴、見、慢四心所。但以這四種根本煩惱心所作用顯著，故特為一一標明，而觸以

下共十四心所，就以等字帶過了。

頌文中說四種根本煩惱與此識常俱者，就是標明此識與染恆俱，因而內令第八識煩擾渾濁，外令六轉識恆成有漏。有情以此四煩惱故，恆執我相，生死輪迴，不能出離。

頌文於四煩惱上各加一個我字，「謂我痴我見，並我慢我愛。」這個我，就是此識的恆審思量。所謂我痴的痴，就是無明，就是於諸事理迷闇不明。換句話說，因為有了我執，所以對人對事，皆以自我為中心，不以理智相對，故而迷昧顛倒，感情用事。由此而生貪瞋慢見，起惑造業，所以這我痴，是為一切煩惱的根本。

我痴就是無明，無明有兩種，一是相應無明，一是不共無明。相應無明，第六識亦有，它與貪等煩惱相應而起；不共無明，為第七識獨有，這亦有兩種，曰恆行不共和獨行不共。恆行不共無明，是第七識恆常執我的無明，為餘識所無；獨行不共無明又有兩種，一種是有忿恚等隨煩惱相應的，一種是不與忿恚等隨煩惱相應的。如下表所示：

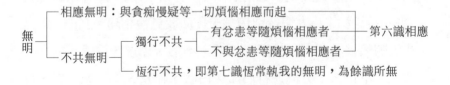

我見的見，就是根本煩惱中的不正見，不正見以「染慧為

性」，共有五種，名身見、邊見、邪見、見取見、戒禁取見。此
處的我見，也就是五不正見中的身見，這是妄執五蘊和合之身，
以為是常、一、主宰的實我。這也稱我執，也就是俱生起、恆
相續、緣非我的第八識，妄計為我的身見。

我慢的慢，就是以我驕傲他人，輕慢他人，與人交往，時
存自高自大的心理，認為你不如我，或他人皆不如我。這種我
慢心理，起於我執，由我執故，進而貢高我慢。此末那識常俱
的，也就是七慢（六種根本煩惱中的慢）中的我慢。

我愛的愛，是貪的異名。《大乘義章》曰：「貪染名愛」。愛
有四種，一曰「愛」，就是緣已得的自身而起貪愛。二曰「後有
愛」，緣未得的自身而起貪愛。三曰「貪喜俱行愛」，緣已得的
境界而起貪愛。四曰「彼彼喜樂愛」，緣未得的境界而起貪愛。
以上四種愛，均與末那識相應，就是深愛於所執執我而起的我
愛。

四根本煩惱，已如上述。此外的五遍行心所、八大隨煩惱
心所、及別境中的慧心所，參閱本書上篇第三章，此處不再詳
述。

頌文中「及餘觸等俱」一句，「餘觸等」的「餘」字，印度
諸論師見解不一。有謂餘者四惑之餘，就是觸等五遍行心所；
有謂餘者觸等之餘，就是八大隨煩惱；護法論師以為，餘者，
應包括四惑外的十四種心所。蓋八種隨煩惱心所，遍染於染污
心。這第七識是染污心，故和這八種隨惑相應。但第七相應心

所，行相微細難知，這是以第六識與八隨惑相應，來類推第七識的染污。五遍行心所遍及於一切心、一切性、一切地、一切時，故和第七識相應。而別境中的慧心所，就是我見之體，並不是我見和慧俱起。身見「以染慧為性」，身見即我見，性即是體。

六　三性分別門

頌文中於此三性分別門，說是「有覆無記攝」。此識在善、不善、無記三性中，屬於無記性。此識與四煩惱相應，是染污法，障礙聖道，隱蔽自心，所以是有覆，又以其行相微細，任運而轉，不可記別，所以是無記，故此識在三性中，是有覆無記。

七　界繫分別門

頌文中於此界繫分別門，說是「隨所生所繫」。所謂界繫，界者界地，即三界九地；繫者繫屬，謂繫屬何界何地。此末那識，它的界繫並不一定，此識的現行，隨著異熟第八識所生處是何地，即繫屬於何地。異熟識若生於天道，它便繫屬於天道，異熟識若生於畜生道，它便繫屬於畜生道，這就是隨所生所繫。由此可知，這恆審執我的染污識，不但人類俱有，即天、畜、鬼、獄，和阿修羅道，也各各俱有此識，在那裡恆審思量，執著自我。

八　起滅分位門

　　起滅者，生起與斷滅。雖說起滅，實際上說的只是斷滅。此識的伏斷分位有三種，即三十頌文的第七頌末二句：

　　　阿羅漢滅定，出世道無有。

　　這第七末那識，它屬於有覆無記，它隨著第八識的所生之趣而繫屬。這要修到阿羅漢位，或入滅盡定的時候，或修得出世道時，這為四煩惱所覆的末那識，才滅了染污，不再執著常、遍、一、主宰的自我，才能歸入正位，轉成平等性智。

　　頌文中稱「出世道」。出世道，指無漏智而說的。世間智是有漏的，出世間智是無漏的，出世道的道，就是觀智，是指根本智和後得無漏智現行時。

　　這第七識的煩惱，是任運生起，行相微細，有漏智對之不能伏滅，唯有無漏聖道的觀智才能伏滅。也就是，生空智與生我執相違，法空智與法我執相違，故生空的根本後得二智現行時，生執伏滅；法空的二智現行時，法執伏滅。伏滅生執，二乘在見道以上，頓悟菩薩在初地以上，漸悟菩薩在回心以後的生空無漏位；伏滅法執，是頓悟漸悟菩薩之初地以上的法空無漏位。

　　「滅定」，即滅盡定，又名滅受想定，是滅盡六識心心所而不使起之禪定。亦即不還果以上之聖者所入之禪定。這種定，

是生空智或法空智的等流果,是極寂靜的無漏定,此時染污末那不起現行。

以上兩位——出世道和滅定,單是伏滅了染污末那的現行,是此識的暫伏滅位。而阿羅漢,是三乘無學果的通名,這時才是此識的永伏滅位。因為此識煩惱極為微細,唯障無學,這無學障和有頂地(色界第四處之色究竟天)下下品煩惱勢力相等,雖有九品,而有學最後心菩薩第十地金剛無間道無漏智現前時,這煩惱種子和有頂地下下品頓斷,即證無學果。所以阿羅漢是染污末那識的永滅位。

以上三位——出世道、滅定、阿羅漢三位,雖有暫滅和永滅的不同,但俱是無染污的末那,故頌文始曰:「阿羅漢滅定,出世道無有。」

起滅分位以前各門所明第二能變識諸義,是以此識未轉依有漏位而立論。若約識體轉無漏時來說,和有漏的義門或具或缺自不相同,其同異如下:

一、標名門:與有漏位同。

二、所依門:與有漏位同。

三、所緣門:在有漏位唯緣第八識見分,到無漏位則廣緣有為無為一切諸法。

四、體性門:見行相門釋。

五、行相門:體性行相二門,雖都是思量,但在無漏位是沒有我相的思量,是恆審思量無我的平等之相。

六、染俱門： 在無漏位，當然不和四煩惱相應了。

七、相應門： 在無漏位，與之相應的心所，和無漏的第八識一樣，即遍行五、別境五、善十一的二十一種心所。

八、三性門： 在無漏位，不是有覆無記，而唯是善性。

九、界繫門： 在無漏位，自然不是三界九地所繫縛繫屬的了。

十、隱顯門： 達到轉依無漏之位，則被稱為平等相智相應位。

　　此識以有漏無漏的不同，而有三種位次：

一、生我見相應位： 又名補特伽羅我見相應位，就是緣第八識生起的我執位。這在一切凡夫，二乘有學，七地以前菩薩有漏心位，都是此位所攝。

二、法我見相應位： 即是緣第八識生起的法我執位。一切凡夫、二乘，菩薩法空智果未現位前，都是此位所攝。

三、平等性智相應位： 謂緣無垢異熟識等，起平等性智位。菩薩見道、修道，法空智果現前位，都是此位所攝。

　　以上三位，前二位是有漏，第三位是無漏，在有漏二位中，第一是染污位，第二是不染污位，故成三位。如下表所示：

第六章　了別境識論

三能變中的第三能變，是了別境識，也就是眼、耳、鼻、舌、身、意前六識。《唯識三十論》中對第三能變識的頌文是：

> 次第三能變，差別有六種，了境為性相，善不善俱非。
> 此心所遍行，別境善煩惱，隨煩惱不定，皆三受相應。
> 初遍行觸等，次別境謂欲，勝解念定慧，所緣事不同。
> 善謂信慚愧，無貪等三根，勤安不放逸，行捨及不害。
> 煩惱謂貪瞋，癡慢疑惡見，隨煩惱謂忿，恨覆惱嫉慳。
> 誑諂與害憍，無慚及無愧，掉舉與惛沉，不信並懈怠。
> 放逸及失念，散亂不正知，不定謂悔眠，尋伺二各二。
> 依止根本識，五識隨緣現，或俱或不俱，如波濤依水。
> 意識常現起，除生無想天，及無心二定，睡眠與悶絕。

古人科判此頌文，將之分為七段九義，如下頁表所示：
於此，我們參照這七段九義的順序，來探討這了別境識。

一　能變差異門

《唯識三十論》首頌稱：「彼依識所變，此能變唯三。」頌文中所稱的識，就是五蘊中色受想行識的識。識有八種，又名八識心王。此八識，有三種能變。初能變是第八異熟識，第二能變是第七末那識，這第三能變，是了別境識——也就是前六

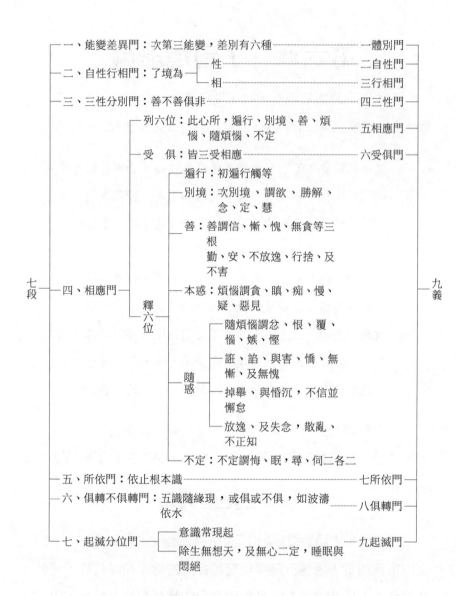

七段
一、能變差異門：次第三能變，差別有六種 ……………………… 一體別門
二、自性行相門：了境為┬性 …………………………………… 二自性門
　　　　　　　　　　　└相 …………………………………… 三行相門
三、三性分別門：善不善俱非 …………………………………… 四三性門
四、相應門┬列六位：此心所，遍行、別境、善、煩惱、隨煩惱、不定 … 五相應門
　　　　　├受　俱：皆三受相應 ……………………………… 六受俱門
　　　　　│　釋六位┬遍行：初遍行觸等
　　　　　│　　　　├別境：次別境、謂欲、勝解、念、定、慧
　　　　　│　　　　├善：善謂信、慚、愧、無貪等三根　勤、安、不放逸、行捨、及不害
　　　　　│　　　　├本惑：煩惱謂貪、瞋、癡、慢、疑、惡見
　　　　　│　　　　├隨惑┬隨煩惱謂忿、恨、覆、惱、嫉、慳
　　　　　│　　　　│　　├誑、諂、與害、憍、無慚、及無愧
　　　　　│　　　　│　　├掉舉、與惛沉，不信並懈怠
　　　　　│　　　　│　　└放逸、及失念，散亂、不正知
　　　　　│　　　　└不定：不定謂悔、眠，尋、伺二各二
五、所依門：依止根本識 ………………………………………… 七所依門
六、俱轉不俱轉門：五識隨緣現，或俱或不俱，如波濤依水 …… 八俱轉門
七、起滅分位門┬意識常現起
　　　　　　　└除生無想天，及無心二定，睡眠與悶絕 ……… 九起滅門

九義

識。故本門的頌文是：「次第三能變，差別有六種。」

　　原來了境能變識，是個總名，它不是一種識，而是由六種識所組成，分工合作，共同變起，以發生其了別境的作用。這六種識的名稱作用，如下表所示：

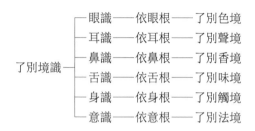

```
            ┌─ 眼識 ── 依眼根 ── 了別色境
            ├─ 耳識 ── 依耳根 ── 了別聲境
            ├─ 鼻識 ── 依鼻根 ── 了別香境
了別境識 ──┤
            ├─ 舌識 ── 依舌根 ── 了別味境
            ├─ 身識 ── 依身根 ── 了別觸境
            └─ 意識 ── 依意根 ── 了別法境
```

以上六種識的名稱，有隨根而得名，有隨境而得名：

一、隨根得名：此是依其所依之根，立其能依的識名。所依之根有六種，即眼根，以照了為義；耳根，以能聞為義；鼻根，以能臭為義；舌根，以能嘗為義；身根，以積聚依止為義。依於這五根而起作用之心性，便立下眼耳鼻舌身五識的名稱。而意根即第七識，為不共所依，其起作用之心性，即是第六意識。

這種隨所依而立名，有依、發、屬、助、如五種意義，也就是因這五種關係而立所依。一者，所謂依義：是依根處所，識依而住，用根之力以緣境。即如第六識之根雖然無形，但識也住在這無形的根中，用以緣境。二者，所謂發義：識是根所引發，如根有了變異，則

識之作用也隨之變異。例如眼患近視，耳患重聽，即
根之變異而影響到識。再如第七識在有漏位時，第六
識相縛不得解脫。第七識無漏時，則第六識也無漏。
三者，所謂屬義：即識的種子，恆隨屬於根的種子。
根者異於外境，且恆相續，所以識能隨逐於根，因隨
逐之故，得隨根而發。四者，所謂助義：以識須合於
根，而有領受之處。如果識受損益時，也影響到根同
受損益，例如眼視強光，耳聞巨聲，都會損壞其根。
五者，所謂如義：是識如其根的意思。如眼根等是有
情數，而眼識等也變成有情數。第六識亦如第七識，
只是內法所攝。

依上五義，隨所依之根而立識名。雖然前五識也依於
意根，但因不是不共依，故不名意識。而七八識雖也
為前五識所依，但七八識是相續之識，所以是當體立
名。而第六識是間斷識，故前五識隨所依之根而立名。

二、**隨境得名**：即隨所緣之境，而立能緣的識名。此六識
所緣之境，即色聲香味觸法。即名於此境起了別作用
之心性，為色識、聲識、香識、味識、觸識，乃至法
識之名。此隨所緣之境而立名，把六識命名為識，這
是合於心、意、識三名的意義。前六識名之為識，是
依於其對六境的了別。如前五識了別色聲香味觸，第
六識能了別一切法，及了別法處的別法，故獨立法

識——即意識之名。

以上雖有二種得，但隨根得名，通於自在位——即到八地菩薩以上之位，即可五根互用。而隨境得名，不通於自在位。故經論上多依通自在位具五義的隨根得名，稱之為眼識乃至意識。

以上六種識，前五識是以五根為所依，以五境為所緣；同依色根，同緣色境，俱但緣現在，俱現量得，俱有間斷間。有此五事相同，故總稱之為前五識。

第六意識，它遍緣有為無為一切諸法，唯是思維了別之心的作用。這又分為「五俱」、「五不俱」二種。五俱意識，是與前五識俱起並生之意識。此意識明了其所緣之境，故又稱明了意識。這又有「五同緣」、「不同緣」二種。五同緣意識者，是與前五識俱起，同緣一境之意識。不同緣意識者，是雖與前五識俱起，而緣其他異境之意識。

不俱意識者，是不與前五識俱起，單獨發生之意識。這亦分為「五後意識」與「獨頭意識」二種。五後意識，是雖與前五識俱起並生，但並非截然與前五識相離，而是前五識緣境後相續生起之意識。獨頭意識，是不與前五識俱起，孤獨現起之意識。這其中又有獨散、夢中、定中三種。

獨散意識，是單獨生起，或追憶過去，或豫想將來，或比較推度，作種種想像分別的意識。夢中意識，是於睡夢中現起的意識。定中意識，是於禪定之中，前五識不起，僅意識緣定

中之境的意識。此如下表所示：

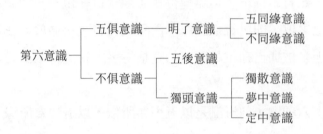

二　自性行相門

　　這第三能變的自性行相，如《唯識三十論》頌文所稱，是「了境為性相」。本來自性是體、行相是用，這二者是不同的，故在九義中分為自性與行相二門。但以二者之義相近，所以在七段中兩者合為一段，稱作「了境為性相」。

　　此第三能變識的自性，即是四分中的自證分；而其行相，就是能緣作用的見分。此前六識，依於六根，了別色聲香味觸法各自麤相顯著的境界，所以它們以了境為自性，亦以了境為行相。不過，了境是識體的作用——亦即是識體的行相，而不是識體的體性。但因識體的體性溟漠難彰，故而就以這識體的作用，舉用以顯體，而說之為「了境為性」。至於了別麤境的麤了別，則是此六個識體的作用，即是以「了境為相」了。

三　三性分別門

本門的頌文，是：「善不善俱非」。善不善俱非，即不是善、亦不是不善，既然兩者俱非，是不是「無記」呢？也不是。這前六識，均通於三性。如《八識規矩頌》謂前五識是：「性境現量通三性」。頌第六識是：「三性三量通三境」。即是說這六種識，既通於善，亦通於不善，亦通於非善非不善的無記。

這六種識，若與信、慚、愧、無貪、無瞋、無痴、勤、輕安、不放逸、捨、不害等善心所相應，即成為善；反之，若與無慚、無愧、瞋、忿、恨、覆、惱、嫉、慳、害等惡心所相應，即成為惡。若與善、惡諸心所均不相應，即成為無記。

在此六種識中，第六識是作意分別之識，故自成三性。前五識是任運生起之識，故其成為善惡，必由第六識導引。也就是與前五識俱起並生的第六識，是善或惡，前五識為所引導，亦成善或惡。這雖有自力他力的分別，但六種識皆通於三性這一點是相同的。

四　相應門

所謂相應門，即心所相應門。在三能變識中，與此第三能變識相應的心所最多。即心所有法中，六類五十一種相應心所，全部與這了別境識相應。故《唯識三十論》頌文曰：

此心所遍行，別境善煩惱，隨煩惱不定，皆三受相應。

初遍行觸等，次別境謂欲，勝解念定慧，所緣事不同。

善謂信慚愧，無貪等三根，勤安不放逸，行捨及不害。

煩惱謂貪瞋，癡慢疑惡見，隨煩惱謂忿，恨覆惱嫉慳。

誑諂與害憍，無慚及無愧，掉舉與惛沉，不信並懈怠。

放逸及失念，散亂不正知，不定謂悔眠，尋伺二各二。

　　以上二十四句頌文，包括了心所有法中的六類五十一種心所。但是把心所有法立為六類五十一種，只是大乘唯識家的立論。此心所有法的數目，自古以來，有大小乘的不同。而大乘之間，亦各有異說。如小乘俱舍宗義，立五位七十五法，此中心所有法只有四十六種。大乘如《瑜伽論》，謂心所有法五十三種。《雜集論》謂心所有法五十五種。而唯識宗的典籍如《顯揚論》、《五蘊論》、《百法論》、及《識論》，均明心所有法為五十一種。但論及「假立」和「別體」，亦不盡相同。今概從唯識論說。

　　這六位五十一種心所，都與第三能變——即了別境識相應。但這只是概說，若約識體分別來說，與第六識相應的心所有五十一種，與前五識相應的心所只三十四種。如《八識規矩頌》說前五識的相應心所，是：「遍行別境善十一，中二大八貪瞋癡。」說到第六識，是：「相應心所五十一，善惡臨時別配之。」如下頁表所示。

　　雖然前五識與三十四個心所相應，第六識與五十一個心所相應，但不是恆常相應。因這六個識，是「三性改轉」，「三受轉易」，所以有時與若干善心所相應，有時與若干染心所相應。但五遍行心所是隨時與之俱起的。

　　頌文中「皆三受相應」一句，是明此識的受俱。三受，是苦受、樂受、捨受。若再加上憂受、喜受，就是五受。但這只是開合之不同，根本上無大差異。這前六識的識體，都和三受相應，故名曰「皆」。前六識何以和三受皆相應？一者，因這六識是間斷的識體，各能轉變，因能轉變故，所以有時起欣（樂）的行相，有時起慼（苦）的行相，亦有時起非欣非慼（捨）的行相。二者，在此六識緣境的時候，托境領納順、違、非順非違的境相。領納順益之境時，則起樂受。領納違損之境時，則起苦受。領納順違俱非之境時，則起捨受。

　　至於這六位五十一種心所，在本書上篇第三章已詳為詮釋，此處不再一一註解。

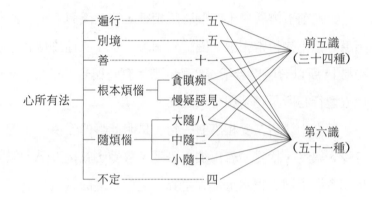

五　所依門

凡諸識之生起，必有所依。此六轉識之生起，皆以第八識為依止，故頌曰：「依止根本識」。

《識論》解釋此句曰：「根本識者，阿陀那識，染淨諸識生根本故。依止者，謂前六轉識，以根本識為共親依。」

諸識之所依有三種，即因緣依、增上緣依、等無間緣依。而此六轉識依止根本識，即以種子阿賴耶為親因緣，得有前六識之現行。換句話說，此前六識，是依第八識中生果功能的各自種子而生起。故此第八根本識，就是此前六識的因緣依。

再者，前五識以五根為不共依，而五根由現行第八識執受得有，故前五識可說是以現行第八識為所依。這根本依的意思，亦即是共依。

又，第六識亦以第七識為所依，而第七識以現行第八識為

不共依，所以第六識可以說是以第八識為根本共依。此增上緣依，亦即是俱有依的意思。

簡要言之，「依止根本識」者，即是前六識以現行阿賴耶為共依，也就是增上緣依；以種子阿賴耶為親依，也就是因緣依。

六　俱不俱轉門

所謂俱不俱轉，是俱時轉不俱時轉的意思。所以頌文說：「五識隨緣現，或俱或不俱，如波濤依水。」

《識論》解釋此段頌文曰：

> 五識者，謂前五轉識，種類相似，故總說之。隨緣現者，顯非常起；緣謂作意、根、境等緣。
>
> 謂五識身，內依本識，外隨作意，五根境等，眾緣和合，方得現前。由此或俱或不俱起，外緣合者，有頓漸故，如水波濤，隨緣多少；此等法喻，廣如經說。

前六識所依托的，是第八根本識，而前五識，是隨緣的多少而顯現。有的時候五識俱轉，有時或四或三，或二或一不定，端視外緣是否俱備。

這俱不俱轉門，說的是前六識俱不俱轉，但此處只說前五識，何以不包括第六識呢？那是因為前五識，或一或多，一旦生起，第六識必定俱之俱轉，所以此處就沒有特為申論的必要。而在下節「起滅分位門」中，唯說第六識的起滅，就不說前五

識了。

前五識之現起，必藉內外多緣，即所謂「五識隨緣現」。內緣者，就是第八識中所具有的五識自種子。此種子為親因緣，生起現行的五識。外緣者，有八種如下：一者空緣，即是空隙。二者明緣，要有光明。三者根緣，即所依色根。四者境緣，謂所緣色境。五者作意緣，即作意心所。六者根本依緣，謂現行之第八識。七者染淨依緣，指依於第七識。八者分別依緣，謂依於第六識。此八種外緣，加種子依的內緣，內外緣共有九種。

前五識中，眼識之現起，總依以上九緣。耳識之現起，除明緣外，共依八緣。鼻舌身三識，除明緣與空緣，共依七緣。《八識規矩頌》中說：「五識同依淨色根，九緣七八好相鄰。」即指此而言。

第六識之現起，要依五緣：一者根緣，即不共依的第七識。二者境緣，就是一切法境。三者作意緣，即作意心所。四者根本依緣，即是依於第八識。五者種子依緣，即第八識中此自識的種子。

第七識之現起則依四緣：一者俱有依，即第八識。二者所緣，即第八識的見分。三者作意緣。四者種子依緣。

第八識之現起要依三緣：一者俱有依，即第七識。二者所緣，即種子、根身、器界。三者種子。

以上八識，若各再加上一個第無間緣，則成為：眼十，耳九，鼻舌身八，意六，末那五，阿賴耶四。

　　以上八識，第七、第八識，是恆時生起俱有，謂之二識俱轉，若加上第六識，謂之三識俱轉。但以第六識要除去五位無心，所以不是恆時俱轉。如果前五識、或一二或三四俱起時，這時就有四識乃至八識俱轉。所以「或俱或不俱」，要以緣之俱足與否而定。

　　「如波濤依水」者，喻藏識如大海，餘諸識如波濤，外境如風。諸識緣境，則風起而波濤現。《八識規矩頌》謂：「浩浩三藏不可窮，淵深七浪境為風。」即指此而言。

七　起滅分位門

　　起滅分位者，是明轉起分位和不轉起的分位。這個題目雖然是第三能變識的起滅門，但實際上只說明了第六意識的起滅分位。而上一節的「俱不俱轉門」，即是說明前五識的起滅分位，這一節說明意識的起滅分位，也即是說明意識的俱轉不俱轉。

　　意識的起滅分位，《唯識三十論》的第十六頌曰：

　　　意識常現起，除生無想天，及無心二定，睡眠與悶絕。

　　在這第三能變識——即了別境識中，前五識的行相麤動，所以依賴的緣較多，缺緣則不能生起。並且前五識與尋、伺二心所不相應，故不能思慮，唯是依外境而轉，於生起時，須憑藉多緣，因藉眾緣，所以在眾緣不具備的條件下就不生起現行。

故頌文說前五識是「五識隨緣現，或俱或不俱，如波濤依水。」

　　而第六意識的生起，與前五識全不相同。第一，意識與尋、伺二心所相應，故自己可以思慮。第二，不藉他引而自己可以生起。第三意識對外可以緣色等五境；對內可以緣心法理性，故藉緣少。藉緣少則俱緣較易，因此第六識恆時現起，間斷較少。所以頌文說此識是「意識常現起」。

　　但意識也有不現起而間斷的時候，即是在「五位無心」的情況下，沒有意識生起。何謂五位無心呢？即是：

　　　　一、無想天： 外道修行，生於色界四禪天之無想天。生於此天者，在五百大劫中前六識不起。外道計此為涅槃，其實此乃「不恆行」心滅，並非涅槃。天壽盡時，即再起心想。

　　　　二、無想定： 是外道為希望生於無想天而修的無想定。這是滅一切心想的定，亦即是滅前六識的定，修此定者，能夠伏色界第三禪的貪煩惱，而不能伏三禪以上的煩惱。不過其在修持用功時，作意要離去想念，所以久而久之，就把前六識的心心所滅掉，使之不起現行，此即稱之曰無想定。這是外道所修的有漏定。

　　　　三、滅盡定： 這是聖者所修的禪定，要到三果以上才能入此定，初二果不能入，因為其九品思惑尚未斷滅故。修此定者，作意止息想念，使令前六識心心所、及第七識染污的末那心心所，完全滅除，所以稱之曰滅盡

定。這是九次第定中最高的無漏定。

以上無想及滅盡二定，就是頌文中的「及無心二定」。此二定中，六識皆不起現行，故說無心。不過此二定的宗旨及修法皆不相同，前者是外道修的有漏定，後者是聖者修的無漏定。

四、睡眠：吾人在極重睡眠中，前六識完全停止，不起現行。這叫做極重睡眠位，不叫睡眠心所，因為有心所的時候，稱為有心位故。唯若睡眠時有夢，則仍有意識作用，此即所謂夢中獨頭意識。——即無境而動念，不與其他五識俱者，稱為獨頭意識。

五、悶絕：悶絕俗稱昏迷不省，即現代醫學上所稱的無意識狀態。這是由於大驚怖、大刺激、或劇痛昏暈的情況下，前六識完全不起作用。但第八識未離，故悶絕都是暫時的事，隨之意識即恢復知覺。

意識恆時現起，發生其內外緣色心諸法的作用。唯在生於無想時、入無想或滅盡定時，以及在極重睡眠位或悶絕等五種情況，始間斷而不起現行。

第七章　唯識九難

《唯識三十論》首頌：「由假說我法，有種種相轉，彼依識所變，此能變唯三。」意謂世間的種種我相和法相，都是由我人的心識所轉變出來的。我人的心識，可析之為八，而再分為三類，即所謂三能變識。這三能變識，是：「謂異熟思量，及了別境識。」也就是第八異熟識、第七思量識、及前六了別境識。以上三能變，在本篇第四、五、六章已一一詮釋，而《唯識三十論》頌文，已詮釋至第十六頌，其第十七頌的頌文是：

> 是諸識轉變，分別所分別，由此彼皆無，故一切唯識。

這一頌的頌文，是上承首頌頌文「彼依識所變，此能變唯三」二句，來說明「萬法唯識」的道理。「是諸識轉變，分別所分別」二句，是釋唯識；「由此彼皆無，故一切唯識」二句，是結唯識。

《識論》解釋此頌曰：

> 是諸識者，謂前所說，三能變識，及彼心所，皆能變似見相二分，立轉變名。所變見分，說名分別，能取相故。所變相分，名所分別，見所取故。
>
> 由此正理，彼實我法，離識所變，定非實有。離能所取，無別物故，非有實物，離二相故。

是故一切，有為無為，若實若假，皆不離識。唯言，為遮離識實物，非不離識心所等法。

於此，根據論文，試再加以語譯及詮釋如下：

「是諸識」三字，指的是以上三能變的八識，以及與八識相應的心所。這心及心所的自體分轉變的時候，叫做能緣用與所緣用。因心法的作用，必須有能緣與所緣，能緣者是見分，所緣者是相分，此見分相分是所變，而能變是識的自體分。這能變與所變雖然是相對的名詞，但並沒有別體，只是識自體的體與用而已。

「分別所分別」，分別就是能緣的見分，所分別就是所緣的相分。見分能緣所變的境相，而起種種分別，相分則是被那能分別的見分所分別。

依據以上所說，這「是諸識轉變」的「轉變」，有下列三種意義：

一、變現義：諸識的轉變，是因轉而變，因變而現。也就是由識體變現出見相二分，見分是能緣，即是見聞覺知，相分是所緣，即是根身器界，種種我相法相。

二、變異義：變是生起，異是不同。由識體自證分生出見相二分，此見相二分，異於識體，故說是變異。再者，此見相二分，見分是能，相分是所，能所皆識體所變，而作用各異，故說是變異。

三、**改轉義**：是說由識體改轉成見相二分，而有種種的我
　　相或法相，由於具足這三種意義，所以說：「是諸識轉
　　變」。

「由此彼皆無」者，此指的是能緣所緣的見分相分，彼指
的是根身器界，種種我相法相。而此種種我法，都是能緣之心
所變現。而能緣之心，也只是識體的作用。因此，若去掉這個
識，不但沒有外境的我相法相，也沒有內境的見分相分。所以
說，我人所認為一切的實我實法，不過是因緣和合的假有——
也就是能緣所緣的見相二分而已。離開見相二分，即沒有我法
的存在；離開識，也沒有見相二分的存在。故最終的結論是：
「由此彼皆無，故一切唯識。」

《識論》中，有唯識九難——外人對唯識的九條問難，論
主一一解答，安立萬法唯識之義，茲略述概要如下：

一、**唯識所因難**：外人問曰：依何教理，成立此唯識義？
　　論主列舉六教四比量，為唯識之教證理證。
　　六教者，是依據六種經上的理論，來證明心外無法：
　　1.《十地經》（《華嚴經‧十地品》）云：「三界唯心」。此
　　　依有漏法以明唯識。
　　2.《解深密經》云：「識所緣唯識所現」。此依心生境以
　　　明唯識。
　　3.《楞伽經》云：「諸法皆不離心」。此依不離心以顯唯
　　　識，唯此一門，具攝諸法。

4. 《維摩經》云：「有情隨心垢淨」。此依內異熟以明唯識。

5. 《阿毘達磨經》云：「成就四智，菩薩能隨悟入唯識無境」。此依修因以明唯識。

6. 《厚嚴經》云：「心意識所緣，皆非離自性，故我說一切，唯有識無餘。」此以所緣名為唯識。

四比量者，是以因明三量之一的比量，來證明心外無法：

第一比量：極成眼識，定不親緣離自色境，五識隨一攝故，如餘四識。

第二比量：極成意識，定不親緣離自色境，五識隨一攝故。

以上二比量，成立心內不能緣心外之境。

第三比量：六識親所緣，定不離六識，能所緣中隨一攝故，如能緣。

第四比量：六識親所緣，定不離六識，所緣法故，如相應法。

以上二比量，成立心內之境，不離於識。

二、**世事乖宗難**：外人二問曰：如果一切法皆是唯識，無心外境，那麼，又為何看見世間有眾生和山河大地等器界？並且有一定的處所，一定的時間，大家同見，且有境界的作用，這是何故呢？

論主答曰：眾生於夢中所見之境，也有定處，定時，作用；難道此夢中的境界也是實有的嗎？夢中如此，亦可想見我人現在所見的境界，和夢境是同樣虛假不實的。

三、**聖教相違難**：外人三問曰：既然是一切唯識，無心外實境，何以世尊在《阿含經》中又說六根六塵、十二處的教法呢？

論主答曰：世尊雖說六根六塵，其實這六根六塵也是依托內識所變現的，並不是識外有實在的根塵色法。世尊為了破眾生的我執，證得我空，所以說六根六塵的教法，並非說離識心外，別有色法。復次，若了知一切法唯有內識，此識能現似色等法，而無色等體用相法，亦即能破得法執，證得法空。

四、**唯識成空難**：外人四問曰：若言諸法皆空，唯識豈不是亦在空列？

論主答曰：說法空者，是凡愚之人，遍計所執諸法，理不可得，故說為空。並不是諸佛的根本，後得二智，所知的依他起、圓成實法，亦是空的。在遍計所執、依他起、圓成實三性中，但說遍計所執為無，依他、圓成為有。

五、**色相非心難**：外人五問曰：如果一切色法皆識所變，以識為體，何故所變的色相有形礙，並且前後相似，

沒有變易呢？

論主答曰：這是有情從無始以來妄執有形，且經多生多劫的熏習，這虛妄分別的熏習勢力，復以色相生起，所以色法不是心外的實境。

六、**現量違宗難**：外人六問曰：色聲香味觸等外境，分明是五識現量所證得，如何能說是無外境呢？

論主答曰：現量證得的五境，本是五識所變自識的相分，故現量緣境時，不生分別，不作心外實境解。到五識滅已，後念意識生起的時候，始妄生分別，作外境的錯想，起我今見色等現覺。試想夢中所現境界，亦可執為實境嗎？

七、**夢覺相違難**：外人七問曰：設若我人醒時所見的外境，和夢中所見的外境一樣，也是不離心識的話，何以我們於夢醒時，知道夢中的境界完全是虛假，是唯識所變的幻境。而我人現在所見的山河大地等外境，不知它是虛假、是唯識所變的幻境呢？

論主答曰：人在夢中，不能自知夢中所見，是心識所變現的幻境，要到醒了之後才能知道夢境非實有。所以我們現在所見的境界，也如在夢中所見。在我人未證正覺之前，恆處於生死長夜之夢中，不能自知所取境界不是實有，必須到證得正覺之時，方知生死夢境，一切皆是唯識。

八、外取他心難：外人八問曰：雖然外境實無，一切是內識所變的境界，但他人的心識，在我人自心之外是有實體的。若說不緣心外的實境，則他心自己不應當緣。然而他心智即是緣他心之智。既是緣他人之心，即是緣心外的實境，這就不能說是唯識了。

論主答曰：他心智雖然是緣他人的心識，但這並不是親緣，只是在自心中緣那所現起的他心之影像，這就如我人所見鏡中的影像一樣，鏡中所現的只是影像，並非實物。自心中緣那所現起的他心之影像，也並不是親緣他心，這仍是緣自心之境，仍是唯識。

九、異境非唯難：外人九問曰：既然離開自己心識之外，有他人心識之境，如何能叫唯識呢？

論主答曰：所謂唯識，並不是說唯我一人之識，而別人就沒有識。若但說唯有我一人之識，則哪裡有十方凡聖尊卑？因為有十方凡聖尊卑，而皆有識，在甲者一切諸法，皆不離其識；在乙者一切諸法，亦不離其識，這樣才是唯識。

總結以上諸問難所說，可知唯識的教理，是非常深奧精微的。唯識，是因凡愚的迷情，執著外境諸法真實存在；為簡遮我法故，所以說諸法唯心所現。

宇宙萬法，雖然繁雜萬端，不計其數，但若把這萬法歸納起來，不出下列五種，那就是：心王法、心所有法、色法、不

相應行法、無為法。以上五種法，前四種是顯示諸法的事相，最後一種無為法，是諸法的理性本體。

在顯示諸法事相的四種法中，前三種是種子所生的實法，第四種不相應行法，是依實法的區分或位置而施設立名的假法。在三種實法之中，心王法和心所有法，是有緣慮作用的心法。而第三種，是有質礙作用的色法。而心法之中，第一的心王法是主體，第二的心所有法是屬從。以上這五種法，叫做五位。如下表所示：

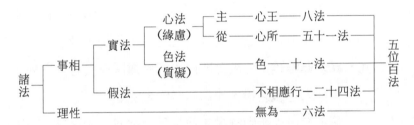

以上諸法，雖分別為五位，但皆不離心識，故稱唯識。何以說，五位法皆不離識呢？因為心王是識的自體，心所是識的相應，色法是識的變現，不相應行法是識的分位，而無為法是識的實性。這五位法，總攝宇宙萬有，故稱之曰萬法唯識，此即五法事理唯識。如下表所示：

第八章　四緣、五果

「唯識九難」，是假設外人對唯識提出的九點質疑，出之於《識論》。論主於九點質疑一一解答後，質疑的人對唯識仍不能完全了解，於是繼續問道：

「照你們唯識家所說，只有心識，沒有外緣，那麼由何而生種種分別呢？」

所謂分別，就是有漏心的異名，是總稱現行的八識及其相應心所的作用而言。

《識論》卷七謂：

> 若唯有識，都無外緣，由何而生種種分別？頌曰：
>
> 由一切種識，如是如是變，以展轉力故，彼彼分別生。
>
> 論曰：一切種識，謂本識中，能自生果功能差別。此生等流、異熟、士用、增上果故，名一切種。除離繫者，非種生故。彼雖可證，而非種果。要現起道，斷結得故。
>
> 有展轉義，非此所說，此說能生，分別種故，此識為體，故立識名。種離本識，無別性故。
>
> 種識二言，簡非種識，有識非種，種非識故。又識種言，顯識中種，非持種故，後當說故。

上面這一段論文，也必須加以語譯，才容易了解。茲試譯如下：

　　論文中說：一切種識，就是根本識中，能夠生起各種自果的功能。所謂自果，是等流果、異熟果、士用果、增上果，所以叫做「一切種」。但不包括離繫果在內。何以不包括離繫果呢？因為離繫果不是種子所生的。離繫果是證得的，由現起的道，斷了煩惱，才可以證得離繫果。

　　頌文所說的「展轉」二字，說的不是離繫果，說的是能生分別的種子。這種子是「用」，而根本識是體，所以以識來立名。因為種子離開了本識，就沒有另外的體性。

　　種和識這兩個字，是有簡別的。一者非種非識，二者有識非種，三者有種非識，四者有種有識。此處所說的，指的是第四種情形。再者，種識這句話，是顯示識中的種子，而不是持種的識，後面當詳細解說。

　　所謂一切種識，就是第八阿賴耶識的異名。阿賴耶識含藏一切世出世間、善惡無量種子，故稱一切種識。種子，即習氣的別名，一切眾生，造作善惡時，其習氣回熏阿賴耶識，成為種子。待因緣和合，引生現行，此時便能變起十法界依正二報，所以此阿賴耶識又名異熟識。

　　由於一切種識含藏諸法種子，具有能變境界的功能，當其各各成熟時，就會變出各種不同的境界。所以頌文中說：「由一切種識，如是如是變。」

　　由種子的能力，生起八識心、心所法，再由現行八識果法的能力回熏阿賴耶識，成為各類新種子。如此「種子生現行，

現行熏種子，三法展轉，因果同時。」就是頌文中說的：「以展轉力故，彼彼分別生。」

　　心法的生起，是托那個所緣之境而生的。如果只有內心沒有外境，則諸分別心如何生起呢？這是外人所問的重點。而這一頌的頌文，就是解釋這心法生起的緣由。

　　四句頌文，前三句：「由一切種識，如是如是變，以展轉力故。」是說明心法能生的緣由，末一句：「彼彼分別生」，是說明所生的分別心。四句中的初二句，是明因種子故，始生分別。第三句是明因緣現行故，始生分別。這二者，前者是親因緣，後者是增上緣。

　　凡諸法之生起，必須仗因托緣。這因與緣，共有四種，稱為四緣，就是因緣、等無間緣、所緣緣、增上緣，茲分述如下：

一、**因緣**：這是能辦生自果的功能，名雖叫緣，但對果來說，不是助緣，而是親因。這有二類：即是種子和現行。能生的種子，即是第八識中含藏的種子，由此生起色、心、三性等各自的現行，及引導自類的種子。這種子生現行的因果，能生的是種子，現行即是七轉識的三性──善、不善、無記之造作。種子生種子的因果，是各別種子，前後剎那相續，前念種子生後念種子。

　　而各自的現行，又能熏生種子。現行熏種子的因果，能熏的是現行，所熏的是本識中自類各各的新種子。

二、**等無間緣**：此為八個現行識，及與八識相應的心所，前面一聚，對於後面同一類的一聚，有避開其位，令彼後決定生起。故前心須為後起心之緣，那前面的心心所，與後面的心心所，體用齊等，沒有間隔，故稱為等無間緣。

三、**所緣緣**：所緣緣者，上面「所緣」兩字，是客觀的所緣之境。下面一個「緣」字，是主觀的生起的條件。也就是說，心、心所法的生起，必有它所緣之境。這所緣之境，能為心、心所的生起之緣，這就叫做所緣緣。

所緣緣有親所緣緣和疏所緣緣兩種。何謂親所緣緣？就是所緣之境，與能緣的識體，不相間隔，為見分等內識所慮托，這就是能緣識的親所緣緣。如以識體四分來說，相分是見分的親所緣緣，這中間無餘分間隔。見分是自證分的親所緣緣，自證分和證自證分兩者可以互緣互證，彼此都是對方的親所緣緣。

何謂疏所緣緣？就是所緣之境，與能緣的識體，彼此間隔。雖然互相間隔，但能為質生起內識所慮所托的相分。此即他識所變、或自身中別識所變，仗為本質者是。言疏者，是指相分間隔故。

四、**增上緣**：增上，是增加或加強的意思，也有扶助的意思，所以也稱助緣。換句話說，即一法能在另一法上

發生影響，叫增上緣。

增上緣有為順益，有為違損。在順益方面，能促成或助使他法成長者，稱為「與力增上緣」；不妨礙他法的生起或成長者，稱為「不障增上緣」。在違損方面說，一法對他法有障礙違損者，如雨露為花木之順益增上緣，而霜雹為花木的違損增上緣。

以上四緣中，等無間緣、所緣緣，只通於心法，不通色法。而因緣、增上緣，是通於心色二法。換句話說，心法之生起，須藉以上四緣；而色法之生起，只藉因緣、增上緣二緣即可。心法的四緣，可分做親因和助緣兩種。因緣是心法的親因，其餘三緣，是增上的助緣。

關於以上四緣，《識論》有謂：

> 如是四緣，依十五處義差別故，立為十因。

意思是說：以上如是的四緣，依於十五處的差別意義，而建立為十因。

所謂建立十因，即是立緣為因，並非離緣之外別有因在。這十因，是依於十五處不同的意義而建立的。十五處的名稱，是：一、語依處。二、領受依處。三、習氣依處。四、有潤種子依處。五、無間滅依處。六、境界依處。七、根依處。八、作用依處。九、士用依處。十、真實見依處。十一、隨依處。十二、差別功能依處。十三、和合依處。十四、障礙依處。十

五、不障依處。此十五處，以篇幅所限，不再一一詮釋。

　　十因的名稱是隨說因、觀待因、牽引因、生起因、攝受因、引發因、定異因、同事因、相違因、不相違因。這十因，實際上以二因就可以攝盡無遺。哪二因呢？一是能生因，二是方便因。所謂能生因，是諸法的親因，辦生自果，故名能生。所謂方便因，是所藉外緣，能於親因，助其勢力，故名方便。如《瑜伽論》云：

　　　牽引種子，生起種子，名能生因；所餘諸因，方便因攝。

　　《識論》解釋上一段文字說：在以上十因中，牽引、生起、引發、定異、同事、不相違六因中的因緣種子，未成熟位，名牽引種；已成熟位，名生起種，皆是能生因。其中除去牽引、生起二因，其餘引發、定異、同事、不相違四因中現行，能生種為因緣，亦為能生因攝。餘下來的隨說、觀待、攝受、相違四因，及前六因中的非因緣法，皆方便因攝。

　　因緣生法，必有其果。《識論》卷八曰：

　　　所說因緣，必應有果。此果有幾？依何處得？果有五種：一者異熟，謂有漏善及不善法，所招自相續異熟生無記；二者等流，謂習善等所引同類，或似先業後果隨轉。三者離繫，謂無漏道，斷障所證善無為法。四者士用，謂諸作者，假諸作具，所辦事業。五者增上，謂除前四，餘所得果。

論文中稱，果有五種，即：異熟果、等流果、離繫果、士用果、增上果。茲分述如下：

一、**異熟果**：這是由有漏的善法及不善法，所招的總報別報無記果體。總報者，是第八識所變三界五趣的果報。這第八識相續不斷，遍欲、色、無色三界，是果中之主，能通與前七識色心法等為所依，故名總報。此總報果，其性無記，無善惡之差別。然前六識以此總報果體為本質，別變自相分，識別美醜貴賤貧富高下等善惡差別。

別報者，即此前六識所緣三界五趣的果報——換言之，總報是生於三界五趣的果報。如生於人趣，則彼此之人類，受同一人界之果報；別報者，如同為人類，六根有美醜，壽命有長短，受報各有不同，是名別報。

二、**等流果**：由因流出果，由本流出末，謂之等流。從善因生善果，從惡因生惡果，從無記因生無記果，謂之等流果。如第八識中有漏種子生有漏的現行，無漏種子生無漏的現行。而有漏種子中善種生善的現行，惡種生惡的現行，無記種生無記的現行。這種由自業招感所生之果，叫等流果。

三、**離繫果**：離繫，就是離去煩惱的繫縛。這是由無漏聖道斷去煩惱所知二障，然後證得的善無為法。如以唯識的六無為法而言，這就是不動、想受滅、擇滅的三

性真如。

四、士用果：士是士夫，也就是造作者。諸有的造作者，假諸種種的作具——如作農作商作工，成辦稼穡財利種種事業，名士用果。

五、增上果：除去以上四果之外，其餘一切所得的果，通於有漏無漏，有為無為，為前四果所不取者，都攝在這增上果中。

所謂增上，亦即以一法望餘法，餘法或予以資助之力，或不予力，亦不障害，所生之果，名增上果。

以上這段文字，是詮釋心法生起的因緣，及因緣法所生之果，這在《識論》中，是論主解答外人的問難而說的。但於論主解答之後，外人復問曰：

「我人雖然明白了唯有內識，而無識外的實緣（境），但是一切有情，於什麼原因，而得生死相續呢？」

《識論》卷八謂：

雖有內識，而無外緣，由何有情生死相續？

頌曰：由諸業習氣，二取習氣俱；前異熟既盡，復生餘異熟。

論曰：諸業，謂福、非福、不動，即有漏善、不善、思業，業之眷屬亦立業名，同招引滿異熟果故。此雖纔起，無間即滅，無義能招當異熟果，而熏本識，起自功能，即此功能，

說為習氣，是業氣分，熏習所成，簡曾現業，如是習氣，展轉相續，至成熟時，招異熟果，此顯當果，勝增上緣。

以上論文，是解釋頌文的，意謂：第一句頌文中的諸業，是指福、非福、不動三業。福業，是感善趣異熟及順五趣受的善業。非福業，是感惡趣異熟及順五趣受的不善業。不動業，是感無色界異熟及順無色界受的禪定業。以上三業，以有漏的善、不善的二思為其自體。不特以思為業，就是善不善律儀等的業之眷屬，亦得立名為業。

為什麼眷屬亦得立業?因為它們能與業同樣的招感引業（總報）、滿業（別報）的異熟果。作此業時，雖說才起更無異間的就又滅去，似乎無別義理能招當來的真異熟果；然而現行之業，當其在造作時即熏於第八根本識，能生起自己的功能——亦即頌文中的習氣。習氣又名氣分，這種氣分，是熏習所成，這有別於（薩婆多部所說）過去有體的曾業，及（順世外道所說）作時即受的現業，所以名為習氣。像這樣的習氣，展轉相續，至成熟的時候，招感當來若別若總的異熟果報。應知這就是顯示習氣，是感當果的殊勝增上緣。

照以上論文所說，有情生死相續的原因，都是起於內因，而無關乎外緣。生死相續，起源於造業，業就是行為造作。業的種類不一，有善業、惡業、無記業，有身業、口業、意業，以及有漏業、無漏業等等。所以頌文首句說：「由諸業習氣」。

　　習氣，見於本篇第三章。也就是當造業之時，其氣分回熏藏識，留下了類似本業的功能。這種功能，就名習氣。此習氣留在第八識中，也就是種子。種子成熟時，能招異熟果──異熟果，就是三界五趣的果報體。

　　頌文：「二取習氣俱」。二取即是能取與所取，取是取著的意思。能取者是四分中的見分，所取者是相分。這二取，都是思想上的一種執著──即執見分為實我，執相分為實法。這種執著，固結不散，長劫以來，就成為一種習氣了。有情的生死相續，由諸習氣，這習氣總有三種，一是名言習氣，二是我執習氣，三是有支習氣。

　　名言習氣，即名言種子，亦名等流種子。名言，就是名稱和言說，有情生生世世，為了表達意見、溝通思想，對事物要加以名稱，對人則不免要有言說，久而久之，養成習慣，就成為名言習氣了。此又分兩種，即表示意義的語言、文字、章句、符號等，稱作表義名言。而了別境界，用名言來描述形容，使之明顯者，稱作顯境明言。這二種名言熏習種子，貯於藏識中，遇緣起現行，即為生起諸法的親因緣。所生之果，即是等流果。

　　我執習氣，這是六、七兩識，虛妄的執著我、我所、所熏的種子。這亦有二種，一者俱生我執，二者分別我執。由此二我執所熏成的種子，令有情等自他差別，故名我執習氣。

　　有支習氣，即是業種子，亦名異熟習氣，即是能招三界異熟果的種子。《識論》卷八曰：「有支習氣，謂招三界異熟業種。

有支有二，一有漏善，即是能招可愛果業。二諸不善，即是能招非愛果業。隨二有支所熏成種，令異熟果善惡趣別。」

　　有情的生死相續，是由諸業習氣與二取習氣混合發展，所以有生死輪迴，而由於我執與法執的執著，這又形成了名言、我執、有支三種習氣。這其中，名言習氣是生起諸法的親因緣。我執習氣，由第七識的四煩惱而起，也是生死之因。而有支習氣，是招三界異熟業種，當然也是生死之因，有支，即是十二有支第十支的有支，有情的生死相續，可由十二有支來作具體說明。

　　十二有支，即是：無明、行、識、名色、六入、觸、受、愛、取、有、生、老死。這又叫十二緣起，即是有情生死流轉的緣起。茲略述概要如下：

一、**無明支**：無明者，蒙昧不明，也就是與第六識相應的愚痴無明。這有二種，一者異熟愚，即是迷於眼前異熟的粗果，而不了苦相之人。二者真實義愚，即是執著於人天的果報，謂是真樂，而不能了解有漏皆苦的諦理實義之人。由於異熟愚，發非福業。由真實義愚，發福業不動業。其正發業者，是分別而起；若俱時生起者，是助發業。

二、**行支**：由前無明支所發福、非福、不動三業。非福業者，即是不善業。福業，是散善業。不動業，是定善業。此三者俱是有漏業，以與第六識相應的思心所為

體，亦即無明所發的總報業。

三、**識支**：識支為前二支所引發，是未來三界的總報果體，為生真異熟第八識的種子。

四、**名色支**：除了未來的第八識種子，六根、觸、受三種種子以外，可生其餘的異熟無記的五蘊種子——即想蘊全部，受蘊、行蘊、識蘊的一部分，以及色蘊。

五、**六入支**：為能生未來異熟無記的眼、耳、鼻、舌、身、意六根種子。

六、**觸支**：為生未來異熟無記的觸心所種子。

七、**受支**：為生未來異熟無記的受心所種子。

以上識、名色、六入、觸、受五支，是能生異熟果報的「名言種子」。因為這些種子力量薄弱，必須藉行支種子的資助始生起現行。而行支的種子，即是「業種子」。

八、**愛支**：是與第六識相應俱生的下品貪愛。

九、**取支**：是與第六識相應俱生的上品貪愛，及一切煩惱。

以上愛、取二支，是潤生之惑，通種子與現行。

十、**有支**：即是行等的六支種子——即行的業種子，與識等五支的名言種子，為愛、取的潤緣，決定感招當果，依現在因位有未來果義，名為有支，其體即行等六支的種子。

十一、**生支**：即前面的有支，在果胎中託生初剎那的果報體，在此果報體的五蘊未衰變前，總名生支。

十二、老死支：果報五蘊衰變以後，至身壞命終入滅相位總
　　　名老死支。

　　此生、老死二支，是前面識等五支的現行。這二支的名言
種子，即是識等五支。故識等五支和此二支，只有種子和現行
的分別。然在種子位，其差別相難以了知，故於當果的位中開
為五支。在現行位中差別相易知，故合為二支。

　　這十二有支，在《識論》中合為能引、所引、能生、所生
四支，如下表所示：

　　以上四支，是《識論》約異熟、非異熟的因果而分的。而
《瑜伽論》約正熟、非正熟的因果，則分為牽引因、生起因、
及所生果三支，如下表所示：

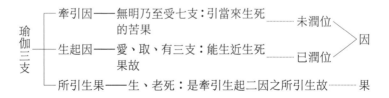

　　綜合以上二說，如下頁表所示：

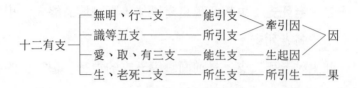

　　這十二有支，前十支是因，後二支是果，這十因二果，必
定不是同世，而是異世——即十因是過去世，二果是現在世；
或十因是現在世，二果是未來世，這即是「二世一重因果」。

第九章 三自性、三無性

本篇第八章,是論主為外人問難者,解說諸法生起的緣由,和有情相續的因果。論主於一一解說後,外人問難者仍有疑問,繼續追問曰:

「如果真的唯有內識,而無外境,為什麼釋迦世尊在多處經中,說有三性?經中既說有三性,就不應說唯有內識。若說只有內識,那只有『依他』的一性就好了,為何要說三性呢?」

所謂三性,是《解深密經》等經中所說的遍計所執性、依他起性、圓成實性。《解深密經》云:

> 云何諸法遍計所執相?謂一切法,假名安立,自性差別,乃至為令隨起言說;云何諸法依他起相,謂一切法緣生自性,……云何諸法圓成實相,謂一切法平等真如。

原來所謂遍計所執性,是我人由於妄情的驅使,對於沒有體性,假立名相的假法,妄起實我實法的迷執。其實這假法只是一種妄有。依他起性,是仗因托緣生起的有為法。它本身雖然沒有體性,但在因緣和合下生起存在,這可說是一種假有。至於圓成實性,這是諸法圓滿成就真實之體性。它不是妄有和假有,而是超越的、絕待的存在。

外人問難,說既然唯有內識,沒有外境,釋迦世尊為什麼說世間諸法,一一法各俱遍計所執等三性呢?

在《唯識三十論》中，論主以十二句頌文，為問難解答釋尊說此三性的原因。頌文曰：

由彼彼遍計，遍計種種物，此遍計所執，自性無所有。
依他起自性，分別緣所生，圓成實於彼，常遠離前性。
故此與依他，非異非不異，如無常等性，非不見此彼。

以上三頌，前兩頌是正辨三性，後一頌的前三句是明三性的不一不異，後一句是明依他起，圓成實證到的前後之境。所謂三性，全名是三種自性。也就是一切法皆不離此三性，而此三性，皆是無性。於此先來探討遍計所執性。

什麼是遍計所執性呢？《識論》曰：「周遍計度，故名遍計；品類眾多，說為彼彼。」也就是俱有周遍計度的作用，所以名為遍計，因此性遍緣一切法的境界，而又計較推度是我是法，而生執著，所以名為遍計所執。這遍計心的品類，眾多不一，所以說為彼彼，這就是頌文「由彼彼遍計，遍計種種物。」二句的意義。

換句話說，遍計就是有情的第六識，對於世間的事事物物，作種種周遍計度；所執就是經過周遍計度之後，對於解立名相，或因緣和合所生的事物，或執其名，或執其相，執著為實我實法。由遍計後所生固執的見解，就是遍計所執。

這遍計所執性，自古即有異解。難陀分此為能遍計、所遍計二門，即第一句「由彼彼遍計」是明能遍計，以下三句是明

所遍計；而護法、安慧則分此為能遍計、所遍計、遍計所執三門，謂「由彼彼遍計」，是顯示能遍計的識。「遍計種種物」，是顯示所遍計的境。而三四句：「此遍計所執，自性無所有。」是顯示遍計所執的實我實法，本是因緣和合的虛妄之法，根本沒有自性。

至於能遍計的妄執心的識體，安慧認為通於八識，因為八識的三性──善、惡、無記都是有執的；而護法、難陀等認為：要有計度分別，乃可成為能遍計。而具有計度分別的，唯是第六、第七心品執我法者；所遍計是遍計心等所緣的色心諸法。護法等舉出十點理由以證明此說，如《識論》卷八所載，此處不具錄。

「此遍計所執，自性無所有。」二句，謂由遍計所執而妄計之實我實法，畢竟不過當迷情前所現之妄相，此但有假名，而無實體，如《瑜伽論》謂：「隨言說依假名言，建立自性。」所以是「自性無所有」。如於昏闇中見繩，誤以為蛇，此蛇覺不過是恐怖心上所現之妄相，無其實體，故此謂：「情有理無」的幻有。

什麼是依他起性呢？依是依托，他是眾緣，起是生起，色心諸法，依托眾緣而生起者，故名依他起性，即頌文所說：「依他起自性，分別緣所生。」

所謂眾緣，即是四緣──因緣、等無間緣、所緣緣、增上緣。心法生起，通依四緣。色法生起，僅依因緣、增上緣二緣。

因此，百法中從緣所生的心法、心所有法、色法、及於緣生之色心上所假立的不相應行法等四位九十四法，皆是依他起性。

「分別緣所生」的分別，就是虛妄分別，也就是雜染諸法。無漏清淨的有為法，雖然也是依他起性，但其為後面的圓成實性所攝，故此處說的，只是染分中的依他起性。

再者，分別，也是緣慮的異名。一切染淨漏無漏的心心所，皆名分別，亦皆能緣慮。至於一切染淨色法不相應行等，雖然不能緣慮，但也不離於心心所，所以也攝於分別中。

這依他起性，雖然不是迷情上所現的妄相，但以其是眾緣所生，唯是無實性的假法，所以是假有，而非實有。如見繩誤以為蛇，是我人的妄情迷執。而見繩了知是繩，唯繩是由麻編成，並無繩之實體，所以是因緣生法的假有。

什麼是圓成實性呢？圓者圓滿，離顛倒義；成者成就，即究竟義；實者是真實義。合而言之，就是圓滿成就究竟真實的意思。其實這也就是諸法的法性，亦名謂真如。換句話說：圓滿者，顯其體周遍，而真如遍一切法而無缺缺。成就者，顯其體常住，而真如不生不滅。真實者，顯其體非虛妄不實，而真如是諸法實性。真如具備了圓滿、成就、真實三種意義，所以《瑜伽論》云：「謂諸真如，聖智所行，聖智境界。」

「圓成實於彼，常遠離前性。」所謂前者，指遍計所執。此圓成實性，於前所說彼依他起上，常一切時，無前遍計所執實我實法，故云常遠離前性。換言之，圓成實性者，為二空所

顯之真如，依他起法之實性也。如仍以繩喻之，了知其為繩，更分析此繩，了知為麻，繩覺亦滅，此即理有情無的實有。

頌文：「故此與依他，非異非不異，如無常等性。」首句頌文中的此字，指的是圓成實性。此圓成實性，與依他起性，其關係是「非異非不異」。

非異就是同，非不異就是異。何以說圓成實性與依他起性為同呢？因為相出於性，以性為本，無性不能成相，萬法離開圓成實的實性，便沒有依他起的假相。因此凡是依他起法，都含有圓成實性，所以說是非異。又何以說這圓成實性與依他起性為異呢？因為圓成實究竟不是依他起，依他起也究竟不是圓成實。如果圓成實不異於依他起，則成為眾緣所生之法，就成了無常之法；如果依他起不異於圓成實，就成了不生不滅之法，就成了常法。而事實上，這兩者各有其特徵，所以是非不異。

頌文「如無常等性」一句，無常等性，指的是小乘四法印：無常、苦、空、無我。這四法印，為二乘所共學。說得詳細一點，就是諸行無常性，有漏皆苦性，緣起性空性，諸法無我性。這「如無常等性」一句，要和上兩句連貫起來讀，這是顯示不一不異的譬喻，依他起性和圓成實性的不一不異，猶如色等諸法與無常無我等共相的不一不異。假如說無常等性與諸行生滅法是差別的，那色等諸行法就不應該是無常性，事實上無常等就是色等的無常，所以說是不異。但如說完全沒有差異的話，則此無常等性，就應該不是彼色等諸行的共相。而事實上，色

等是自性，而無常等是共相，所以不能說不異。

　　頌文末句：「非不見此彼」，此指的是圓成實性，彼指的是依他起性，見字是證見的意思。此句頌文是說：在諸行無常性等之中，亦見圓成實性，亦見依他起性。因諸行之法，皆是依他起性。今既悟諸行無常，則於見依他起性的諸行後，必定能捨除遍計所執性。依他起性中捨除了遍計所執性，自然就是圓成實性了，這樣便是見彼復見此了。

　　如果在諸行無常中，能見到圓成實性，也自然能覺悟到，諸行皆是緣起法，皆是依他起性，是因緣和合的假有，這樣也便是見此復見彼了。

　　唯識家安立三性，理兼空有，而以因緣假有的依他起性為染淨的樞紐。此三性，沒有別體，為不可分離之法，即依他起是識之相，圓成實是識之性，遍計所執是識上所起的增減妄執之相。故雖說三性，而皆不離識，於唯識的道理不相違背。

　　以上三性的解說，是論主答覆外人的問難。解說至此，問難者仍不干休，又提出質疑曰：

　　「假如像你們所說的，三性也是不離於識的話，為什麼世尊在聖教中，又說一切法皆無自性呢？」

　　《識論》卷九曰：

　　「若有三性，如何世尊說一切法皆無自性？」

　　外人此一問難，也確有他的道理，因為在理論上說，既然說三性皆不離識，故不違唯識，何以又說諸法皆無自性？如果

諸法皆無自性——即三種無自性，又如何能說只有唯識呢？這豈不是自相矛盾？

　　於此，論主以頌文回答問難者曰：

　　　　即依此三性，立彼三無性，故佛密意說，一切法無性。
　　　　初即相無性，次無自然性，後由遠離前，所執我法性。

　　頌文：「即依此三性，立彼三無性。」世尊於何經中，說此三無性呢？《顯揚論》卷十六曰：

　　　　如是三種自性，當知由三無自性，故說三無性。一、相無性。謂遍計所執自性，由此自體，體相無故。二、生無性。謂依他起自性，緣力所生，非自然生故。三、勝義無性。謂圓成實自性。由此自性，體是勝義；又是諸法無性故。

　　《解深密經》中，佛告義生菩薩云：

　　　　當知我依三種無自性性，密意所言：一切諸法，皆無自性，所謂相無自性性，生無自性性，勝義無自性性。云何諸法，相無自性性？謂諸法遍計所執相，何以故，此由假名安立為相，非由自相安立為相，是故說名相無自性性。云何諸法，生無自性性？謂諸法依他起相，何以故？此由依他緣力故有，非自然有，是故說名生無自性性。云何諸法，勝義無自性性，謂諸法由生無自性性故，說名無自性性，即緣生法，

亦名勝義無自性性……復有諸法圓成實相，亦名勝義無自性性。

這就是經中於三自性、立三無性的出處。

「一切法無性」，是在「諸法性空」的理論基礎上建立的。《大般若經》卷三百八十八謂：

諸佛出世，無不皆說本性空義，菩薩雖行一切法皆本性空，而於本性空，曾不失壞。當知諸法不異本性空，本性空不異諸法，諸法即是本性空，本性空即是諸法。若不爾者，則菩薩修般若時，不應觀一切法皆本性空，證得無上菩提。

一切法皆不離三自性，一切法空，也就是三無性。「故佛密意說」者，有二解：一者佛所說之意，有所隱藏，不為顯了真實之說，名為密意。二者佛意深密，不是因地學人所能測知，故名密意。

佛於說三自性後，恐凡夫小乘不能了解，執諸法實有自性，故於立後旋破，說此三性，皆無自性，以顯示諸法性相皆空。故知立此三無性，是為了破執，即此也是密意。故頌文中說：「故佛密意說，一切法無性。」

「初即相無性」者，是指「相無自性」。此相是依遍計所執性而安立的。「相」即是體相，而遍計所執是妄情當前，譬如見繩為蛇，體相都無所有，故說相無自性。

　　「次無自然性」者，是指「生無自性」。此生乃是依依他起性而安立的。「生」者緣生，即是眾緣和合所生，此眾緣和合所生的依他起法，不是自然所生，故而是假法，沒有實性。譬如繩為麻所編成，沒有繩的自性，故說生無自性。

　　「後由遠離前，所執我法性。」法性，是指「勝義無性」。此勝義是依圓成實性而安立的，何以勝義亦無性呢？因勝義即是二空所顯的真如，為諸法的實性。諸法的法相生滅變異，而法性不生不滅，如如不動，屬第一義諦，亦即勝義諦。此勝義諦乃由遠離遍計所執的我法而顯現的，因離眾相，空我法執，於此真如性體上說有說無，皆成戲論，但為隨順世俗故，故說勝義無性。

　　「後由遠離前」的後，指的是圓成實性。而「遠離前」的前，與下句連讀，即前「所執我法性」，這是說在遍計所執性與依他起性之後的圓成實性，遠離了遍計所執的實我和實法相。空了這我法二相，便是圓成實性了。這三性的關係，如下表所示：

第十章　唯識實性

《唯識三十論》第二十五頌的頌文，是：

> 此諸法勝義，亦即是真如，常如其性故，即唯識實性。

古人科判《唯識三十論》，是把三十頌文，分為三大部分，即明唯識相、明唯識性、明唯識位。第一至第二十四頌，解說的全是「唯識相」。這第二十五頌，解說的是「唯識性」。第二十六至第三十頌，解說的是「唯識位」。於此，我們來探討這「唯識性」——唯識實性。

唯識的實性，是常住不變的真如，亦即是圓成實性。此圓成實性，對世俗諦而言，名為勝義諦。而此世俗勝義二諦，乃是釋迦世尊一代言教的大本。三世諸佛依此而說法，眾生亦依此而證悟。故《中觀論》有偈云：

> 諸佛依二諦，為眾生說法，一以世俗諦，二第一義諦。
> 若人不能知，分別於二諦，則於深佛法，不知真實義。

何謂世俗諦？為迷情所見世間之事相；何謂勝義諦——即第一義諦？為聖者所見真實之理性。而此理性，於聖者為實，故稱曰「諦」——諦者，真實不虛之義。

唯識宗具明二諦，於世俗、勝義二諦又各立四重：曰世間、道理、證得、勝義。《大乘法苑義林章》卷二曰：

二諦法妙，非略盡言，聊述綱記……總名中，一世俗諦，亦名隱顯諦；二勝義諦，舊名第一義諦，亦名真諦。

列別名者，今明二諦有無體異事理義殊深淺不同，詮旨各別故，於二諦各有四重：亦名名事二諦、事理二諦、淺深二諦、詮旨二諦。

世俗諦四名者，一世間世俗諦，亦名有名無實諦。二道理世俗諦，亦名隨事差別諦。三證得世俗諦，亦名方便安立諦。四勝義世俗諦，亦名假名非安立諦……

勝義諦四名者，一世間勝義諦，亦名體用顯現諦。二道理勝義諦，亦名因果差別諦。三證得勝義諦，亦名依門顯實諦。四勝義勝義諦，亦名廢詮談旨諦……

世俗、勝義各四重名，如上所述。茲先詮釋世俗四重：

一、**世間世俗諦**：亦名有名無實諦。如假立瓶、缽、軍、林、我、有情名稱，而所謂瓶者缽者，是泥土和水而做成；軍者林者，是集眾兵與多樹而立名。這都是因緣和合的假法，乃是依著「情」和「名」而假安立的心外之境，此乃隱覆真理的世俗之法，故曰世間。但凡流謂有，依情立名，而無實體，故曰世俗，此亦名為有名無實諦。

二、**道理世俗諦**：亦名隨事差別諦，即是五蘊、十二處、十八界等法。這蘊、處、界等法，是隨著眾多的事相，

及依著眾多的義理而安立的，故曰道理。因其事相容
易知道，故曰世俗，亦名隨事差別諦。

三、證得世俗諦：亦名方便安立諦，這指的是苦、集、滅、
道四聖諦法。這四聖諦法，是佛為令行人除惡修善而
證得聖果，方便安立染淨因果差別法門，故曰證得。
有相可知，故曰世俗，此亦名方便安立諦。

四、勝義世俗諦：亦名假名非安立諦，這即是生法二空的
真如。二空真如，是超越前三者世俗諸法的聖者所知，
依著二空的詮門而施設的。雖然是二空詮門的施設，
而不是四諦差別的安立，故又名假名非安立諦。

以上四者，稱為世俗諦者，世謂隱覆真理，俗謂有相顯現。
諦者實義，有如實有，無如實無，有無不虛，曰諦。

於此再詮述勝義四重：

一、世間勝義諦：若從其體上來說，它和世俗諦第二的道
理世俗諦一樣，也是五蘊、十二處、十八界諸法。以
其事相麤顯，而可破壞，故曰世間。此唯聖者後得智
所知，勝於世俗，故曰勝義，此亦名體用顯現諦。此
與第一世俗諦不同者，是有體有用，且事相麤顯。

二、道理勝義諦：這與第三世俗諦一樣，同是苦集滅道四
聖諦法，這是依著知苦、斷集、證滅、修道的染淨因
果道理而安立的，為殊勝的無漏智境，因勝於前二世
俗故，乃說為道理勝義諦，亦名因果差別諦。

三、**證得勝義諦**：這與第四世俗諦一樣，同是二空真如。
　　這是依著二空的詮門而證得此理，因為不是凡智所知
　　的聖智之境，勝於前三世俗諦，故說為證得勝義諦，
　　亦名依門顯實諦。

四、**勝義勝義諦**：此即是一實真如，體妙離言，迴超眾法，
　　故曰勝義。此唯根本無分別智所證，勝於前四世俗諦，
　　諸勝義中，唯此為最，故在勝義之上復冠以勝義。此
　　諦理不能以言語詮顯，須廢言詮，但以正智證會，亦
　　名廢詮談旨諦。

　　以上四者，稱勝義諦者，勝謂殊勝，義有二種，一者境界
名義，二者道理名義。諦者實，義事如實事，理如實理。理事
不謬，名之為諦。

　　以上所立，是三乘合明的二諦。若唯約菩薩乘而言，則以
執為實我實法的瓶缽軍林等為第一俗，以蘊處界三科為第二俗
第一真，以三自性三無性唯識理等為第三俗第二真，以二空真
如為第四俗第三真，以一真法界為第四真。如此建立雖為五重，
然真俗相形，又復八重條然不繁也。

　　蓋真必依俗而真，俗必依真而俗。真者物中之實，若無其
物，是為誰實？是故所言真者，即是俗中之真也；又俗者實上
之假，若無其實，是為誰假？是故所言俗者，即是真中之俗也。
故所以俗事中必有真理，真理中必有俗事，若缺其一，必失其
二，獨立之法不可得也。是故，並不是遣依他起而證圓成實，

也不是沒有俗諦就可建立真諦，而是真俗相依而建立的。

　　如是世俗勝義各立四重，是明一切諸法，有者有實體，有者無實體。在有實體之中，有為事法，有為理法。在理法中，有因果差別的淺理，有真如的深理。在深理中，有顯二空能詮說的是假，離掉假而真證聖智的是真。以有如此的不同，故各立四重，如下表所示：

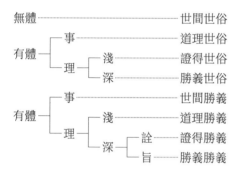

　　又有四重相對，如下表所示：

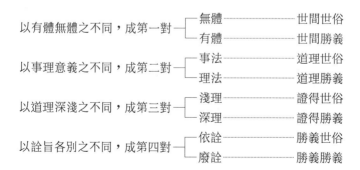

　　於敘述世俗、勝義各四重諦義之後，於此再來詮釋頌文。
頌文首二句：「此諸法勝義，亦即是真如。」此字是指勝義無性
的圓成實性。此圓成實性，即是諸法的勝義性——是第四重的
勝義勝義諦，而非前三重勝義。因恐與前三重相濫，故特為簡
別說明：「亦即是真如」。

　　真如，真者真實之義，如者如常之義。諸法之體性，離虛
妄而真實，故云真；常住而不變不改，故云如。《識論》卷二
曰：「真謂真實，顯非虛妄。如謂如常，表無變易。謂此真實於
一切法，常如其性，故曰真如。」

　　於此，真如之真，是簡別於有漏的、虛妄分別的我執法
執——即簡去遍計所執，以遍計所執是妄執；真如之如，是簡
別於有漏的、生滅變異的有為之法——即簡去依他起法，以依
他起法有生滅故。而最後無漏的、無為的、無虛妄分別的、無
生滅變異的，就是圓成實了。此圓成實，不是虛妄，無有生滅，
而是真實常住、無生滅變易之法，故說：「亦即是真如」。

　　「常如其性故」句，其性，指諸法的自性，諸法勝義諦，
湛然恆寂，與法性相應；而真如，即此是其體性。

　　「即唯識實性」者，是總結前文，謂諸法實性的圓成實
性——真如，就是唯識的實性。《識論》：

　　　　此性即是唯識實性，謂唯識性，略有二種：一者虛妄，為遍
　　　　計所執，二者真實，謂圓成實，為簡虛妄，說言實性。復有

二種，一者世俗，謂依他起，二者勝義，謂圓成實，為簡世
俗，故說實性。

遍計所執為虛妄法，依他起性為世俗法，唯有圓成，才是
諸法實性。自唯識立論而言，也就是唯識實性。故頌文末句說：
「即唯識實性」。而唯識實性，與勝義、真如，事實上都是一體
異名。

第十一章　明唯識位

《唯識三十論》的三十頌文，至此已說二十五頌。前二十四頌所說，是為了要除掉我人對心外之境，執著為實我實法——即遍計所執，乃就依他起的諸法上，說明唯識的相狀。相狀是有生滅變異的緣起法，不是真實如常不生不滅的諸法實性，故於第二十五頌闡明圓成實性——即唯識實性。以上種種說明，目的在使我輩有情、了知遍計所執的虛妄，依他起法的不實，而證到圓成的真理——亦即由此悟入唯識實性，證得三身萬德的佛果。

然而，要證得佛果，由發菩提心，修菩薩行，要經過三大阿僧祇劫，修無量善行，證人法二空，斷煩惱所知二障，始得菩提涅槃二勝果——就是究竟果位、佛果。唯要證得佛果，在其修行的過程中，其間的位階，有五位四十一階之多。

五位四十一階，是窺基大師在《識論》中所立。《華嚴經》立五十二階，是十信、十住、十行、十迴向、十地，以至於等覺菩薩、妙覺菩薩。《大智度論》立四十二階，是把十信的十位攝入十住的初發心住中，而略去了十階。窺基大師更把等覺菩薩位攝入十地的第十法雲地中，這樣就成了四十一階，復將四十一階束為五位，這五位是：一資糧位，二加行位，三通達位，四修習位，五究竟位。

若把四十一階配以三大阿僧祇劫，則十住、十行、十迴向

三十階是初阿僧祇劫，十地中的初地至七地是第二阿僧祇劫，第八地入心至第十地滿心是第三阿僧祇劫。下列二表，可供參考：

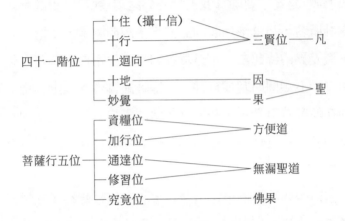

關於唯識五位修行，《識論》謂：

> 如是所成唯識相性，誰於幾位？如何悟入？謂具大乘二種性者，略於五位漸次悟入。何謂大乘二種種性？一、本性住種性，謂無始以來依附本識法爾所得無漏法因；二、習所成種性，謂聞法界等流法已，聞所成等熏習所成，要具大乘此二種性，方能漸次悟入唯識。

論文是說：如是於前二十五頌之中，初二十四頌成唯識相，次末一頌成唯識性。現在進一步要問：人有五種種性的不同，是哪一種人能夠悟入唯識相性呢？要經過幾位，始能悟入唯識

相性呢？

論主答曰：要具有大乘二種種性的根器，要經過五段位次，始可漸次悟入唯識相性。

何謂大乘二種種性呢？原來唯識家把眾生分為五類種性，這五類種性的眾生，有的可以成佛，有的不能成佛。五類種性是：一、聲聞種性。二、緣覺種性。三、菩薩種性。四、不定種性。五、無種性。

以上五類種性中，唯菩薩種性與不定種性得證佛果。聲聞種性與緣覺種性，但證二乘無學果，趣入無餘涅槃。而無種性者，則不能證果。論文中所稱的大乘二種種性，指的是菩薩種性與不定種性而言，菩薩種性是頓機，直入菩薩道，不定種性是漸機，先修二乘法，然後迴心向大。

《識論》繼謂：

> 何謂悟入唯識五位？一、資糧位，謂修大乘順解脫分；二、加行位，謂修大乘順抉擇分；三、通達位，謂諸菩薩所住入道；四、修習位，謂諸菩薩所住修道；五、究竟位，謂住無上正等菩提。
> 云何漸次悟入唯識？謂諸菩薩，於識相性資糧位中，能深信解；在加行位中，能漸伏除所取能取，引發真見；在通達位中，如實通達；修習位中，如所見理數數修習，伏斷餘障，至究竟位，出障圓明，能盡未來化有情數，復令悟入唯識

相性。

以上兩段論文，是在說明唯識五位——資糧位、加行位、通達位、修習位、究竟位，及如何漸次悟入唯識——即修唯識行者，在五位中修行的方法，也就是在資糧位能深信解，在加行位能漸伏除所取能取，在通達位要如實通達，在修習位要伏斷餘障，以至於究竟位出障圓明，證得佛果。

現在依唯識五位修行的順次，分別說明如下：

《三十論》第二十六頌，頌文曰：

> 乃至未起識，求住唯識性，於二取隨眠，猶未能伏滅。

這一頌的頌文，是對五位唯識修行的資糧位而說的。《識論》解釋此頌文曰：

> 從發深固大菩提心，乃至未起順抉擇識，求住唯識真勝義性，齊此皆是資糧位攝。為趣無上正等菩提，修習種種勝資糧故。為有情故，勤求解脫，由此亦名順解脫分。此位菩薩，依因、善友、作意、資糧，四勝力故，於唯識義雖深信解，而未能了能所取空，多住外門修菩薩行，故於二取所引隨眠，猶未有能伏滅功力，令彼不起二取現行。

資糧位，在修唯識行的五位中，只算是初入門的方便道。說資糧者，譬如有人遠行，必先籌集資財糧食，以備途中所需。

修唯識行亦然，必先積聚下相當的福德和智慧，作為修行的資糧。

修資糧位，從初發深固大菩提心為始。所謂深固大菩提心，簡別於二乘聲聞、緣覺的菩提心。順抉擇識，順者順益，抉擇是智慧的功用，就是加行道的加行智，也就是二取空的觀慧。此處不說抉擇慧而稱抉擇識者，是以初修唯識行的，其分別心勝於觀慧，故稱識而不稱慧。這是說，由初發心修行，希求安住唯識實性，在未起順抉擇識以前，是資糧位修行的範圍。

發菩提心，修唯識行，是由四種勝力而起的。四勝力是：

一、因力：是具有大乘二種性的根器——也就是無始以來，依附第八識的法爾無漏的菩提種子「本性住種」，和聞法界等流之正法而熏習成的「習所成種性」。這是簡別於二乘種性及無種性。

二、善友力：這是以大善知識、良師益友之力得聞佛法，而簡別於惡友之緣。

三、作意力：是決定的勝解力，不受惡友的逆緣而破壞其向道的決心。

四、資糧力：是行菩薩道而積集的福德和智慧，這是簡別於下劣的資糧力。

由於以上內外的四種勝因緣力，於唯識相性之義深為信解，欲求住於唯識的真勝義性，但因初修唯識，順抉擇識尚未生起，故頌文說：「乃至未起識，求住唯識性。」

　　「於二取隨眠，猶未能伏滅。」二句，二取，亦名二取取，即能取與所取，也就是執著。執著有能取的主觀的我，和所取的客觀的外境。隨眠二字，在小乘有部指其為煩惱，意謂煩惱隨逐有情，而行相微細，有如睡眠，故名隨眠。而大乘唯識家，指隨眠就是種子。此二取種子，隨逐有情，眠伏於第八識中，故名隨眠。《唯識三十論》是唯識宗所依的論典，故此處隨眠作種子解。

　　二取隨眠，也就是煩惱和所知二障的種子，以止觀修持之力，使二障種子不生起現行，叫做伏滅。初修唯識行者，因尚處於散心位而修，止觀力量微劣，故於二障種子，猶未能伏滅使之不起現行也。

　　《唯識三十論》第二十七頌，頌文曰：

　　　現前立少物，謂是唯識性，以有所得故，非實住唯識。

　　這一頌文，是對五位唯識修行的加行位而說的。《唯識三十論要釋》曰：

　　　菩薩先於初無數劫，善備福德智慧資糧，順解脫分既圓滿已，為入見道住唯識性，復修加行，伏除二取，謂煖、頂、忍、世第一法。此四總名順抉擇分，順趣真實抉擇分故；近見道故，立加行名，非前資糧無加行義。
　　　煖等四法，依四尋思，四如實智，初後位立。四尋思者；尋

思名、義、自性、差別，假有實無，如實遍知。此四離識及
識非有，名如實智，名義相異，故別尋求；二二相同，故合
思察。

　　菩薩，指的是修唯識行的因位菩薩。此菩薩由初發心至資
糧位，於無數大劫中，歷經十住、十行、十迴向三十階位，廣
修六度萬行，儲備福慧資糧，圓滿順解脫分的善根。為了欲入
見道時住於唯識實性，乃又更修加行，希望藉此加行的力量，
伏滅二取隨眠，這就是所謂煖、頂、忍、世第一法的四加行位。
這四加位，又總名曰順抉擇分。

　　加行位，是於十迴向的「滿心」——修法界無思迴向圓滿，
更修四加行位。加行位跡近見道，隨順於真如境界，生起抉擇
的智慧，故稱為順抉擇分。此位所修的，是「四尋思觀」、「四
如實智」。

　　四尋思觀，是對於諸法的名、事、自性、差別的尋思觀察。
這是修「唯識止觀」最初入門的觀法，茲分述如下：

一、**名尋思觀**：世間萬法，如人畜瓶缽，皆有名稱。在這
　　一切事物上推求觀察，則知所謂名稱者，皆是我人所
　　假立，與事物本體無關。僧肇法師云：「物不即名而就
　　實，名不即物而履真。」又曰：「以名求物，物無當名
　　之實；以物求名，名無得物之功。」然而我輩眾生，
　　唯執名求實，由此生出種種煩惱。若能尋思觀察，則

知名是假立，虛妄不實，此即為名尋思觀。

二、**事尋思觀**：事者事物，如山河大地、房舍器物、農工事業、婚喪喜慶等，這些事物，皆是因緣所生，唯識所現。離開名稱推求事物，則事物與名稱本非一體。因一物可有多名，一名也可指多物，故依名取事，則易起錯覺。離開假名去觀察事物，知此因緣生法，並非實體，此即為事尋思觀。

三、**自性尋思觀**：自性，即每一法的自體之性，亦即法性。唯有為諸法，如五蘊、十二處等，都是因緣和合之法，皆無自性實體，唯是虛妄分別。由此尋思觀察，漸知諸法名、事之虛幻，自性之實無，此即為自性尋思觀。

四、**差別尋思觀**：即觀察名與事的種種差別相。名的差別，如音如義，一言多言；事的差別，如長短方圓、善惡美醜，一一法上，各有其差別相，唯此種種差別，皆是假有實無。由此尋思觀察，體悟諸法性空，此即為差別尋思觀。

修四尋思觀所得的智慧，名四如實智。這四智是：

一、修名尋思觀，得名尋思觀所引發的如實智。

二、修事尋思觀，得事尋思觀所引發的如實智。

三、修自性尋思觀，得自性尋思觀所引發的如實智。

四、修差別尋思觀，得差別尋思觀所引發的如實智。

修四尋思觀，得四如實智之後，即如實了知、萬法的名、

相、自性、差別，全是唯識所現，方便安立，如此離開一切虛妄分別心，而入唯識實性。修觀得智，是依定力發生的，定有明得、明增、印順、無間四種定，故此四觀是以四定為體，以修此四觀。要經歷四種位次如下：

一、煖位：謂修唯識行者，依明得定力，發下品尋思觀，觀所取的名、相、自性、差別四者，皆是依分別識，假為施設，並非實有，如此覺知，實無所取之境。此位是由光明煖法而來，故名煖位。

二、頂位：此位是依明增定力而發的。明增者，光明增長、智慧增長的意思。依此智慧，發上品尋思觀，重觀所取名、事、自性、差別四尋思觀，皆唯識所現，假施而有，實不可得，尋思至此，光明較前更加熾盛，達於頂位。

三、忍位：此位是依印順定力而發的，即是印持前四尋思觀，觀所取空。又順後面世第一法，達二取皆空，故名印順定，惟對於能取之理尚不能決定印持，故名忍位。

四、世第一法位：此位是依無間定而發的，禪定至此見道位，中間無有間斷，名無間定。依此定力，發上品如實智、印持能取所取皆空，至此位，在世間法堪稱第一，故稱世第一法位。

在資糧位中，於能取、所取二煩惱種子，猶未能伏滅，故

未能安住於唯識實性——真如境界中。而在此加行位中，雖然觀察印忍能取所取皆空，似乎真如境界已顯現於前，但於修觀之際，時時有真如——唯識之性在，故頌文曰：「現前立少物，謂是唯識性。」

唯識性——真如，是非空非有的境界，雖得而無所得，方能實證。現既有「少物」在，就是有所得，有所得即是執著，就不是真實的安住於唯識實性了。故頌文謂：「以有所得故，非實住唯識。」《識論》曰：

> 此四菩薩，所修四觀四智，皆帶相故，未能實證（真如），故仍立少物，以帶相觀心，有所得故，非實住唯識。

《唯識三十論》第二十八頌，頌文曰：

> 若時於所緣，智都無所得，爾時住唯識，離二取相故。

這一頌文，是指五位唯識修行的通達位而說的。通達位又稱見道位，即是十地中第一極喜地入心位——入於初地，為十地的開始。初發心的行者，於一切事上有煩惱障，於一切理上有所知障，因此不能見唯識實性。修至加行位，亦未能通達此一理性，直至世第一法之後，入通達位，始能了解二空所顯真如，亦即唯識實性。《識論》解釋此頌曰：

> 若時菩薩於所緣境，無分別智都無所得，不取種種戲論相

故。爾時乃名實住唯識真勝義性，即證真如，智與真如，平
等平等，俱離能取所取相故，能所取相俱是分別，有所得心
戲論現故。

　　這段解釋的意思是：若時，即無分別智發生之時，也即世
第一法之後，入通達位之時。修唯識行菩薩，對於加行位住的
唯識性──「以有所得故，非實住唯識。」之住，以能證悟所
緣真如的無分別智觀察，一切都無所得。即頌文「若時於所緣，
智都無所得。」所謂無所得，就是不取種種戲論相。不取，即
顯示沒有能取執；不取戲論相，是顯示沒有所取相。既然能取
的執著、及所取的相俱已離掉，自然實住於唯識實性真勝義諦，
亦即是證得真如 。 亦即頌文所謂 ：「爾時住唯識 ， 離二取相
故。」

　　通達位又稱見道位，見道有真見道和相見道二種。真見道，
就是證我法二空真如，斷煩惱所知二障。此中斷我空真如，便
能斷煩惱障──先斷分別起的煩惱障，後斷俱生有的煩惱障。
次證法空真如，便能斷所知障，也是先斷分別，後斷俱生。這
煩惱分別二障，分先後斷，算是漸根；若是頓根，則能頓證二
空、頓斷二障。此即是修行菩薩於世第一法之後念，生無漏的
無分別智，證二空真如，斷二種障，即名為真見道。

　　相見道，是與真見道相對而言，這是於真見道後方得生起。
前之真見道，證唯識性；後之相見道，證唯識相。前真見道，

為根本智攝；後相見道，為後得智攝。換言之，相見道者，出於前根本無分別深觀，觀心熟練，起後得智，分別一切事，為證真以後之模倣，復用言說模倣此一切事以悟他，模倣真見道所有功能，不能證理及斷於障，類似於真，故名相見道，這復有三心相見道、十六心相見道，俱如論文所說。

第十二章　證大覺果

《唯識三十論》第二十九頌，頌文曰：

> 無得不思議，是出世間智，捨二麤重故，便證得轉依。

這一頌文，是指五位唯識修行的修習位而說的。前面所說的資糧、加行、通達三位，只是修唯識行的準備，到了此修習位，才真正進入修道的階段。《識論》解釋此頌曰：

> 菩薩從前見道起已，為斷餘障證得轉依，又數數修習無分別智。此智遠離所取能取，故說無得及不思議。或離戲論，說為無得，妙用難測，名不思議。是出世間無分別智。斷世間，名出世間。二取隨眠，是世間本，唯此能斷，獨得出名。或出世名，依二義立，謂體無漏及證真如。此智具斯二種義故，獨名出世。餘智不然，即十地中無分別智。

此段論文謂：此位上的菩薩，出了通達位的現行，即是從見道起，為了斷除其餘俱生的二障，及為欲證得二種轉依，復又數數不斷的修習無分別智，所以此位叫修習位。

此所修的無分別智，遠離遍計所執的能取所取，而無所得，為言議思慮之所不能反，所以頌文說：「無得不思議」。這亦可說是：遠離一切有漏分別的妄執，說是無得；能違生死的無漏智，離諸過失，微妙作用難以測度，名不思議。這無得不思議

的無漏智，能夠斷除有漏世間的染污法，是出世間的無分別智，所以名：「是出世間智」。

原來有漏世間的根本，就是能所二取的隨眠——即是種子，又名麤重。而能斷此二取種子的，唯有出世間的無分別智，以出世間的無分別智，斷捨二麤重——能取所取的二取種子，便能證得佛果位上的廣大轉依，故頌文說：「捨二麤重故，便證得轉依。」

修唯識行的菩薩，以出世間的無分別智，捨二麤重，證二轉依，便證得佛果。唯此事說來容易，行來艱難。因為俱生的我法二執，根深蒂固，若要掃除盡淨，要在菩薩十地上修十種波羅蜜，逐漸捨妄證真。在時間上說，由初地至七地，要一大阿僧祇劫；八地至十地，也要一大阿僧祇劫。這其間，每一地修一種波羅蜜。十地修十種波羅蜜，亦名十勝行。修此十勝行，則斷十重障，證十真如。茲分述如下：

第一極喜地：此地菩薩，修滿初阿僧祇劫，初得聖性，具證人法二空理，能利益自他，生大歡喜，故名極喜地。在此地上，應修布施波羅蜜。布施度有三種，曰財施、法施、無畏施。財施者，以財物濟人也。法施者，說法利生也。無畏施者，使人遠離恐怖也。行者在初地以前，尚未登入聖門，仍為凡夫。至見道入地，即超凡入聖，斷異生障（即凡夫障），證遍行真如。所謂遍行真如，以此真如境，無所不遍，猶如虛空，故曰遍行真如。

　　第二離垢地：此地菩薩，破修惑，遠離一切垢染，故名離垢地。在此地上，應修戒波羅蜜。持戒度有三種，曰攝律儀戒、攝善法戒、饒益有情戒。攝律儀戒者，諸惡莫作也。攝善法戒者，眾善奉行也。饒益有情戒者，利樂有情也。行者具淨尸羅，斷邪行障，證最勝真如。所謂最勝真如，以此真如，清淨無垢，超勝一切，故曰最勝真如。

　　第三發光地：此地菩薩，成就勝定及殊妙四種總持，發妙智慧光，故名發光地。在此地上，應修忍辱波羅蜜。忍辱度有三種，曰耐怨害忍、安受苦忍、諦察法忍。耐怨害忍者，言遇怨害，不起瞋不報復也。安受苦忍者，言對於苦惱，能自忍受，不生怨尤也。諦察法忍者，觀察諸法，有忍耐力，心不動也。行者修忍辱行，斷暗鈍障，證勝流真如。勝流真如者，言此真如，與諸法界等流也。

　　第四燄慧地：此地菩薩，修三十七品等諸菩提分法，發出智慧，如大火燄，能燒一切煩惱之薪，故名燄慧地。在此地上，應修精進波羅蜜。精進度有三種，曰披甲精進、攝善精進、利樂精進。披甲精進者，披大勢力之甲，不怖畏種種難行也。攝善精進者，勤修善法，不退轉也。利樂精進者，利樂一切有情，不倦懈也。行者修精進度，斷微細煩惱現行障，證無攝受真如。無攝受真如者，以此真如，不屬我法二執所攝受故。

　　第五極難勝地：此地菩薩，能令真諦的無分別智，與俗諦的後得智，同時俱起，互相融攝。此事甚難，五地以前行者不

能辦，而五地菩薩能辦，故名極難勝地。在此地上，應修禪那波羅蜜。此靜慮度有三種，曰安住靜慮、引發靜慮、辦事靜慮。安住靜慮者，謂常安住其心於禪那中，定而不亂。引發靜慮者，謂此靜慮可以引發清淨無漏智慧，能觀真俗不二的性空法界。辦事靜慮者，謂在辦事時亦不離禪定。行者修靜慮度，斷下乘涅槃現行障（下乘即二乘，二乘入涅槃時，不欲成佛度生，故成為障）。斷之即證類無別真如。類無別真如，言此真如，無種類差別也。

第六現前地：此地菩薩，觀十二緣起，能引發無染淨差別的無分別最勝智令現前，故名現前地。在此地上，應修般若波羅蜜。般若度有三種，曰生空般若、法空般若、二空般若。生空般若者，觀眾生空，斷我執障。法空般若者，觀諸法空，斷法執障。二空般若者，雙觀我法二空，雙斷二執障。行者修般若度，通達緣起性空，性空緣起，理事無疑，事事無礙，引發根本無分別智，斷麤相現行障（即所知障中之俱生所知障）。斷此障已，證無染淨真如。無染淨真如者，謂此真如，離染淨境也。

第七遠行地：此地菩薩，善修無相行，遠出過世間和二乘的有相行，故名遠行地。在此地上，應修方便波羅蜜。方便度有二種，曰迴向方便、濟拔方便。迴向方便者，是將自己所作一切善法，迴向廣大菩提，這是大智。濟拔方便者，是以種種方便善巧，濟拔眾生，這是大悲。修此悲智雙運方便，斷細相

現行障，證法無別真如。法無分別真如者，謂此真如，從一切法相空無差別相所顯也。

第八不動地：七地菩薩，雖然能作一切相的無相觀，但尚不能放棄有功用行，仍不能任運而轉，故不能說是不動。八地菩薩，其無漏無分別智，任運相續，不為一切煩惱及境界所動，故名不動地。在此地上，修願波羅蜜。願度有二種，曰求菩提願、度眾生願。此二願心，前已有之，然有間斷，八地以後，則常不間斷。修此二願，斷無相中作加行障，證不增減真如。不增減真如者，謂此真如，其空性無有增減也。

第九善慧地：此地菩薩，成就微妙四無礙智，隨有情之機宜，善用四無礙智，自地說法，故名善慧地。在此地上，修力波羅蜜。力度有二種，曰思擇力、修習力。用此二力，增進智慧，斷利他不欲行障，證智自在所依真如。智自在所依真如者，謂此真如，是智自在所依處也。

第十法雲地：此地菩薩，得總緣一切諸法的智慧，能藏眾定慧功德，普度眾生，如大雲雨，潤澤大地，故名法雲地。在此地上，修智波羅蜜。智度有二種，曰受用法樂智、成熟有情智。此智不同於般若，般若為第六現前地所修，屬於因地，此智為第十法雲地所得，屬於果地佛智，以此斷諸法未自在障，證業自在所依真如。業自在所依真如者，謂此真如，為自他俱利事業，自在所依處也。

以上十地，一一有入住出三心。將入某地之剎那，謂之入

心。入已久住之時，謂之住心。久住之後，漸近後位，謂之出心。其中正斷惑位，名無間道；證理位，名解脫道。十地一一皆具此二道。第十地的滿位，名金剛無間道，此際一切二障，斷盡無遺，於是登於佛位而證得二轉依的大果——即第十地解脫道之果、佛果。亦即本頌末句所謂：「便證得轉依」。

「證得轉依」，即是證得菩提涅槃二果。原來所謂轉者是轉捨、轉得的意思，依是所依的意思，指第八識而言。第八識是依他起性之法，第八識中藏煩惱、所知二障的種子，及無漏智的種子（即菩提種子），而第八識的實性，即圓成實性之涅槃。第八識中的二障種子，為所轉捨之法；菩提與涅槃，為所轉得之法。如此，則第八識是所轉捨的二障，與所轉得的二果之所依，故名轉依。

基於以上所述，因之修唯識行之菩薩，轉捨其第八識中煩惱障的種子，而轉得其實性之涅槃；又轉捨其第八識中所知障的種子，而轉得為無漏之真智——菩提，這就是轉依。其所轉得之菩提與涅槃，就是二轉依之妙果。

說到轉依，尚有能轉道、所轉依、所轉捨、所轉得四種意義，再分述如下：

一、**能轉道**：能轉道即是能轉智，也就是能轉捨二障、轉得二果的智。這又有二類：

　1.能伏道：就是有漏的加行智，和無漏的根本智、後得智。這三智能伏二障的種子勢力，而使其不生現行。

2.能斷道：即是無漏的根本智和後得智，此智能斷除二障的種子。

二、所轉依：就是能轉的智，轉得淨法而成為所依的東西。這亦有二類：

1.持種依：這即是第八識，此識能任持染淨法的種子為所依，而使其轉捨轉依。

2.迷悟依：此就是真如。即此真如，能作迷悟的根本。若是迷真如，一切染法就依之而生。若是悟真如，一切淨法就依之而生。至聖道起時，則捨染法轉得淨法。

三、所轉捨：即是由能轉道被轉捨的東西。這也有二類：

1.所斷捨：就是煩惱所知二障的種子，當無漏的真無間道現在前時，這二障種子乃被斷捨。何以二障種子於此際斷捨呢？因為惑障和智道不能並存，所以無間道現前，惑障就不得不斷捨了。

2.所棄捨：就是非障的有漏法，及下劣無漏法的種子，這二者雖不是障法而不用斷捨，但在金剛喻定現在前的時候，第八識轉為圓明純淨。這圓明純淨的本識，不能任持有漏及下劣無漏種子，故自行將它棄捨。

四、所轉得：就是以能轉道，轉捨二障，因之而轉得者。這也有二類：

1.所顯得：就是大涅槃。涅槃自性本來清淨，但以客塵的煩惱所知二障所蓋覆，而不能顯現。到了聖道生起，

二障斷除，本來清淨相顯現，即名得涅槃。

　　2.所生得：就是大菩提。大菩提其體為無漏智，其能生的種子，無始以來法爾本具存於本識，但於所知障存在之時，即被障礙不能生起。至此由能斷聖道之力，斷除二障種子，無漏智種子重生現行，就名得大菩提。

　轉依，如上所述，由所轉得而所顯的，是大涅槃，所生的是大菩提。而涅槃就是真如的理體，此理體雖說唯一，但就義邊差別安立，則有四種：

一、本來自性清淨涅槃：一切諸法的實性，即是真如的理體，雖有客塵煩惱，但其性本來清淨，不生不滅，凝然湛寂，此謂本來自性清淨涅槃。

二、有餘依涅槃：這是由斷煩惱障而顯出的真如。雖然斷煩惱障，因還有異熟的苦果之餘殘所依，故稱有餘依涅槃。所謂異熟苦果，即有漏之依身。

三、無餘依涅槃：此謂真如超出生死之苦，亦即由斷生死的苦果而所顯的真如。換句話說，即於煩惱既盡時，更把餘殘的所依之生命報體亦滅掉，至此一切眾苦永寂，故稱無餘依涅槃。

四、無住處涅槃：即是由斷所知障所顯的真如。證此涅槃時，即生悲智——大悲與般若。因有大悲故，不住涅槃，在生死中度眾；因有大智故，不為有漏雜染法所染，而不住於生死。涅槃生死、二俱不住，故稱無住

處涅槃。

由所轉得而所生的，是大菩提。這大菩提是由能斷聖道之力，斷除二障種子，而無漏種子重生現行。無漏種子生起，盡未來際展轉相續。這菩提即是四智相應心品：

一、**大圓鏡智相應心品**：在十地出心金剛喻定現前時，大圓鏡智現起，同時清淨第八識俱起，與此大圓鏡智相應。這是轉有漏的第八識聚所得的智慧，有漏的第八識含藏萬法種子，變現根身器界；而此智則含藏無漏種子，變現佛果妙境。此佛果妙境現於此智品上時，猶如大圓鏡中，映現種種色相，故名大圓鏡智。

二、**平等性智相應心品**：有漏的第七識，恆內緣第八識的見分而起我執，以我執故，第六識在外執著自他彼此的差別，不能生起平等大悲。今第七識聚從有漏轉成無漏，內則證平等的理性，外則緣一切諸法及自他的有情，皆成平等的思量，故生大慈悲，故稱平等性智。

三、**妙觀察智相應心品**：神用無方，稱之曰妙；善觀諸法自相共相，無礙而轉，名為觀察。這是轉變有漏的第六識聚所得的智慧，此智觀察一切法的自相共相，無礙自在，故能於大眾會中轉大法輪，斷除一切眾生的疑惑，令諸有情皆獲利益安樂，故稱妙觀察智。

四、**成所作智相應心品**：成就本願力所應作事，名成所作智，這是轉有漏的前五識聚所得的智慧。此智為欲利

樂地前菩薩，以及二乘凡夫一切有情，乃示現種種身土變化等三業，成就本願力所應作事，故名成所作智。

以上是轉有漏的第八、第七、第六、前五四種識聚，得大圓鏡、平等性、妙觀察、成所作四種智。這即所謂：「轉識成智」。其所轉的情形，如下表所示：

```
                    ┌─ 大圓鏡智：轉第八識聚：變佛果勝法。
                    ├─ 平等性智：轉第七識聚：證自他平等。
大菩提四相應心品 ──┤
                    ├─ 妙觀察智：轉第六識聚：觀一切法無礙自在。
                    └─ 成所作智：轉前五識聚：成三業所作。
```

《唯識三十論》最末一頌，即第三十頌，頌文曰：

此即無漏界，不思議善常，安樂解脫身，大牟尼名法。

此末一頌，是指五位唯識修行的究竟位而說的。究竟位者，是在前面的修習位，數數的顯發無分別智，修諸勝行，二障斷盡，二果圓滿。論圓滿，菩薩尚須進修，故不能及；論殊勝，不是二乘的劣果可比，是究極竟了之位，故名究竟位，也就是佛果。《識論》解釋此頌曰：

前修習位所得轉依，應知即是究竟位相，此謂此前二轉依果，即是究竟無漏位攝。諸漏永盡，非漏隨增，性淨圓明，故名無漏。界是藏義，此中含容無邊有大功德故；或是因義，能生五乘世出世間利樂事故。

頌文「此即無漏界」，是顯示其體。「不思議善常安樂」七字，是顯示其勝德。「解脫身大牟尼名法」八字，是簡別二乘，而顯與三乘有別。

此即無漏界的此字，是指前面所說的二轉依果──涅槃與菩提。漏者即煩惱之異名，無漏即是無煩惱。漏也是漏落的意思，無漏者，即心不漏落於三界六塵中。界是藏的意思，言此界中藏有無邊稀有的大功德，又有因的意思，言能生五乘世出世間利樂事故。

「不思議善常安樂」句，是顯究竟的無漏界，二轉依之果體所具的殊勝德性。此二果體殊勝的德性很多，且舉四種：

一、**不思議**：這無漏界，離心緣之相，故不可思；離言說之相，故不可議。那是微妙最微妙，甚深最甚深，唯聖者自內證知的境界，故曰不思議。

二、**善**：這二轉依的果體，純白法性，離諸過惡，不同於不善及無記。此清淨法界的涅槃，離諸生滅之法，極其安穩；四智心品的大菩提，妙用無方，極其巧變，澤被群生。如此，涅槃的無為，菩提的有為，二者具有順益之相，與不善相反，故俱說為善。

三、**常**：清淨法界的真涅槃，無生無滅，性不變易，所以是常；四智心品的大菩提，以常住真如為所依，因為所依是常住的，所以能依的四智心品其體無斷無盡，亦說為常。又以所化有情無盡期故，亦成為常。

四、安樂：此二轉依果，自身無逼無惱，亦不逼惱一切有
情，故名安樂。亦即是，清淨法界的真涅槃，眾相寂
靜；四智心品，永離惱害，故名安樂。

「解脫身大牟尼名法」句，是簡別二乘，顯示三乘的果各
有不同。解脫身，是解脫煩惱障的纏縛而得到的果身。二乘聖
者雖離去煩惱障的纏縛，可得到一部分的轉依果，但以仍被所
知障所覆，故不能成為莊嚴的十力等殊勝功德法，所以但得名
為解脫身，不得名為法身。而大覺佛果的世尊，由於成就最極
無上的大牟尼——寂默法，即二障斷盡的一切法的性相，所以
不但名為解脫身，亦名為法身，此即是與二乘相異之處。為簡
二乘，故稱「解脫身大牟尼名法」。

法即法身。也就是「即身是法」。身，具有體性、依止、眾
德聚三義，所以總名曰身。此法身，是以清淨真如及四智菩提
的五法為性。清淨法界，名為涅槃，四品心智，名為菩提，合
此二種，名為法身。因為二轉依果攝此五法，而五法皆此法身
所攝持，法身，即是佛果的妙覺位。

法身有三差別相，此三差別相是自性身、受用身、變化身：

一、自性身：諸佛所證的真如理體，為一切有為、無為，
眾善萬德之所依，其體性即是真如，故亦稱法身。本
來這種理體，為一切有情之所具足，但因被惑障所覆，
自性不顯。故在凡夫，此理體名如來藏，不名自性法
身。但在究竟位，因能證得此真如理體，故名自性身，

亦名法身。其所居住的淨土叫做法性土，也就是真如
法性的理體。

二、**受用身**：受用身有二種，曰自受用身和他受用身。自
受用身是大圓鏡智所相應的第八識所變。是歷經三大
阿僧祇劫，修集的無量勝因，所感得的圓滿清淨色身，
其相好莊嚴，周遍法界，盡未來際，恆自受用廣大法
樂，此又稱為報身。他受用身是為要化益初地以上的
菩薩，由平等性智示現的微妙清淨身，現大神通，轉
正法輪，決斷眾疑，受用大乘法樂而隨宜應現的，此
又叫做應身。這自受用身所居的淨土叫自受用土，他
受用身所居的叫他受用土。

三、**變化身**：此為要化益地前菩薩與二乘、凡夫，由成所
作智示現的佛身。這能隨順機類差別，變現無量隨類
化身，或現神通，或說教法，利樂有情。這又稱為化
身。其所居的淨土叫做變化土，變化土通於淨穢二土。

　　說得更簡明一點，以上三身者，自受用身，是自證圓滿的
實智身。所依的實性，所證的妙理，叫做自性身；為利他而示
現的，叫做他受用身、變化身。於中為地上菩薩所現（即所見）
的，叫他受用身；為地前菩薩、二乘、凡夫所現（即所見）的，
叫變化身。所以雖說是三身，事實上只是一佛所具。如下頁表
所示：

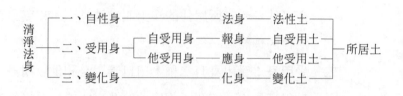

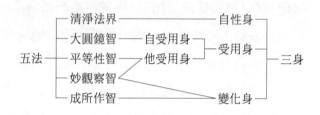

附錄　近代唯識學的復興與發展

一　緒論

　　唯識學，是大乘八宗之一唯識宗的宗義，唯識宗又名法相宗、慈恩宗。由其決判諸法體性相狀來說，名法相宗。由其闡明萬法唯識妙理來說，名唯識宗。又以其由大唐慈恩寺玄奘、窺基二師所傳弘，故又名慈恩宗。

　　唯識宗的淵源，源自印度的瑜伽學派。若再往上追溯，大乘經典《解深密經》等六部大經，廣說法相唯識妙義，就是此宗的起源。

　　在原始佛教的思想中，沒有後代發揚的唯識學。但不能說沒有唯識的傾向。原始佛教的緣起論，確有重心的傾向。後代的佛弟子順著這種傾向，討論有關心識的問題，這才有意無意的開發出唯識論❶。

　　唯識論所主依的《解深密經》卷三說：

　　　　我說識所緣，唯識所現故……此中無有少法能見少法，然即
　　　　此心如是生時，即有如是影像顯現。

　　經中的意思說，我人心所認識到的一切，並沒有一種所謂

---

❶　見印順法師《唯識學探源》第一章。

客觀獨立存在本質。當我人心識現前的時候，心上必然現起一種境界相。由於錯誤的認識與執著，以為那是離心存在的外境，其實那所認識的境相，只是自心現起的影子。唯是自心所現，所以叫做唯識❷。

佛滅後九百年頃，彌勒菩薩應無著論師之請，在中天竺阿瑜遮那國瑜遮那講堂，演講《瑜伽論》、《分別瑜伽論》、《大乘莊嚴論》、《辯中邊論》、《金剛般若論》等五部論著，弘通此法相唯識法門。其中尤以《瑜伽論》為此宗所正依的論典。

無著論師，梵名阿僧伽 (Asaṅga)，生卒年代約在西元三九五至四七〇年。他出生於北印度犍陀羅國的富婁沙富羅城，出身於婆羅門家庭，成長後捨棄婆羅門教，入小乘化地部出家，修學小乘，後來誦大乘經典，轉學大乘。傳說他曾師事彌勒，或謂他師事的彌勒並非天上的彌勒菩薩，而是歷史上的彌勒❸。

無著造有《攝大乘論》、《大乘阿毘達磨論》、《顯揚論》等論典，廣說法相的妙理。而其弟世親，更造《五蘊論》、《百法論》、《唯識二十論》、《唯識三十論》等論典，闡揚唯識的宗義。其中尤以《唯識三十論》，為集唯識義理的大成，由此而形成大乘有宗的瑜伽學派。

世親逝後百餘年間，有護法、安慧等十大論師各造釋論，以釋《唯識三十論》。其中以護法造《識論》、安慧造《唯識三

---

❷　同前，第二章。

❸　日人宇井伯壽的主張，見呂澂《印度佛學思想概論》第五章。

十頌釋》為著。同時陳那造《集量論》、《正理門論》、《觀所緣緣論》等，都是唯論學一系的論著。

唐代貞觀三年至十九年（西元六二九～六四五年），玄奘三藏周遊五印度期間，曾於那爛陀寺，從護法的門人戒賢論師受瑜伽大論及十支論的奧義，兼通空宗有宗、因明聲明等論，先後五年。又參學於十大論師之一難陀的弟子勝軍論師。玄奘歸國後，廣譯經論千數百卷，包括《解深密經》、《瑜伽論》、《顯揚論》、《唯識三十論》等經論在內。又以護法、難陀、安慧等十大論師所造《三十頌》之釋論，以護法之釋論為主，糅合纂成《識論》十卷，由此而開創了中土法相唯識一宗。

奘師盛弘法相唯識之學，門下受教者頗眾，就中以神昉、嘉尚、普光、窺基四人最著，有奘門四哲之稱，而紹傳斯學且能發揚光大者，則首推窺基。窺基長安人，為元魏尉遲部後裔，玄奘歸國後四年，基十七歲師事玄奘，從學五天竺語言，受唯識、因明之學。二十八歲參與《識論》譯場，著有《述記》、《大乘法苑義林章》、《成唯識論掌中樞要》、《瑜伽略纂》等。此宗規模，因基而大備。

窺基弟子慧沼，稟承師說，著《成唯識論了義燈》，楷定諸師異解；又著有《能顯中邊慧日論》，匡持正義。慧沼的弟子智周，復著《成唯識論演秘》，以解釋《述記》，此外並著《大乘入道次第章》，以明此宗修行的位次。

玄奘門下通達唯識之學的，除窺基一系外，尚有圓測、道

證、勝莊、太賢等。由於宗述玄奘思想與窺基述作有所出入，通常不列在慈恩宗嫡傳之內。

　　自玄奘、窺基開創唯識宗後，百餘年間，宗風甚盛，研究者頗多。唯百餘年後，唐武宗會昌五年（西元八四五年），敕令祠部取締全國寺院及僧尼，史稱「會昌法難」。在此次法難中，此宗的經疏大部分焚燬，宗運遂一蹶不振。繼之唐代末年，藩鎮割據，烽火不熄，五代十國，王朝交迭，百年之間，戰亂頻仍，以致佛寺荒廢，經籍散佚，隋唐三百年間昌隆鼎盛的佛教，至此零落殆盡，大小各宗，莫不衰微，尤以唯識一宗，竟成絕響。至元代有釋雲峰者，著《唯識開蒙問答》二卷，是唐代以後僅有的唯識學著述。蓋因《述記》及「唯識三疏」，早已散佚，未能編入《藏經》，即使有人研究，也無門可入。不過元代泰州景福寺英辯、金陵天禧寺志德、鎮江普照寺普喜及雲南僧無念等，尚傳持此宗。至明朝武宗正德年間，有魯菴普泰法師者，自一無名老翁處學得唯識要義，爾後他為《八識規矩頌》及《百法論》作註，由此二書問世，推動了明末諸家研究唯識的風氣。

　　明代後葉，約明武宗正德年間至崇禎年間（西元一五〇六～一六四四年），百餘年間，研究唯識的緇素輩出，一時蔚為風氣。在這段時間內，註釋唯識學的書籍問世了三十餘種，註釋的學者也有近二十人。而首開這種風氣的，是一位魯菴普泰法師。普泰法師行世的著作，一部是《八識規矩頌補註》，另一

部是《百法明門論解》。普泰法師生平資料不詳，萬曆年間釋通潤撰《成唯識論集解》，同一時代的王肯堂為之作序，序文中說：「余聞紫柏大師言，相宗絕傳久矣，魯菴普泰法師，行腳避雨止一人家簷下，聞其內說法聲，聽之則相宗也，亟入見，乃一翁為一嫗說。師遂拜請教，因留月餘，盡傳其學而去。疑翁嫗非凡人，蓋聖人應化而現者。」以上一段話，說得有點玄虛。其實普泰在《八識規矩頌補註》的自序中曾說到，他曾目睹過古人有關唯識的註疏，唯「為註之人，不書其名，往往皆鈔錄之本。」由此可見他早就留心於唯識，並不全是聞之老翁的。普泰以後，註釋唯識的學者，出家緇眾有真界、正誨、明昱、真可、通潤、德清、廣益、大惠、大真、智旭、鎮澄、蘊璞等；在家居士有王肯堂、王菴等。所註釋的唯識論典，為《識論》、《唯識三十論》、《百法論》、《八識規矩頌》、《觀所緣緣論》、《因明入正理論》等。明代後葉興起的研究唯識的風氣，到滿清入關而中斷。

　　清代後葉，佛法衰微，不絕如縷，幾瀕於滅亡。同治年間，洪楊之亂以後，江南文物蕩然無存，欲求一冊佛經而不可得。安徽池州楊仁山居士，聯絡同志，創設金陵刻經處，刻印佛經，數十年間刻印佛經兩千餘卷，流通佛經百餘萬冊。並自日本搜購得我國散佚經書三百餘種，其中包括唯識宗註疏在內，為之刻意提倡。他門下弟子中，亦有多人精於唯識。由於楊仁山居士及其弟子的刻意提倡，唯識之學乃告復興，茲介紹楊仁山居

士如下。

二　唯識學復興的關鍵人物
——楊仁山居士

唯識學復興的關鍵，由楊仁山文會居士肇其端緒。

楊仁山，名文會，仁山其字，安徽池州石埭人。於清道光十七年（西元一八三七年），出生在一個世代書香的家庭中。他的父親樸庵公，是道光十八年戊戌科進士，與曾文正公國藩同年。中式後授職京官部曹，舉家遷北京，故文會幼年是在北京成長的。

據〈楊仁山居士事略〉❹所載：

> 居士童時，示現遊戲，條理秩然。九歲南歸，十歲受讀，甚穎悟。十四能文，雅不喜舉子業。唐宋詩詞，時一瀏覽，間與知友賦詩樂。性任俠，稍長，益復練習馳射擊刺之術⋯⋯

這就是楊仁山居士少年時代的縮影。

仁山十五歲時，奉父母之命完婚。夫人蘇氏，長仁山六歲，以出天花面留疤痕。唯善以持家，婚後夫婦相處甚得。時太平天國於廣西起事，咸豐三年攻占南京，楊樸庵公為避兵亂，乃舉家遷往杭州僑居。

---

❹　〈楊仁山居士事略〉一文，載於《楊仁山居士遺書》。

　　仁山年稍長，曾入曾國藩軍中效力，仁山的孫女趙楊步偉在〈我的祖父〉❺一文中稱：

> ……曾國藩邀祖父去辦軍務，屢次很得奇功，一夜祖父又到曾處談時事，說到滿清之腐敗，祖父提說我們何必自相殘殺，為異族犧牲？曾又微笑不答。第二日對祖父說：汝父年已老，並且後方軍需也非常要緊，現派汝去辦理一切軍需，可是你不能置我於危險地位，切記切記。祖父明白他的用意，當時就回到杭州。

　　據說，他在杭州，是以穀米局總辦的名義，為曾公辦軍需。這時他大約二十四五歲的年紀。在這段時間中，由於他和鄰家一位姑娘發生了一段情緣，受到家庭的阻礙，以此而促成他走上學佛的道路。〈我的祖父〉一文中說：

> 經此一次打擊，祖父更覺世事無聊，就終日在西湖邊散步，一日在湖邊書店裡發現一本《大乘起信論》……忽悟當中要旨，頓覺愛情家事國事都不願過問了。

　　同治三年，曾國荃攻克南京，同治四年，仁山應蘇撫李鴻章之聘，主持江寧工程局，負責南京戰後建設工程。局中有同事王梅叔者，精於佛學。由王梅叔之介，得識學佛人士魏剛己、

---

❺　〈我的祖父〉一文，載於《傳記文學》三卷三期。

趙惠甫、劉開生、張浦齋、曹鏡初等，時太平軍戰亂之後，江南文物蕩然，寺院經像亦多遭焚燬，楊仁山與諸學佛同仁，因有創設刻經處，流通佛經之議。

同治五年，「金陵刻經處」成立。從此仁山以刻印佛經為終身職志。刻經處成立之初，訂有「三不刻」之例。一者疑為偽經不刻，二者文義淺俗不刻，三者乩壇之書不刻。以後數十年都維持此一原則，仁山曾手訂《大藏輯要》目錄，共輯經四百六十部，三千三百二十卷。仁山生前未能全部完成，唯由他親手校勘刻印者，為數約兩千卷。金陵刻經處流通出去的經書百餘萬卷，流通佛像十餘萬張，而最為難能可貴者，是仁山託請日本友人南條文雄，在日本搜求得我國唐代失傳的古本經疏近三百部，其中包括著唯識宗經疏《述記》等在內。

金陵刻經處刻印的經典中，關於唯識學方面的，有《解深密經》、《瑜伽論》、《識論》、《述記》等。如楊仁山於〈成唯識論述記敘〉❻一文中稱：

> ……自玄奘法師西遊印度，而後唯識一宗，輝映於震旦！有窺基法師者，奘公之高弟也！親承師命，翻譯《成唯識論》，會萃十家而成一部，並以聞於師者，著為《述記》，學相宗者，奉為準繩。迨元季而失傳，五百年來，無人得見。好學之士，每以為憾。近年四海交通，得與日本博士南條上人

---

❻ 見《楊仁山文集》。

遊，上人以此書贈予，金陵講經沙門見而心喜，亟慕資鋟
版，揚州觀如大師願任其半。未及竣工，而觀、松二師相繼
西逝，江表緇素，踵而成之。嗟呼！此書失之如此其久，得
之如此其難，而倡刻之人，皆不見其成，以是見唯識一宗，
流傳於世，非偶然也。後之覽者，其勿等閒視之。

光緒四年，曾紀澤奉朝旨為出使英法兩國大臣，函邀仁山
同往協理。仁山以參贊名義同曾紀澤赴歐洲，在倫敦得識日人
南條文雄，這是仁山在日本搜求佚經的助緣。

南條文雄是日本真宗僧人，他是西元一八七六年到英倫留
學者之一──日本自明治維新後，佛教僧侶到英倫接受西洋教
學，攻讀梵文者頗不乏人，與南條文雄同時在英倫留學的還有
笠原研壽，此外如高楠順次郎、村上專精等，也是那個時代到
英留學的。南條文雄在牛津大學專攻梵文，並致力於抄寫梵文
原典《翻譯名義集》、《佛所行讚》，並與米勒教授合譯為英文。
他與楊仁山於西元一八七八年在英倫相識，以後兩人維持了近
三十年的友誼，並為仁山在日本搜求得唐代遺帙經疏近三百部。
他在《日本卍字續藏》中稱：

明治二十四年以後，余與道友相識，所贈居士和漢內典凡二
百八十三部。而居士翻刻卻贈來者，殆及十餘部，如曇鸞、
道綽、窺基、智旭之書，亦在其中。

西元一八九五年（光緒二十一年），錫蘭達摩波羅居士❼來華，在英國傳教士李摩提太❽介紹下，與仁山在上海相晤，為復興印度佛教事請仁山支援。仁山計畫培育出一批精通英文梵文的青年，到印度協助達摩波羅傳弘佛法，這是他後來創辦「祇洹精舍」的遠因。

仁山晚年，門下弟子眾多，各有所長。如歐陽漸〈楊仁山居士傳〉稱：

> 惟居士之規模弘廣，故門下多材。譚嗣同善華嚴，桂伯華善密宗，黎端甫善三論，而唯識法相之學有章太炎、孫少侯、梅頡雲、李證剛、蒯若木、歐陽漸，亦云夥矣。

以上諸人中，入民國後對弘揚唯識學有卓越貢獻者，以歐陽漸、梅頡雲為最著。

光緒三十四年，仁山於金陵刻經處內創辦祇洹精舍。入學弟子除在家青年外，出家青年入學者，有釋智光、釋開悟、釋仁山、釋惠敏等。而佛門龍象太虛大師，當時亦為祇洹精舍學

---

❼　達摩波羅，錫蘭島人，西元一八六五年生，他生平以復興印度佛教為己任，曾在印度波羅奈鹿野苑建「初轉法輪寺」，組織「大菩提會」，是個國際性的佛學團體。他於西元一九三三年在印度逝世。

❽　李摩提太，英國傳教士，西元一八七〇年來華，在上海傳教。楊仁山曾和他合作，譯《大乘起信論》為英文。由仁山口述論義，李筆譯，李以私見附會論義，仁山自是不與外人合作譯書。

生之一❾。

　　楊仁山居士於宣統三年八月十七日（西元一九一一年十月
八日）病逝，享年七十五歲。

　　在中國佛教極度衰微的時代，楊仁山居士是一個開創風氣
的關鍵人物。他創辦刻經處流通佛經，設置僧學堂培育人才，
在國內外搜求散佚失傳的經典刻版印行，促成了民國初年中國
佛教的復興，所以他是中國現代佛教的啟蒙者，甚至於美國學
者唯慈 (Welch)，稱譽他是「現代中國佛學復興之父」。

　　而中國自唐代至清末失傳千年的唯識學，也是在楊仁山居
士的啟發與倡導下，顯露出復興的曙光。

三　歐陽漸與支那內學院

　　民國初年，以研究唯識學獨樹一幟，卓然成家，受佛教人
士敬仰者，是宜黃大師歐陽漸居士。

　　歐陽漸，字竟無，江西宜黃人，清同治十年（西元一八七
一年）生。他的父親仲孫公曾在戶部任職，沉浮郎署，二十餘
年不得出頭。光緒二年病逝，時竟無年方六歲。

　　竟無幼年刻苦攻讀，精於制藝。二十歲中秀才，又入經訓
書院從他叔父宋卿公學，由程、朱之學上溯諸子百家，兼修天
文學和數學，可謂得風氣之先。

---

❾　見《太虛大師年譜》宣統元年條。

　　光緒二十年甲午之役，中國戰敗，竟無慨於國事日非，雜學無濟於世，乃專治陸王之學，欲以此補救時弊。他本來無意於佛學，後來受到同鄉桂伯華❿的啟發，而開始走上學佛的道路。

　　光緒三十年甲辰，竟無三十三歲，以優貢赴京廷試，南旋之際，謁楊仁山居士於南京，得到老居士的開示，使他學佛的信念益堅，他回到江西，朝命授為廣昌縣教諭，他到廣昌就任，越二年，母親汪太夫人病篤，竟無由任所趕回，僅得於母親嚥氣前見著一面。竟無是庶出，六歲喪父，他上面還有一個嫂嫂，一個姐姐，皆寡而貧，依賴寡母以活。他在這樣環境中長大，形成他「激憤」的性格。如今汪太夫人逝世，他即於母逝之日起，斷肉食，絕色欲，杜仕進，皈心佛法，必求究竟解脫。

　　他在鄉守制經年，之後東渡日本，學習密宗要旨，在東京結識得章太炎、劉師培等一般學人，經常相聚討論佛學。未久返國，與友人李證剛在九峰山經營農場。又以大病瀕死，農場亦經營不善，至此他決計捨身為法，不再為生計謀。他乃到南京的金陵刻經處，依楊仁山老居士，專任刻經處經書校勘之責，並從仁山老居士學法相唯識之學。宣統三年仁山老居士逝世，以刻經處編校之責相託囑。越二日武昌起義，未幾革命軍攻南

---

❿　桂伯華，江西九江人，西元一八六一年生。光緒二十三年鄉試副榜，是楊仁山居士早期的弟子。歐陽漸、黎端甫、梅頡雲、李證剛等均由伯華之介紹而入楊仁山居士門下。

京，竟無在危城中留守刻經處四十日，經版賴以保全。

　　民國三年，他隻身走隴右，找同門蒯若木**⓫**商借刻版經費，由隴右返回，隨侍在他身側十七歲的女兒蘭兒，竟在他出門期間病卒了，這使他哀傷悲憤不能自已。他嘗謂：「悲憤而後有學」。蘭兒病卒後，他在刻經處治瑜伽學，日以繼夜達旦不休。於唯識法相的典籍，無所不窺。越三年，深入斯學堂奧。他探究出法相與唯識，本末各殊，未容淆亂。民國六年，刻經處刻成《瑜伽論》五十卷。竟無為作長序，主張分唯識、法相為二宗。序中闡述「約唯心門建立唯識義，約教相門建立法相義」的宗義綱要。

　　竟無於民國七年開始籌設支那內學院，歷經艱辛，於民國十一年開課。是年他於內學院講《識論》。於開講之前，「他先於《識論》要義作十抉擇之談」。這就是後來發表的〈唯識抉擇談〉長文。此文是竟無鑽研多年的精心之作，文中有獨到的見解。唯他在文中非毀《大乘起信論》，批判清辨，甚至於認為《楞嚴經》應入疑偽之列。這就引起太虛大師的質疑，演變成「唯識論戰」，後文將再詳述。

　　支那內學院後來增設研究部，民國十四年又開辦法相大學特科，這段時間，竟無聲望極隆，門人弟子皆一時俊彥。如呂秋逸、陳真如、姚栢年、聶耦耕、王恩洋、黃懺華、熊十力、

⓫　蒯若木，亦為楊仁山居士早期的弟子。他是留日學生，後來在北京任鐵路督辦，是佛教護法的大居士。

湯用彤等，在佛學上皆有卓越的成就。北京大學教授梁漱溟，曾專程南下金陵，謁竟無問學。一代學者梁啟超，曾從竟無學唯識，前後兩旬，雖病中不輟。事後以書報竟無曰：

> 自悵緣淺，不克久侍，然兩旬所受之薰，自信當一生受用不盡。

民國二十六年中日戰爭爆發，竟無率內學院師生遷徙四川江津，且有內學院蜀院之設。竟無雖老而講學不輟。民國三十三年病逝江津，享年七十四歲。

竟無江西宜黃人，故世稱宜黃大師。

東初法師著《中國佛教近代史》，稱歐陽竟無：「竟無居士，融會性相，貫徹空有，而於唯識法相發揮極致，實唐以後之第一人也。」

民國三十三年三月，宜黃大師歐陽竟無病逝，支那內學院院友開會，推舉呂秋逸繼任內學院蜀院院長。

呂秋逸，名澂，秋逸其字。江蘇丹陽縣人，清光緒二十二年（西元一八九六年）出生。

秋逸早年畢業於鎮江中學，繼之考入常州高等實業學校農科，僅肄業一年，即考入南京民國大學經濟系。民國三年，到金陵刻經處從宜黃大師研究佛學。繼之東渡日本留學，專攻美術，民國五年返國，應上海美術專科學校校長劉海粟之聘，任美專教務主任，時年僅二十一歲。

民國七年，宜黃大師籌設支那內學院，邀約秋逸協助，秋逸應邀入金陵刻經處，從此開始了他一生七十餘年的佛學研究生涯。秋逸絕世天資，精通英、日、法、梵、藏諸種文字。他得天獨厚，有名師之指導——歐陽竟無為世所公認的一代大師；有研究的環境——內學院藏書數萬卷可供參考。在此多種優越的條件下，他研究成果之豐，在同時代學人中無以與之比擬。

秋逸治學，客觀冷靜，思慮周密，他性甘淡泊，不忮不求。一生著述等身，概括印度佛學、中國佛學、西藏佛學三方面，由而塑成他一代佛學大師的地位與風格。他對唯識學頗有創見，他曾校勘藏文《安慧三十唯識釋略抄》、《因明正理門論》及重譯藏本《攝大乘論》。

秋逸西元一九八九年在北京病逝，享年九十三歲。

宜黃大師門下，傳承其唯識學的，是南充王恩洋。

王恩洋，字化中，四川南充縣人。清光緒二十三年（西元一八九七年）生。他幼受私塾教育，十七歲考入南充中學堂，課餘喜讀宋明理學書籍，中學畢業後，民國八年到北京，在北大哲學系旁聽，並從哲學系教授梁漱溟研究印度哲學，又由梁漱溟之介紹，在哲學系印度哲學圖書室任管理員，因此得有機會廣泛的閱讀有關印度瑜伽法相方面的著述。

時宜黃大師弟子黃樹因❶❷，在北京大學從俄人剛和泰習梵

---

❶❷　黃樹因，是佛學家黃懺華胞弟，十八歲禮歐陽漸為師學唯識，二十二歲到北京從剛和泰習梵文，二十八歲病逝。見〈黃建事略〉，載《歐陽竟無

文，並在北大任俄文翻譯。他與恩洋年齡相若，志趣相投，時在一處共同研究學問。民國十一年，宜黃大師在南京創辦支那內學院，恩洋受黃樹因之影響，南下金陵，從宜黃大師學唯識，並在內學院任教。

恩洋在內學院，全力鑽研法相唯識之學，他圈讀窺基《識論》，研究清辨《大乘掌珍論》，校勘《述記》、《成唯識論掌中樞要》、《成唯識論了義燈》、《能顯中邊慧日論》、《順正理論》等重要典籍，這樣奠定了他唯識學的基礎。民國十四年，支那內學院增設法相大學特科，恩洋擔任主任兼教授，主講「唯識通論」、「成立唯識義」及「佛學概論」。為了教學需要，他自編講義。後來出版的《佛學概論》、《唯識通論》等書，就是由他的講義印行的。

民國十五年，王恩洋以一篇〈大乘起信論料簡〉的論文，引發了一場「起信論真偽之諍」的筆戰。其實這只是當時「唯識論戰」中的一部分。此留待後文詳述。

民國十六年，北伐軍逼近南京，位於南京延齡巷的金陵刻經處，為守南京的直魯聯軍褚玉璞部強占駐軍，設在刻經處的支那內學院亦被迫停課，恩洋亦返回四川原籍。

民國十八年，恩洋於南充設立龜山書房，聚眾講學。三十一年他在四川內江創辦東方文化研究院，招收學員，講儒學和

文集》。

佛學。西元一九四九年中共建國，他擔任北京中國佛教協會所設中國佛學院教授，西元一九六四年病逝四川原籍。

恩洋學兼內外，內學專精唯識。恩洋治學，與宜黃大師有所不同。大師治學，一生凡有三變，他首治唯識，於經論不拘泥於文字，而在扼其大意，加以抉擇。以後由唯識而般若、而涅槃。而恩洋治學，一生忠於唯識，始終未超越唯識範圍，故其唯識學之造詣，於宜黃大師之下為第一人。他於唯識學的著作，有《唯識通論》、《二十唯識論疏》、《八識規矩頌釋》、《攝大乘論疏》等。

東初法師著《中國近代佛學史》，稱王恩洋：

> 因黃樹因引見，從竟無居士學，專研法相唯識學，其慧解不在呂澂之下，二人各有專攻而已。王呂二人實為內院兩大巨柱，王精於法相唯識，呂長於語言（指其通達多種文字），其於藏文本校勘唯識因明諸籍，已如前述。

楊仁山居士門下，精於唯識者，除歐陽竟無外，梅頡雲亦以唯識學著名於世。

梅頡雲，名光羲，頡雲為其字。江西南昌人，清光緒六年（西元一八八〇年）生。梅氏為洪都望族，幼年受家塾教育，攻讀經史，少年入泮，十九歲參加鄉試，中式舉人。二十三歲以道員在湖北候補，受湖廣總督張之洞所賞識，擢為湖北武備學堂監督，越年派遣赴日本，入陸軍振武學堂，受正規軍事教

育。振武畢業，又入早稻田大學習政治經濟，光緒三十三年學成歸國。

先是，光緒二十八年，頡雲既受秩，如京師陛見，途經金陵，以同鄉桂伯華之引見，從楊仁山老居士受《大乘起信論》，華嚴三論及唯識。由此他盡力研究佛學，而於唯識法相之學用功特多，而卒成唯識大家。

他自日本歸國後，先後出任湖北提法司使，廣東司法研究館監督，山東高等監察廳廳長等職。

民國九年，頡雲出版《相宗綱要》一書，將法相唯識學中最煩瑣的名相，及深奧的義理，諸如「三時教相」、「善等三性」、「五位百法」等，計一百五十餘條，詳為解釋，首尾貫通，自成系統，相當於一本法相小辭典。研究唯識者，手頭有此參考書，可獲不少方便。

民國二十年，頡雲於《海潮音》發表〈相宗新舊兩譯不同論〉，該文要點為分析新舊兩譯有八點不同，其大要為：

> 傳相宗之義來中土者，凡有三人：一、後魏時之菩提流支。二、梁時之真諦。三、唐時之玄奘。菩提流支及真諦世皆稱為舊譯，玄奘則即新譯也。……
> 一、在真諦譯中，定性二乘，亦必由佛道而般涅槃；而玄奘譯中，謂定性二乘永不回入大乘，即非由佛道而般涅槃，只由彼二乘道而般涅槃。

二、真諦譯之三無性曰：一切諸法，不出三性：一分別性，二依他性，三真實性……而玄奘所譯之《顯揚論》則曰：三自性即遍計所執性、依他起性、圓成實性。此二者不同處，真諦謂分別性與依他性是空，唯真如實性是有；而玄奘謂遍計所執性空，依他圓成是有。

三、三無性中之生無性，真諦譯為「約依他性者由生無性說名無性」，玄奘譯為「生無性謂依他起自性，由此自性緣力所生非自然生故。」此二者不同處，在真諦則謂依他不由自成，即是分別體無；在玄奘則謂依他非自然生，不謂其無。

四、關於唯識真如之義，在真諦名真如為阿摩羅識，在玄奘則不名真如為識，謂真如只是清淨識所緣之境。

五、關於能變識，真諦所譯者謂顯識有九種，色心諸法皆是本識（第八識）之所變，而不說諸識皆是能變；而玄奘所譯之《成唯識論》，則列三能變，謂諸識皆是能變者。

六、真諦譯《顯識論》，謂：「一切三界，但唯有識，何者是耶？三界有二種識，一者顯識，二者分別識。」此是以第八識為能變，前七識為能緣。而玄奘譯《成唯識論》，則曰：「諸心心所，若細分別，皆有四分。」即諸心及心所，皆有能緣的見分，及所緣的相分。

七、真諦譯《轉識論》，以阿陀那為第七識；而玄奘所譯，以阿陀那是第八識的異名，第七識名末那識。

八、地論宗據舊譯以第八識為淨識。攝論宗更於八識之外立

　　　第九識；而新譯不立第九識亦不謂第八識是淨識。

　　頡雲此文出，由於理明辭晰，觀點新穎，頗受佛教學者重視，但亦有一些非議。太虛大師為此文寫了一篇〈書後〉，指出舊譯是泛傳世親之學，而近於天台、賢首、禪宗諸家對唯識學之誤解，不是正統的唯識學，故不應以舊譯異於新譯為結論。中日戰爭期間，頡雲任職司法院，僑寓重慶。民國三十六年五月病逝，享年六十八歲。

　　頡雲的著作，除《相宗綱要》外，尚有《相宗綱要續編》、《大乘相宗十勝論》、《相宗史傳略錄》、《因明入正理論節錄集註》、《法苑義林章唯識章註》等。

　　太虛大師精於唯識，生前多次開講唯識，著有《法相唯識概論》。他門下的唐大圓居士也精於唯識。

　　唐大圓，湖南人，出生年代不詳。他民初皈依印光法師，以後即常撰佛學文稿在佛教雜誌上發表。太虛大師嘗謂：「《潮音》得唐大圓、張化聲、張希聲投稿，倍有生氣。」❸民國十一年，太虛大師在漢口佛教會成立佛教講習所，大圓謁大師，一見契合，四月講習所開學，即聘大圓為教務主任。八月講習所第一期學員畢業，太虛大師聘大圓為武昌佛學院教務主任。自此大圓追隨大師十餘年之久，其間曾主編《海潮音》月刊❹，

------

❸　見《太虛大師年譜》民國十年條。

❹　《海潮音》月刊先由史一如主編，民國十二年十月，史一如病，由大圓

主持「佛教工作僧眾訓練班」**⓯**，擔任「世界佛學苑」籌備主任等職務**⓰**。武昌佛學院與支那內學院因法義之諍，大圓亦為參加筆戰的一員。

　　大圓入武昌佛學院之初，因聽太虛大師講《識論》而傾心於唯識，乃潛心研究，以後多年，在武漢大學、中華大學、漢口文化學院、長沙佛教會等處演講，專講唯識。他的佛學著作，如《唯識學闡微》、《唯識的科學方法》、《唯識方便談》、《唯識三字經》、《唯識三十頌釋》、《百法明門論釋》等，都是講稿改寫而成。

　　民國二十六年，中日戰爭爆發，大圓返回湖南故里，民國三十年（西元一九四一年）二月一日病逝於湖南寶慶**⓱**。

四　韓清淨與三時學會

　　民國以後，抗戰以前，傳弘法相唯識之學的，在南方有創辦支那內學院的歐陽漸，在北方有主持三時學會的韓清淨。二人均以畢生心力，盡瘁斯學，窮本溯源，深入堂奧。在當時，二人有「南歐北韓」的稱譽。事實上，最早在北方傳弘唯識的，不是韓清淨，而是蜀人張克誠。

　　接編，見《太虛大師年譜》民國十二年條。

⓯　見《太虛大師年譜》民國十七年條。

⓰　見《太虛大師年譜》民國二十一年條。

⓱　見《海潮音》月刊二二卷八期。

　　張克誠，名炳楨，晚年號靜如居士，以字行。他是四川廣漢人，生於清同治四年（西元一八六五年），幼年聰明質直，好學不倦，十二歲讀畢五經，二十歲補縣學生員，以後因屢應鄉試不第，乃退而學《易》以自遣。他家貲富有，為地方紳糧，乃先後在廣漢設立小學十餘所，以提倡新學。並創辦小型手工藝廠，開拓實業，為農村貧民增加就業機會，以此深獲鄉人尊敬。

　　光緒三十四年（西元一九〇八年），他東遊江漢，北上京師。這時他年逾四十，在京師考入殖邊高等學堂，學習俄蒙文字。三年畢業，時為民國肇始，他應蒙古宣撫使姚錫光之聘，入姚幕同赴蒙古，參與機密。後以姚之推薦，任大同鎮守使署執法處長。時當鼎革之後，地方不靖，克誠日理刑事判決，心理壓力極重。一日偶讀《楞嚴經》，有所感悟，遂棄官不為，返回北京。

　　克誠在京，初居廣濟寺參究，日久未見成就，以後乃進一步研究《楞嚴》及法相唯識之學。一榻一盂，蕭然自得。民國三年，他與北京佛教居士創立念佛會，他在會中定期講經。他於唯識學下過苦功，造詣頗深。民國七年，江味農以華北旱災到京放賑，曾從張克誠學唯識。蔣維喬時任教育部參事，推薦克誠到北京大學開唯識學課程，他是在大學講授佛學的第一人。他嘗說：「唯識一宗，最盛於唐，自奘、基而後，古著不傳本國，道緒中寢。明代諸師，間多誤解，所差毫釐，謬以千

里……」

　　克誠曾以窺基《述記》為原本，撰成《成唯識論提要》十卷，此外尚著有《百法明門論淺說》、《八識規矩頌淺說》、《印度哲學》、《心經淺說》等。對於民國初年的唯識學，頗有倡導與啟發作用。他民國十一年在北京逝世，享年五十六歲。在他逝世的前一年——民國十年，韓清淨等一般佛教人士成立了法相研究社。

　　韓清淨，原名克宗，又名鏡清。河北河間人。生於清光緒十年（西元一八八四年），他幼年讀書，穎悟過人。光緒二十七年，年十八歲，中式辛丑科舉人。未久廢科舉，清淨亦不樂仕進，轉而研究佛學。他初讀《瑜伽論》，不解其義，乃發憤潛心研究，終至通達。

　　民國十年，他與佛教同仁朱芾煌、韓哲武、徐森玉、饒風璜等，在北京組織「法相研究社」，以研究法相唯識為目的，清淨在社中主講《識論》，這是他弘法之始。後來他為了做更深入的研究，到房山縣雲居寺關室淨修，如是三年，學力大進。民國十四年，日本召開東亞佛教大會，清淨到日本出席，在大會上宣讀論文《十義量》，博得與會學者的讚許。

　　民國十六年，清淨與法相研究社同仁組織「三時學會」，清淨被推為會長。該會以闡揚印度佛學和佛教真實教義為宗旨，並以講習、研究、譯述、刻印經典為事業。清淨在學會中每週一次講學，亦常到各大學作學術演講。唯所講題材，均以法相

唯識為主，不出六經十一論之範圍。講《攝大乘論》，別人數月或一年可講完，清淨須二年始可，以其講解精細也。

　　三時學會的印經事業中，以影印《宋藏遺珍》最足稱道。民國十九年，佛教護法居士朱子橋將軍在陝西放賑，於西安臥龍寺及開元寺中，發現保存有宋版《藏經》——《磧砂藏》，朱到上海，與佛教居士葉恭綽、狄葆賢、蔣維喬、丁福保、李圓淨、及範成法師等發起影印，並推範成法師主持其事。範成法師到西安查對宋《藏》內容，發現尚缺少若干部。範成法師乃到北京、山西等地查訪，以期補全。後來訪到山西趙城縣的廣勝寺，保存有金代的《藏經》。

　　金《藏》雕版於金熙宗皇統九年（西元一一四九年），完成於金世宗大定十三年（西元一一七三年）。收經一五七〇部，六千九百餘卷。範成法師以其版式與《磧砂藏》不同，故沒有借用。此事為韓清淨所知，命會中同仁徐森玉赴山西接洽，在金《藏》中選出久已失傳的法相唯識方面孤本典籍四十六種，計二百四十九卷，借出製版影印，命名曰《宋藏遺珍》。全書線裝一百二十冊，分裝十二函發行。

　　清淨晚年，全心致力於《瑜伽論》的校訂工作。撰成《瑜伽師地論科句》四十萬言，又融會本論前後文義，綜合考證所有關於論著疏釋，撰成《瑜伽師地論披尋記》七十萬言。這二者合稱《瑜伽師地論科句披尋記彙編》，這部百萬言鉅著，是清淨畢生精力所注，遺憾的是此書於清淨生前未能出版，於他逝

後十年，三時學會同仁，始以打字影印的方式，印出百部，分贈會員參考。書後有〈後記〉一篇，敘明此書出版的經過：

> 《瑜伽師地論科記披尋記》，為本會前會長韓清淨居士最後宏著，此論性相賅攝，義解精詳，萬相包羅，為大乘佛法教理淵海。公元七世紀間玄奘三藏，即為求取此論而西行遊學。歸國後，便宣譯此論及十支論等，並盛行弘講，傳制疏記，形成中土大乘法相學派。但自唐以後，義學漸衰，千餘年來，講習式微，傳鈔刊印，亦有訛略。清淨居士有鑑於此，因發弘願，詳加校訂，撰成《瑜伽論科句》四十萬言，並又融會本論前後文義，綜考所有，有關論著疏釋，撰成《瑜伽論披尋記》七十萬言，以闡發瑜伽大論奧義。
>
> 本會前理事朱芾煌居士，於茲撰業，襄助實多，書成後，韓朱兩居士先後逝世。本會馬一崇居士又就遺著《科句》、《披尋記》加以彙編，並準備刊印，馬居士又於去年逝世。同人以此書刊印不容再緩，因用打字印刷百部行世。義學益明，法流廣布，一切見聞同沾利益，是為記。
>
> 　　　　　　　公元一九五九年七月三日，三時學會謹識

清淨於西元一九四九年在北京逝世，享年六十六歲。他生平著作，均屬唯識方面，計有《唯識三十頌詮句》一冊，《唯識三十論略釋》一冊，《成唯識論述記講義》二冊，《大乘阿毘達磨集論別釋》七冊，《唯識指掌》二冊，《心經略釋》一冊，《十

義量》一冊,《攝大乘論科文》一冊,《解深密分別瑜伽品略釋》
一冊。

　　三時學會中另一位臺柱人物,是《法相辭典》的編者朱芾
煌居士。

　　朱芾煌,四川江津人,出生於清光緒三年(西元一八七七
年)。他早年事跡不詳,中年久居北京。民國十年九月,太虛大
師在北京廣濟寺講《法華經》,芾煌隨眾聽講,於座中提出佛學
上七點疑問請大師解答,所提問題,語皆精闢,時人始知其於
佛學理解之深。是年他與韓清淨等組織「法相研究社」,推清淨
為社長,芾煌長清淨七歲,為從清淨學唯識,乃禮清淨為師,
終身執弟子禮。從此摒棄以往所學,專究「一本十支」諸論,
畢生不懈。

　　民國十六年三時學會成立,韓清淨任會長,芾煌協助推動
會務,不遺餘力。民國二十三年,他開始編纂《法相辭典》,歷
時三年而成,二十八年由商務印書館出版,南北兩位唯識大家
歐陽漸、韓清淨為之作序。芾煌編纂這部辭典的動機,是認為
一般的佛學辭典有十種失誤:

　　1.一般的佛學辭典,泛載俗名者多,唯取法名者少。

　　2.於所載法名中,隨自意解釋者多,依聖教解釋者少。

　　3.於所依聖教中,依中土諸師之說多,依佛菩薩之說少。

　　4.於佛菩薩之說中,依不了義經者多,依了義經者少。

　　5.依了義經者,譯文訛誤者多,譯文正確者少。

6.譯文正確中，選材蕪雜者多，選材精慎者少。

7.選材精慎中，唯舉一義者多，兼舉眾義者少。

8.兼舉眾義中，略釋概要者多，詳陳本末者少。

9.詳陳本末中，大小無分者多，大小可別者少。

10.大小可別中，出處不明，難可查對者多，詳誌卷頁，易
　　可查對者少。

　　這部辭典全文兩百六十餘萬言，全部取材於唯識經論，皆
錄原文，不加詮釋。並註卷頁，藉便檢尋是其特點。茆煌約在
西元一九五五年前後在北京病逝，享年約七十九歲。

　　《唯識研究》一書作者周叔迦教授，也是三時學會會員。

　　周叔迦，安徽至德縣人，清光緒二十五年（西元一八九九
年）生，民國九年畢業於上海同濟大學工科，以後曾自辦工業
數年。他對佛教素不了解，民國十六年他旅居青島的時候，遇
到一位密宗傳法大師，授他密咒，據說他由此智慧大開，以後
即潛心研究佛學❶。

　　他民國二十年到北京，先後任教於北京、清華、中國、輔
仁諸大學，他學的是工科，在大學中教授的卻是哲學，他主講
的課程有中國佛教史、唯識學、因明學等。他在北京大學講授
唯識學，以授課的講義編著為《唯識研究》一書，《佛法與科
學》的作者王小徐為之作序。

---

❶　見《唯識研究》王小徐序。

　　他在北京，參加了各種佛教活動，也加入了三時學會。《宋藏遺珍》的影印，他也盡了不少心力。民國二十九年，他在北京瑞應寺開創了一所中國佛學院，自任院長，主講佛學課程，以後他曾組織過「中國佛學研究會」，主編過《微妙音》、《佛學月刊》，主持編印過佛教史志六種，也經常撰寫佛學論文發表。

　　他晚年擔任過中國佛協副秘書長、中國佛學院副院長等職。西元一九七〇年在北京逝世，享年七十二歲。

　　叔迦一生佛學著作頗富，但有關唯識方面的，只有《唯識研究》和《因明學新例》兩種。

　　三時學會會員中，如徐森玉、饒風璜、韓哲武等，對唯識學都有深入的研究，唯未見有著作問世。

五　武昌佛學院與支那內學院的法義之諍

　　以民國十二年為中心的前後數年之中，由太虛大師主持的武昌佛學院，和歐陽竟無主持的支那內學院，兩系學人以法義見解的不同而時有諍論，諍論的事端雖然不一，而實以對唯識見解有異為諍論中心。

　　在近代佛教史上，太虛大師和歐陽竟無居士，是佛教思想界兩大巨擘，他二人都出於楊仁山老居士門下，兩人各辦了一所佛學院——武昌佛學院和支那內學院，漢、寧兩佛學院遙遙相對，各對中國近代佛教發生了重大的影響，但在民國八年到十五、六年這一段時間中，兩學院之間因法義見解不同而諍論

不斷。

　　諍論肇始於民國八年，那時支那內學院尚在籌備階段，先對外發出一份內學院簡章。其簡章總則第一條是：

> 本內院以闡揚佛教，養成弘法利世之才，非養成出家自利之士為目的。

　　這條文字最後的一句話，確有語病，意思好像是出家人都是自利的。甚至於那時外界人士，有疑竟無有取僧伽佛教而樹立居士佛教以代之的野心。當時太虛大師乃撰寫〈支那內學院文件摘疑〉一文以駁斥之：

> 闡揚佛教，果無需出家之士乎？弘法利生，果有不可出家之意乎？出家之究竟果惟為自利乎？出家人中果不能有弘法利世之才，以闡揚佛教乎？予意佛教住持三寶之僧寶，既在乎出家之眾，而三寶為佛教之要素，猶主權、領土、公民之於國家也。欲闡揚佛教以弘法利世，顧無出家之眾乎？分析言之，出家之士，以無家人之累，而減少謀生之計，彌可專志闡揚佛教，弘法利世……

　　太虛大師此文發表，內學院方面亦感到措辭有欠圓周，旋由邱晞明致函大師致意曰：

> 以措詞未圓，易啟疑慮，則改為「非養成趣寂自利之士」亦

> 無不可。要之，非簡出家，乃簡出家惟知自利者……

　　後來蔣維喬❶、梅頡雲亦為此事於《海潮音》撰文質疑，而竟無也致函太虛大師解釋誤會，事情才告一段落。

　　民國十年之後，諍議漸多。舉其著者，如佛學院的史一如與內學院的聶耦耕，關於因明作法之諍；唐畏三與呂秋逸關於釋尊生滅年代之諍；唐大圓與景昌極關於相分有無別種之諍等等。而這些諍論的最高潮，前為〈唯識抉擇談〉之諍，後為《大乘起信論》之諍。茲先述前者：

　　民國十一年，歐陽竟無於支那內學院開講《識論》。於講《識論》前，他「先於《識論》要義作十抉擇之談……將談十抉擇，先明今時佛法之蔽。其蔽為何，略舉五端。」

　　關於「五蔽」，以與唯識無關，略而不談。至於「十抉擇」，全文過長，僅列其條目如下：

　　1.抉擇體用談用義。

　　2.抉擇四涅槃談無住。

　　3.抉擇二智談後得。

　　4.抉擇二諦談俗義。

　　5.抉擇三量談聖言。

　　6.抉擇三性談依他。

---

❶　蔣維喬，民國初佛學家，著有《中國佛教史》、《因是子靜坐實驗談》等書。

7.抉擇五法談正智。

8.抉擇二無我談法無我。

9.抉擇八識談第九。

10.抉擇法相談唯識。

〈唯識抉擇談〉一文，是歐陽居士鑽研斯學多年後的精心之作，這其中確有他獨到的見解。惟在文中非毀《大乘起信論》，批判清辨，甚至認為《楞嚴經》應入疑偽之列，這就引起了太虛大師的質疑。如「抉擇五法談正智」一節謂：

> 《起信論》不立染淨種子，而言薰習起用。其薰習義亦不成。「薰習義著，如世間實無於香，以香薰習則有香氣。」世間衣香，同時同處而說薰習；染淨不相容，正智、無明實不並立，即不得薰，若別說不思議薰者，則世間香薰非其同喻，又兩物相離，使之相合則有薰義。彼蘊此中，一則不能，如遍三性，已遍無明。刀不割刀，指不指指。縱不思議，從何安立。
>
> 《起信》之失，猶不止於薰習不成而已，其不立正智無漏種子也，則於理失其義，於教違於《楞伽》；其於三細六麤連貫而說也，則於理失差別，於教違《深密》、《楞伽》五法，真如、正智並舉而談；《起信》無漏無種，真如自能離染成淨，乃合正智真如為一，失體亦復失用也……
>
> 《起信》之立說不盡當也又如此；凡善求佛法者自宜善加揀

擇，明其是非。然千餘年，奉為至寶。末流議論，魚目混
珠，惑人已久，此誠不可不一辯也……至於佛教依智不依識
云云，蓋謂依智得證圓成，而如量知依他起性，依識惟分
別，則多為遍計所執而不能當理也。反觀《起信論》家所
談，非錯解之甚乎……

其於「抉擇三性談依他」節，批判清辨云：

……即如清辨造《掌珍論》，有頌曰：真性有為空，緣生故
如幻云云，撥無依他起法，此頌具足三支，成一比量（真性
簡過，有為正是有法，空是其性，合之為宗。緣生故為因，
如幻為喻）。然量有過，立義不成，清辨宗俗有真無，以真
性言，簡有為是其真諦，故性本空。然對本宗真性有為勝義
是有，如此出量，便犯因明有法一文不極成過。又因喻曰：
緣生故如幻，此雖遣法自性，而不遮功能。即可幻有，如何
空無？故此量有過不能立也……

其於同節文中，說《楞嚴經》應列入疑偽之列。文曰：

……真性有為空一頌，別見於《楞嚴經》，清辨立說似依至
教，然在當時清辨對敵立宗並不提明此是聖言……護法宗徒
縱加破斥，而亦未聞有人據以為叛教。奘師東傳相法，又亦
未聞說有此經……故《楞嚴》一經入於疑偽，非無因也。

　　以上各點，歐陽居士是拘於唯識一家宗義立論，目的無非是抑《大乘起信論》而揚《識論》。而太虛大師是佛教領袖，基於大乘八宗各具勝義，普遍平等的立場，乃撰〈佛法總抉擇談〉一文以彈歐陽氏之〈唯識抉擇談〉。大師之文，先由唯識三性以通論大乘，再本此義以駁歐文：

　　《起信論》以世出世間一切法皆不離心，故就心建言，實無異於就一切法建言也。一切法共通本體，則真如也！即所謂大乘體，真如體上之不可離不可滅相，如來藏也。換言之，即無漏種子，即本覺，即大乘相也。所起現行即真如用，即能生世出世間善因果之大乘用，其可離可斷相，則無明也──一切染法皆不覺相，換言之，即有漏種子，即違大乘體之逆相；所起現行，則三細六麤等是也。無始攝有順真如體不可離不可滅之本覺無漏種未起現行，亦攝有違真體可離可滅之無明有漏種恆起現行，故名阿黎耶識。譯者譯為生滅不生滅和合爾。言依如來藏者，以如來藏是順真如體不可離滅之主，而無明是違真如體可離可滅之客，故言依也。
　　真如宗以擴大圓成實故，攝諸法歸真如故，在生滅門中亦兼說真如體不離不滅之淨相用名為真如，以諸淨法（佛法）統名真如，唯以諸雜染（異生法）法為遍計依他，統名無名或統命念。此《起信論》所以有「無明薰真如，真如薰無明」之說也……唯識宗以擴大依他起故，祇以諸法之全體名真

如，而真如宗則兼淨相淨用統名真如；此於真如一名所詮義有寬狹，一也。唯識宗於薰習，專以言因緣；真如宗於薰習，亦兼所緣、等無間、增上之三緣以言，二也……二者各宗一義以所說，不相為例，故亦不妨。

唯識宗乃依用而顯體，故唯許心之本淨性是空理所顯真如，或心之自證體非煩惱名本淨。若真如宗則依體而彰用，故言「以有真如法故有於無明」；「是心從本以來自性清潔而有無明」……此諸聖教可誹撥者，則攝一切法歸無為主之真如宗經論；應皆可誹撥之，不得不力辯其非也[20]。

繼〈唯識抉擇談〉之後，又發生了法相與唯識分宗的諍議。先是，歐陽居士撰〈辨唯識法相〉[21]一文，謂法相與唯識，在瑜伽行派中各有所本，應分為二宗，文中稱：

前辨二諦三性文，明二諦空宗為文殊學，三性非空非不空宗為彌勒學。而於彌勒學之內容未能剖判，今故繼述此文。蓋彌勒學者，發揮法相與唯識二事也。初但法相，後創唯識。彌勒瑜伽中詮法相於本事分，而詮唯識於抉擇分。是法平等曰法相，萬法統一曰唯識；二事可以相攝而不可相淆，亦復不可相亂，此彌勒學也……

所以唯識、法相必分為二者，世尊義如是也。世尊於《楞

---

[20]　見《太虛大師年譜》民國十九年條。

[21]　見《歐陽竟無文集》。

伽》、《密嚴》既立五法三自性之法相宗矣！而又立八識二無
我之唯識，「密嚴」以為最勝之教理衡量一切法，如稱如明
鏡，照耀如明燈，試驗如金石，奈何淆而一之，或亂而易之
哉……

　　為此法相唯識分宗的問題，太虛大師與歐陽居士諍議數年。
大師首作〈竟無居士學說質疑〉，十四年再作〈論法相必宗唯
識〉，十七年又作〈再論法相必宗唯識〉。一再辯論，並且是兩
位大師直接辯論，原文過長，不再摘錄。而「法義之諍」中最
轟動的一次諍議，就是《大乘起信論》真偽之諍了。

　　《大乘起信論》是大乘佛教中重要的論典，也是闡發如來
藏思想的代表作。楊仁山居士就是以《大乘起信論》的啟發而
學佛的。在遜清末年，經過楊仁山數十年的鼓吹與倡導，使《大
乘起信論》成為那時最流行的一本佛書。但本書內容，古來即
有諍議。身為楊仁山大弟子的歐陽漸，對此書竟「毅然摒絕」，
他嘗謂：《大乘起信論》出，獨幟法壇，支離籠統之害千有餘
年，至今不息。指出了此書的偽託性。

　　《大乘起信論》一書，題為「馬鳴菩薩造，陳真諦三藏
譯」。民國初年，日本佛教學者望月信亨、松上專精等，曾對該
書的歷史和義理作了廣泛的研究，發現這本書在歷史上有許多
矛盾之處，因而否定這本書是馬鳴造、真諦譯之說，認為是中
國人所撰，假馬鳴菩薩之名的偽書。

　　民國十二年，梁啟超參考日本佛教學者的著作，寫了一篇〈大乘起信論考證〉，他在敘文中說：「吾草創本文，其初不過欲輯譯日本學者所說介紹與我國學界而已，既而參考各書，亦往往別有所發明，且日人著作，其繁簡詳略之處，多不適於吾國人檢閱。乃全部重新組織如左，雖名迻譯，實不異新構。」啟超最後的結論，認為此書是我國先民所作，譽為是一本偉大傑出的思想論著，引為民族文化之光榮。啟超此文，發表在當時的《東方雜誌》上。

　　啟超的文章發表之後，內學院教授王恩洋也寫了一篇〈大乘起信論料簡〉，文中稱：「夫斯論之作，固出於梁陳小兒，無知遍計，亦何深罪！特當有唐之世，大法盛行，唯識法相內明之理，廣博精嚴，甚深抉擇。而此論乃無人料簡，靈泰、智周之徒，雖略斥責而不深討，貽諸後世習尚風行，遂致膚淺模稜，剗盡慧命。似教既興，正法以墜，而法相唯識千餘年來遂鮮人道及矣。」

　　此外，歐陽漸居士在致復唐大圓的質疑信中也說：

　　　今時之最可憐者，無知之佛教徒，好奇之哲學徒，名雖好聽，實則沉淪！不得已而抑《起信》，或於二者有稍益歟？《起信》是由小入大過渡之作，有《攝大乘論》讀，不必讀之可也。

　　雖然梁啟超的〈考證〉是褒揚，王恩洋的〈料簡〉是貶抑，

但《大乘起信論》是中國佛學的重要論典，如被認定是偽書，實有動搖根本的威脅。於是虛師領導下的武昌佛學院為了維持《大乘起信論》在佛教中的地位，乃各撰文輯為《大乘起信論研究》，並刻印隋代慧遠的《起信論疏》，以示《大乘起信論》為古人所共信。太虛大師為《起信論研究》作序曰：

> 世之嘖嘖有煩言於歐陽、梁、王三君者，其未知三君權巧之意者乎？夫梁君特以比來昌言學佛，漸流為時髦之風尚。而實則於先覺遺留之三藏至教，鮮有曾用精審博考之研究，由耆然懸解佛法諦理然後信受奉行者，大都人云亦云，就流通之一二經論，約略涉覽，輒模糊影響以談修證。夫於教理既未有深造自詣之信解，遂遽事行果而欲求其所迷診，其何可得乎？此梁君所以擷錄日人疑辯之餘緒，取今時學佛者所通依之《起信論》深錐而痛劄之。縱筆所至，且牽及一切大小乘三藏，使囫圇吞棗之學佛者流，從無疑以生疑，因疑深究，庶幾高閣之寶藏至教，皆浸入學佛者之心海，乃能確解而堅信耳。
>
> 至於歐陽君、王君，其意亦同。加以古德據《起信》而將唯識判為大乘權教，遂致千年來之學佛教，對於唯識無造極之研究。今欲導之壹志專究，須先將蔽在人人目前之《起信論》闢除，亦勢之必然者也。謂予不信，請觀歐陽居士復唐大圓居士之書云：「今時之最可憐者，無知之佛教徒，好奇

之哲學徒，名雖好聽，實則沉淪！不得已而抑《起信》，或於二者稍有益歟？《起信》是由小入大過渡之作，有《攝大乘論》讀，不必讀之可也！」

又請觀王君之〈料簡〉云：「夫斯論之作，固出於梁陳小兒……遂致膚淺模稜，劃盡慧命！似教既興，正法以墜，而法相唯識千餘來遂鮮人道及矣。」

由此觀之，則三君之說，皆菩薩之方便，蓋可知矣！待他日「開權」之時節因緣一到，則三君必自有「顯實」之談，今何用遽興諍辯哉！

這篇序文，當然是故意曲解對方文意的反面寫法。但由此亦可見太虛大師的上乘方便，以四兩撥千斤的方法來反駁對方。此外，還有一次「論作師」的諍議，以與唯識無關，就不再敘述了。

兩位大師——太虛大師與宜黃大師，雖屢有法義之諍，但無礙於私誼，彼此仍甚推重。民國十八年，太虛大師過南京，訪宜黃大師於支那內學院，二人同遊棲霞、寶華諸名勝，相晤甚歡❷。三十三年，宜黃大師病逝於四川江津，太虛大師輓之以聯云：

勝軍論後有斯文，公已追蹤先覺。

----

❷　見《太虛大師年譜》民國十八年條。

石埭門中空上座，我尤孤掌增哀。

六　《新唯識論》論戰

《新唯識論》論戰，是唯識學復興與發展過程中的一段插曲。如果沒有唯識學的復興，就沒有《新唯識論》的問世。沒有《新唯識論》這本書，當然也不會有《新唯識論》論戰了。

《新唯識論》作者熊十力，原名繼智，又名升恆，字子真，號十力，晚年號漆園老人。他是湖北黃岡人，清光緒十一年（西元一九八五年）出生，他有兄弟六人，十力行三。

他的父親其相公是個飽學之士，以設塾授徒為業，惟家境不裕，饔餐每不繼。冬寒，衣不足以蔽體。他曾自述幼年生活云：

> 余年十歲，先父已患病，衣食不給，余為人牧牛。先父嘗嘆曰：「此兒眼神特異，吾不能教之識字，奈何？」乃強起授館，帶之就學，初授《三字經》，吾一日讀背訖；授四書，吾求多授，先父每不肯，曰：「多含蓄為佳也。」……踰年，先父病深，竟不起。臨歿，撫不肖之首而泣曰：「汝終當廢學矣！命也夫……」余立誓云：「兒無論如何，當敬承大人志事，不敢廢學。」父默然而逝；余小子終不敢怠於學，蓋終身不敢忘此誓也❷❸。

---

❷❸　見《十力語要》卷一。

　　父親逝世後，他因家貧輟學，後來曾到鄰村何炳黎先生塾中附讀半年，終以生活艱難，無力讀下去，十八歲，與同鄉少年何自新、王漢，結伴至武昌從軍，由於見聞漸廣，而立志革命。曾與宋教仁、曹亞伯、胡瑛、呂大森等成立科學補習所，以後又組織「黃岡軍界講習社」，作為革命活動機關。終以其在軍中活動較為積極，湖北軍事當局要逮捕他，他乃潛回黃岡鄉間避風頭。

　　辛亥武昌起義，十力趕到軍中，在都督府任參謀，後來廣州護法政府成立，他也參加了這項護法運動。但終以對革命失望，退出軍中，到江蘇某中學任教職，民國九年八月，他辭職赴南京，入宜黃大師歐陽漸門下，從大師學《識論》，潛心研究法相、唯識之學，是時他年已三十五歲，與呂秋逸、王恩洋等為同學。

　　民國十一年，他應北大校長蔡元培之聘，到北大任講師，講「唯識概論」。他初講的仍是傳統的唯識學，不是「新論」。他曾以授課講義編著為《唯識概論》一書，歐陽竟無為之作敘。題曰：〈熊子真唯識概論序〉：

　　　　菩提心為因，大悲為根本，方便為究竟。無始本有，是稱無漏。純白而不漓，周遍而無餘，極隱而至微，聖者自證，而不可以意言分別。知必以是為因者，兩敵不並立，種瓜不得豆，差之毫釐，長夜淪迷，儒者有以惻隱之心，赤子之心為

道者；釋有以真如為緣起者。宗教之神我，科學之物質，哲學之真理，皆不知無漏種，雖無酥醍而堪嚼咀，轉繭無出期，夫寧不悲？……

子真研唯識，應北大講，悲者事也。《概論》成而請敘，敘予三事，以見吾志❷。

由《唯識概論》到《新唯識論》，是他治學思想上的一大轉變，《新論》之作，先後十年，數易其稿，始刪定成書，他在〈新唯識論問答〉一文中敘其原委：

余初服膺無著世親之學，嘗據其義造論。潛思既久，漸起疑端，民國十一年，講世親唯識之論於北庠，忽不自安，遂輟講。翌年改造《新論》（《新唯識論》，省稱《新論》），仍以未定稿，講於北庠。自是十年，稿亦屢易。壬申始刪定成書，自印……

民國二十一年出版的《新論》，是文言文本，越年，又有語體文本問世，現以語體文本為依據，來一窺本書內容：

本書分上中下三卷，上卷四章，第一章曰〈明宗〉，第二、三章曰〈唯識〉，第四章曰〈轉變〉。中卷二章，即第五、六章，曰〈功能〉。下卷三章，第七章曰〈成物〉，第八、九章曰〈明心〉。其在上卷中所陳的義趣是什麼呢？〈明宗〉章云：

---

❷　見《歐陽竟無文集》。

哲學家談本體者，大抵把本體當作是離我的心。而外在的事物，因憑理智作用，向外界去尋求。由此之故，哲學家各用思考去構畫一種境界，而建立為本體，紛紛不一其說，不論是唯心唯物，種種之論，要皆以向外找東西的態度來猜度，各自虛妄一本體，這個固然錯誤；更有否認本體，而專講知識者，這種主張，可謂脫離了哲學的立場……

繼之在〈唯識〉章之末，總結前意，而綜述曰：

我根本的意思，就是即用顯體的主張：在第二章裡，雖不許有離心獨在的境，卻不謂無境。只以境與識不可分為二片而已。然心的方面，對境名能。境的方面，對心便為所。如此，則境畢竟是從屬於心的……第三章，明妄執的心，無有自體。易言之，即此心不是獨立的實在的東西，心既如此，則由此心迷妄分割，以為外在的境，其無自體，及不實在，自然不等說了……

最後，他在〈轉變〉章中說：

我在本章裡面，一方依翕闢和生滅，施設宇宙萬象，迥異空宗不談宇宙論；一方說翕闢和生滅，都無實自體。易言之，即於宇宙萬象不取其相，而皆見其為真實，仍與空宗密意有相通處。

在中卷〈功能〉章中，他綜述曰：

本論所謂功能，和有宗根本異趣，一、體用二詞，雖相待而
立，要是隨義異名，實非如印度佛家以無為及有為，析成二
片；亦非如西洋哲學家，談實體及現象，為不可融一之二
界。

二、至真至實，無為而無不為者，是為體。無為者，此體非
有形故，非有相故，非有意想造作故，無不為者，此體非空
無故，法爾生生化化，流行不息故，從其生化流行，彰以用
名，然用即是體……

三、用也者，一翕一闢之流行而不已也……因此，不妨施設
宇宙萬象。

四、宇宙萬象，唯依大用流行，而假施設……故一切法，隨
情不妨設施，謬執終成過患。

五、窮神順化，即於流行，而識主宰；於迹象，而見真常。
故不待趣寂，而生無非寂也……

在下卷的〈成物〉、〈明心〉章中，是取「轉變」之義而談
心物。其結論曰：

明夫自心淨用，未嘗有間。諸惑原妄，照之即空，苟不安於
昏愚，夫何憂乎溺喪，故學者首貴立志，終於能成。此皆智
用為主；智體本淨，不受諸惑、斷惑，皆是此智。淨習之

生，即此本體之明，流行不息者是，引而不竭，用而彌出，
自是明強之力，絕彼柔道之牽。如景日當空，全消陰翳，乃
知惑染畢竟可斷，自性畢竟能成，斯稱性之誠言，學術之宗
極也。

《新論》要義，大致如上所述。然而，他造《新論》的動
機何在呢？他說：

佛家畢竟是出世的人生觀，所以於此性體無生而生之真機，
不曾領會，乃但見為空寂而已。

他又謂：

儒家與印度佛家同為玄學。其所不同者，一主入世，一主出
世而已……唯佛主出世，故其哲學思想，始終不離宗教。儒
主入世，故其哲學思想，始終注重倫理實踐。哲學不是求
知，而是即知即行。所謂體神化不測之妙，於庸言庸行之
中，此儒術所以為可貴也㉕。

《新論》問世，諍議紛起。首先，支那內學院教授王恩洋
著〈破新唯識論〉以破之。繼之陳真如致十力長函以辯之。歐
陽大師〈答熊子真書〉以斥之。後來太虛大師、印順法師、萬
鈞居士都著文質疑，而謝幼偉、黃艮庸、霍韜晦等也都有論文

㉕ 見《十力語要》卷二〈再答張東蓀書〉。

評判。這就成為當代佛儒之諍的《新論》論戰。要細述這一段經過，非數萬言說不清楚。因限於篇幅，不再細述。於此，我們探討十力的思想背景，以了解他著造《新論》的原因：原來十力自幼即具有強烈的民族思想，其自述稱：

> 十力兒時觀劇，見漢衣冠而美之，曰：「今何不然？」父老告之故，十力曰：「胡人與漢人孰多？」曰：「漢人多。」曰：「奈何以多制於少？」父老不能對。十力極憤悶。稍長，聞父談歷代史事，至衰亡慘狀，輒痛心泣下……[26]

他年長後參加革命，當與此民族思想有關。同時，儒家思想，在他童年時代就輸入腦海，印象深不可滅。他自述：

> 余年十歲，始侍先父其相公於私塾，先公為諸生說《孟子》。有曰：「宰我子貢有若之徒，稱孔子為生民以來所未有。又謂其賢於堯舜遠矣，此甚可怪；自有生民以來，中夏聖哲，接踵而興，其開物成務之聖德神功，何至皆不逮孔子。且孔子嘆堯之德如天，舜有天下而不，其歸仰二聖也至矣，而敢曰賢之乎？今其弟子乃尊孔子於古聖之上，言之不怍，其必有故。否則遊於聖人之門者，何謬妄乃爾？」余時謹記訓言，迄成年猶索解不得。後來漸通六經，乃知……孔子六經，實為空前創見，故宰我嘆其賢於堯舜也[27]。

---

[26]　見《十力語要》卷一〈王漢傳〉。

　　至於中年，他感於：「今當衰微之運，歐化侵凌，吾固有精神蕩然泯絕，人習於自卑、自暴、自棄，一切向外剿竊，而無以自樹……」❷❽而立志建立新儒學體系。這在他所著《原儒》敘言中稱：

　　　　余年三十五，始專力於國學。上下數千年間，頻涉諸宗，尤於儒佛，用心精細。竊嘆佛玄而誕，儒大而正，卒歸本儒家大易，批判佛法，援入於儒。遂造《新論》。

　　以上諸端，就是他造《新論》的思想背景。唯其援佛入儒，甚至於崇儒抑佛，這當然為佛家所不滿，撰文質疑、非難，乃至破斥。這就是《新論》論戰的原因，在當時眾多「論戰」的文字中，太虛大師的一段話說得最為平允：

　　　　賢首初列玄奘三藏譯場，以志趣不合而退出，別弘杜順、智儼所傳華嚴界觀，乃成賢首宗學。熊君十力，初從支那內學院歐陽君遊，習《成唯識論》。旋改轍而邁進之不已，今隨有《新唯識論》甲〈境論〉之發表。
　　　　疇昔支院師資，據《唯識》擊《起信》，幾將宗《起信》立說之賢首學之類，一蹴而踣之；余嘗作〈佛法總抉擇談〉，及〈起信論唯識釋〉，以明其並是各存而通攝焉。答王君恩

---

❷❼　見《原儒》下卷緒言。
❷❽　見〈新唯識論要旨述略〉。

洋質疑之後，其議因息。

頃熊君之論出，本禪宗而尚宋明儒學，斟酌性、臺、賢、密、孔、孟、老、莊，而隱摭及數論、進化論、叛化論之義，殆成一新賢首學；對於護法窺基之唯識學亦有一蹴而踣之概。馬一浮序云：「足使生肇歛手而咨嗟，奘基撟舌而不下。」其所懷可知矣！

雖然，護、窺之學，果因是而踣歟？觀昔支院師資未能踣《起信》，則知熊論亦決不能踣唯識。蓋仍一「並是各存」之局，而須再為之通攝焉耳。㉙

七　結　論

法相唯識之學，首由楊仁山老居士倡導於先，繼由歐陽漸、韓清淨諸賢發揚於後，這就使唯識學成為一種時尚的學問。研究佛學者，不述唯識即為簡陋，研究哲學者，不述唯識未為淵博。千年繼學，重為復興，誠為可喜的現象。可是，好景不常，到了西元一九四九年，中共政權建立之後，這蓬勃發展中的唯識學，就戛然中止，劃下了休止符。

何以故呢？原來在中共當局的眼中，宗教是人民思想的麻醉劑，尤其是佛教，不但是麻醉劑，還要加上落伍與迷信。於是，寺院封閉了，和尚尼姑都去參加勞動生產了。尤其是所謂

㉙　見太虛大師〈略評新唯識論〉，《海潮音》月刊十四卷一期。

「十年浩劫」的文化大革命期間，寺院文物之破壞，慘不忍睹。經典佛書，在一把大火下，都成了劫灰，在整個佛教崩裂析離下，誰還有閒心來研究什麼文如鉤鎖、義若連環的唯識學？

——在此，容我插一段題外話。兩岸開放後，我曾數度返回大陸。我曾到北京拜訪早年《弘一大師年譜》的作者，八十多歲的林子青老居士。那時我在寫《近代佛門人物誌》，我詢問林老居士，何處能找到早期的佛教資料——如書籍雜誌等。老居士一聲長嘆，半天才說：「一把大火，燒得乾乾淨淨，現在上哪裡還能找到早期資料？」

我曾到設於北京法源寺的「中國佛學院」參觀，法源寺主持——也是中國佛教協會的常務理事傳印法師接待我，談了一些佛學院的情形，也帶我參觀了法源寺和佛學院。後來在廣東某寺院遇到一個青年比丘，詢問之下，他是佛學院畢業的。我讚嘆他學習有成，到外面來弘法。他說：不，佛學院是培訓寺院管理人才的。

我在河南去參觀某大寺院，適逢其會，遇到該寺正舉辦傳戒大典，傳戒，是何等莊嚴肅穆的大事。然而，百多名比丘，或老或少，身著各色各式的舊袈裟，口中念念有辭，兩眼東西望，看不出哪一位有「諸根調寂，威儀整肅」的樣子。不由使人感嘆，這種素質的比丘，如何承擔如來家業。我參觀過許多大寺院，其中有很多寺院在大興土木，修繕或改建。你莫以為那是為了弘揚正法，那是以觀光為著眼點而投資的。

　　其次，談到佛教文化方面，大寺院中附設的佛經流通處，可能有少量單本佛經或幾種佛書出售，一般寺院就沒有了——我早年寫的初機入門書籍——《向智識分子介紹佛教》，倒是有兩種簡體字的版本——我希望買一本《中國大辭典》的〈宗教篇〉，但在北京、上海、廣州等大城市的新華書店中都沒有買到。店員說：「沒有這種書」。

　　我在上海，專門找到商務印書館，希望能買一些早年出版的佛學書。找遍書架，關於佛教的書只有一本，是早年黃懺華著的《中國佛教史》。

　　在大陸，我曾和許多高級智識分子——如教授、醫師、工程師等談到佛教。十之八九對佛教都非常陌生。至於一般民眾更可想而知。當然，民間現在也有燒香膜拜的，但那是逢廟燒香、遇像叩頭的民俗，不是佛教的。在這種「大氣候」下，有誰來研究佛學？更有誰來研究唯識學？

　　相對的，在臺灣這一方面，近二三十年來，佛學研究隨著社會的進步而蓬勃發展。至於唯識學方面，也隨著佛學的發展而同時進展，各大學哲學系、哲研所多有唯識的課程，佛教緇素兩眾中研究唯識的也很多。

　　四十年前，最早在臺灣弘傳唯識的，是慈航法師。他的遺著中關於唯識方面的，有《成唯識論講話》、《相宗十講》——其中包括《百法入門講話》、《唯識三字經講話》、《唯識三十頌講話》、《唯識二十頌講話》、《八識規矩頌講話》、《觀所緣緣論

講話》、《六離合釋講話》、《因明入門講話》、《因明入正理論講話》、《真唯識量講話》等十種。雖然是一般性的通俗介紹，但他是最早在臺灣播下唯識學種子的人。後來，印順導師的《唯識學探源》、法舫法師的《唯識史觀及其哲學》相繼出版，這兩本書對於唯識學都有深入的闡述。近年來，演培法師也弘傳唯識，著有《成唯識論講記》、《唯識三頌講記》、《唯識法相及其思想演變》等。

　　在家眾中早期研究唯識的，先有方倫居士，著有《唯識三頌講記》。後有楊白衣居士，著有《唯識要義》。

　　近年來，緇素兩眾中，研究唯識的大德極多，恕不一一列舉了。

本文原載《獅子吼》月刊三一卷二～六期

唯識學綱要

于凌波　著

　　唯識學是大乘佛教法相宗的宗義，其內容在闡釋萬法唯識的妙理，探討我人內心深處之實態，以尋回人們真實的自我。作者從唯識學的定義、源流切入，分論五位百法、五蘊、四大、八識、種子等唯識學上基本觀念，從歷史背景到生活應用，本書期能以深入淺出的手法，引領讀者一窺此千年絕學之奧祕。

國家圖書館出版品預行編目資料

唯識三論今詮／于凌波著.－－三版一刷－－臺北
市：東大，2020
　　　面；　公分

　　ISBN 978-957-19-3214-9　（平裝）
　　1. 唯識 2. 佛教哲學

220.123　　　　　　　　　　　　109006481

唯識三論今詮

作　　者	于凌波
發 行 人	劉仲傑
出 版 者	東大圖書股份有限公司
地　　址	臺北市復興北路 386 號 (復北門市)
	臺北市重慶南路一段 61 號 (重南門市)
電　　話	(02)25006600
網　　址	三民網路書店 https://www.sanmin.com.tw
出版日期	初版一刷　1994 年 4 月
	增訂二版五刷　2016 年 6 月
	三版一刷　2020 年 6 月
書籍編號	E220310
I S B N	978-957-19-3214-9

東大圖書公司